『자유주의 신학이란 무엇인가?』와 『신정통주의 신학이란 무엇인가?』에 이어서 『정치 신학이란 무엇인가?』를 출간함으로 김용주 박사님은 19-20세기 신학에 대한 해설서를 완성하게 됩니다. 본서에서 다루어지는 신학자는 디트리히 본회퍼와 위르겐 몰트만입니다. 한국 교회만 보더라도 이 두 사람의 신학 사상을 열렬히 환영하는 사람들, 둘 중의 한 사람을 환영하는 사람들, 그리고 두 사람 다 문제 투성이라고 비난하는 사람들 등으로 나뉠 것입니다. 특히 "선한 능력으로"라는 본회퍼의 시에 곡조를 붙인 찬송가가 국내 교회에서도 많이 불리고 있고, 히틀러를 대항하여 저항했던 그의 삶의 후반부가 미담으로 칭송되면서, 그의 저술들에 대한 관심이 고조되고 있습니다. 자, 복음적인 진리를 추구하는 그리스도인들은 어떻게 이 두 신학자를 읽고 이해해야 할까요? 특히 신자들을 선도해야 하는 목회자들이나 신학생들은 어디서 시작해야 하는 것일까요? 사실 두 신학자의 이름은 너무나 유명하고, 그들의 저서들은 대부분 국내에 소개되어 있지만, 그들의 신학적 배경이나 신학 사상이 무엇인지를 정확하게 이해하는 일은 쉽지 않은 일입니다. 그러나 본서의 저자는 두 사람의 주저들을 독일어 원전으로 읽고 분석하면서 소개해줄 뿐 아니라 두 신학자의 문제점들이 무엇인지를 객관적으로 짚어주고 있습니다. 비판하려고 하더라도 올바른 이해가 선행되어야 할 것은 당연지사인데, 섣부른 비판이나 무지몽매한 비난이 되지 않기 위해서는 본서와 같은 안내서를 찬찬히 숙독해보는 것이 좋을 것입니다. 20여 년 가까운 시간 동안 독일 베를린에 머물면서 신학 공부를 했던 저자이며 본회퍼와 몰트만의 난해한 원전들을 잘 해독하고 분석해줄 수 있는 역량을 갖추었기에, 관심 있는 독자들에게 본서를 추천합니다. 특히 19, 20세기 신학을 공부하기를 희망하는 분들은 3부작을 차례대로 숙독해볼 것을 권하고 싶습니다. 역사적 개혁주의 진영에 속한 전문가의 손에 의해서 이와 같은 3부작이 출간된 것을 기쁘게 생각하면서 권독하는 바입니다.

이상웅 총신대학교 신학대학원 조직신학 교수

정치 신학이란 무엇인가?

정치 신학이란 무엇인가?

김용주

그리스도인을 위한 현대 신학 강의 ③

본회퍼와 몰트만의 신학
다시 읽기

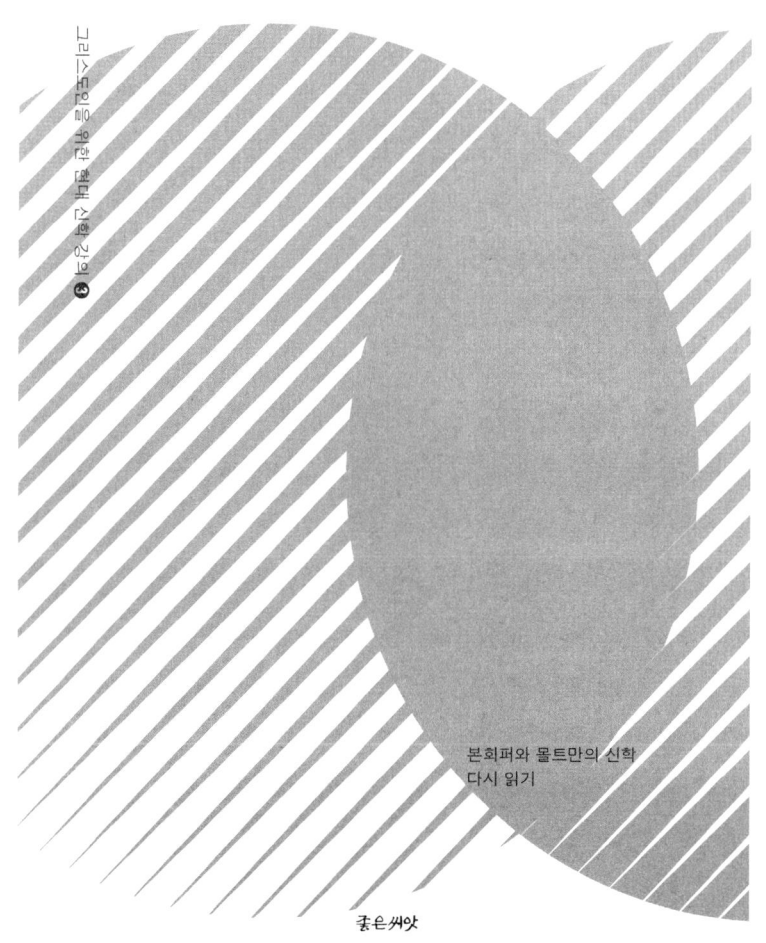

좋은씨앗

이 땅의 모든 성도들,

그리고 그들을 귀히 여기며

그들과 함께 자라 가기 원하는

목회자, 신학생과 신학자에게 이 책을 드립니다.

감사의 글

본회퍼와 몰트만은 "그리스도인들은 정치를 어떻게 볼 것인가"라는 정도에 그치지 않고 정치를 신학적으로 깊이 분석하여 정치 신학으로까지 나아갔다. 그리고 적극적으로 정치에 참여했다. 이 책에서는 그런 본회퍼와 몰트만의 신학을 살펴보고자 한다. 이들이 정치에 대한 신학적 입장을 검토하는 데서 더 나아가, 그들의 주요 저술들을 중심으로 그들의 사고를 따라가고자 했다. 이렇게 연구하기란 생각보다 어려웠다. 본회퍼의 신학의 시작을 알리는 『성도의 교제』뿐만 아니라 『그리스도론』, 『나를 따르라』, 『윤리학』, 『저항과 복종』 등의 주요 내용 또한 이해하기가 쉽지 않았지만, 그의 주저들의 중심 사상과 그가 정치에 대해 무엇을 말하는지 이해하고자 애를 썼다. 또한 몰트만의 『정치 신학』을 이해하려면 적어도 『희망의 신학』이나 『십자가에 달리신 하나님』을 이해해야 하므로 이 두 책에 상당한 분량을 할애했다.

대부분의 국내 연구서들이 이들의 책에서 자주 언급되는 용어나 표현들을 중심으로 조직신학적으로 서술하려다 보니 그 외의 다른 중요한 부분들을 잘 알려주지 못하고 있다. 그래서 이 책에서는 기존의 서술 방식을 지양하고, 주요 내용들을 충실히 요약하면서 비평하는 방식을 취했다. 따라서 그들이 말한 핵심 내용들을 독자들이 단번에 이해하기란 쉽지 않겠지만, 주요 저서들이 어떤 내용을 담고 있는지를 충실히 따라가다보면 지금까지 자주 언급되던 표현들과 그들의 정치 신학을 보다 객관적으로 이해할 수 있을 것이다.

『자유주의 신학이란 무엇인가』, 『신정통주의 신학이란 무엇인가』에 이어 『정치 신학이란 무엇인가』라는 책을 발간해 준 좋은씨앗 편집부와 임영국 이사장님께 감사드린다. 또한 이 책을 쓰도록 격려해주시고 자료들까지도 보내주신 총신대학교 신학대학원 이상웅 교수님과 나의 신학의 과정을 지켜보고 늘 응원해 주시는 베스텍의 이복선 대표님, 나의 저술 사역을 이해해주시고 기도해주는 분당두레교회 교우님들에게 감사드린다. 무엇보다도 내 책의 최고 독자이자 절실하게 기도해주는 아내 서순례에게 감사드린다.

2022년 4월
분당두레교회 목양실에서

그리스도인을 위한 현대 신학 강의를 펴내며

"과연 현대 신학 공부가 필요한가?"라는 질문을 던지면, 보수적 신학 배경에서 자란 사람들은 대체로 두 가지로 대답합니다. 어떤 사람들은 "현대 신학은 어차피 비성경적이고 자유주의 신학이니 공부할 필요가 없다"고 말하고, 다른 사람들은 "우리에게 종교개혁 신학이 있으니 굳이 현대 신학을 공부하지 않아도 얼마든지 목회할 수 있다"고 말합니다. 현대 신학 공부는 필요 없다고 주장하는 것이지요.

진보적 신학을 좋아하는 사람들은 "현대 신학 공부야말로 현대 교회를 갱신할 대안"이라고 하며 현대 신학 공부에 매진합니다. 보수와 진보의 주장 가운데 무엇이 맞는지는 현대 신학을 심층적으로 탐구하여 그 정체를 직접 보여 수는 수밖에 없습니다.

하지만 우리가 현대 신학자들을 연구하여 그들의 주장을 파악하기란 쉽지 않습니다. 왜일까요? 현대 신학은 현대 철학

사상의 영향을 강하게 받으며 태어나서 그렇습니다. 근현대 철학을 모르면서 현대 신학을 이해하기란 불가능합니다. 국내에서 현대 신학에 대한 책을 쓴 사람들은 대개 철학을 전공한 이들입니다. 그러면 철학을 공부하지 않은 사람은 현대 신학을 이해할 수 없는 것일까요?

아니요. 그렇지 않습니다. 현대 신학을 공부하는 것이 쉽지 않고, 그들의 주요 사상을 이해하기 어렵더라도 알려고 애써야 합니다. 무엇보다 현대 신학을 이끈 주요 신학자들의 책들을 읽어 내야 하고, 그들의 사상을 알려고 해야 합니다. 그들의 책들을 읽어 나가다 보면, 우리가 이해할 수 없을 정도로 그리 어렵지 않음을 발견할 것입니다. 또한 현대 신학자들을 다룬 책을 통해서는 이해하기 어려웠던 그들의 주장이, 실제로 그들이 직접 쓴 책을 보면 이해하기가 더 쉬움을 알게 될 것입니다.

저는 현대 신학자들의 책을 원전으로 읽으면서 그들이 가진 사상의 핵심을 파악할 수 있었습니다. 현대 신학을 공부하고 싶어도 어려워서 못하겠다고 말하는 사람들에게 제가 깨달은 것을 알려 주고 싶습니다. 물론, 아무리 내용이 쉬워도 나는 공부하지 않겠다고 하는 사람들도 있습니다. 하지만 교회 안에는 부지불식간에 현대 신학자들과 똑같은 생각을 하는 성도들이 적지 않다는 사실을 알아야 합니다.

입만 열면 자유주의 신학을 비판하는 사람이 사실은 자유주의 신학자들과 똑같이 말하는 것을 보고는 소름이 돋은 적이 있습니다. 교회 안에는 칸트주의자들도 있고, 슐라이어마허를 따르는 이들도 있고, 리츨이나 하르낙 같은 자유주의자들처럼 말하는 이들도 있고, 바르트나 판넨베르크가 말하는 것과 똑같이 말하는 이들이 있습니다. 우리가 현대 신학자들이 주장하는 바를 정확히 꿰뚫고 있다면, 새롭게 출현하는 신학들의 현주소를 파악할 수 있고, 그런 신학들에 의해 호도될 수 있는 교인들에게 바른 길을 제시할 수 있습니다.

현대 교회가 개혁되고 갱신되려면 모든 성도들이 현대 신학을 분명히 알아야 합니다. 그러려면 성도들에게 심도 있는 신학 책들을 제공해야 합니다. 누군가가 "목사도 이해하기 어려운 현대 신학 책을 성도들이 어떻게 이해할 수 있느냐? 성도는 목사에게 배우면 되지"라고 말한다면, 그는 가톨릭적으로 말하는 것입니다. 하나님의 진리는 목사도 배워야 하지만 일반 성도들도 배워야 합니다. 그렇다면 하나님의 진리를 다루는 현대 신학도 마찬가지 아닐까요?

그런 의미에서 모든 그리스도인을 위한 현대 신학 강의 시리즈를 기획하게 되었습니다. 이 시리즈는 총 세 권으로 이루어져 있습니다.

1권은 자유주의 신학을 다룹니다. 칸트, 슐라이어마허, 리츨, 하르낙의 저서들을 살펴보면서 자유주의 신학의 발원과 중심 내용을 다룹니다.

2권은 신정통주의 신학을 다룹니다. 대표적 학자인 바르트와 불트만의 신학을 소개하면서 이들의 신학이 자유주의와 정통주의를 어떤 점에서 비판하고 있는지를 보여 주고, 더불어 이들이 말하고자 하는 본래 의도를 다루며, 종교개혁 신학의 관점에서 이들의 신학을 비판할 것입니다.

3권은 몰트만과 본회퍼의 정치 신학을 다룹니다. 저는 현대 신학자들이 쓴 원전을 따라가면서 그들이 말하고자 했던 본래 의도를 밝히 보여 주려고 합니다. 이 책에 대한 최종적인 판단은 독자의 몫일 것입니다.

차례

감사의 글 • 8
그리스도인을 위한 현대 신학 강의를 펴내며 • 10
들어가는 글 • 16

1부 • 디트리히 본회퍼

1. 본회퍼의 생애 • 21

2. 성도의 교제 • 27

인격이란 무엇인가: 개별인격과 집단인격 · 개별 인격은 공동체와 어떤 관계를 가지고 있는가 ·
그리스도의 대리행위란 무엇인가 · 공동체를 세우시는 성령 · 교회의 경험적 형태 ·
교회와 종말론 · 성도의 교제 속에 나타난 본회퍼의 사상에 대한 평가

3. 그리스도론 • 83

현재하는 그리스도, 나를 위한 그리스도 · 그리스도의 모습

4. 나를 따르라 • 105

따름은 짐을 지우는 것이 아니라 가볍게 만든다 · 값싼 은혜와 값비싼 은혜 ·
제자직으로의 부름: 믿음과 순종의 관계 · 단순한 순종 · 제자직과 십자가

5. 윤리학 • 129

기독교 윤리학은 무엇에 전념해야 하는가 · 유사루터주의의 "두 영역 사고" 비판 ·
위임 윤리 · 형성 윤리 · 길-예비 윤리 · 선악을 현실과 관계해서 해석하는 윤리 ·
책임 윤리, 구체적 상황 윤리 · 책임과 양심의 관계 · 본회퍼의 윤리학에 대한 평가

6. 저항과 복종 • 167

7. 본회퍼 신학에 대한 평가 • 183

2부 • 위르겐 몰트만

1. 서문 • 193

2. 희망의 신학 • 199

서문: 희망에 대한 묵상 · 기존의 종말론 비판 · 약속과 역사는 어떤 관계를 갖고 있는가 ·
공동체를 세우시는 성령 · 묵시적 종말론에 나타난 우주의 역사화 · 희망의 신학에 대한 평가

3. 십자가에 달리신 하나님 • 295

희망의 신학에서 십자가 신학으로 넘어가며 · 신앙의 관계성과 동일성의 딜레마 ·
바울의 십자가 신학과 루터의 십자가 신학에 대한 평가 · 몰트만의 십자가 신학 ·
몰트만은 성부수난론을 주장하는가 · 몰트만은 보편구원론자인가 ·
몰트만은 "십자가에 달리신 하나님"을 어떻게 썼는가 ·
몰트만의 자서전에서 밝히는 이 책에 대한 비판과 답변

4. 정치 신학 • 339

정치 신학이란 무엇인가 · 십자가 신학의 기초 위에 서 있는 정치 신학 ·
다른 정치 신학과의 차이점 · 가난한 자를 편들다 · 마르크스주의에 대한 반대

5. 몰트만 신학에 대한 평가 • 355

에필로그 • 367
참고문헌 • 370

들어가는 글

본회퍼나 몰트만이 활동하던 20세기의 정치적인 상황은 매우 혼란스러웠습니다. 히틀러가 독일제국의 총통으로서 온 유럽을 공포에 몰아넣었고, 게르만 민족 우월주의를 부르짖으면서 유대인들을 탄압하고 학살했습니다. 그런데 이런 전체주의적인 상황 속에서 독일교회(Deutsche Kirche)는 저항하지 않고 오히려 그를 메시아로 칭송했습니다. 당시 독일의 자유주의 신학자들은 구약을 신약보다 열등하게 여겼고 반셈족주의를 조장함으로써 히틀러의 유대인 박해에 조력했습니다.

이런 흐름 속에서 독일교회를 비판하는 신학자들과 목사들로 조직된 고백교회(Bekennende Kirche)는 1934년 「바르멘 선언」을 공표하면서 히틀러의 민족주의적 정치적 메시아니즘을 비판합니다. 이런 고백교회의 흐름 아래서 교회의 정치 투쟁을 주도했던 신학자가 바로 본회퍼입니다. 그는 히틀러를 베를린의 중심부인 쿠담 거리에 차를 몰고 뛰어드는 미친 운전사로 비유하면서 히틀러를 제거하기 위한 정치 투쟁을 벌입니다. 특히 히틀러 정권의 유대인 학살에 대해 온몸으로 저항합니다. 그는 "유대인을 위하지 않는 자는 그레고리우스 찬가를 부를 수 없다"는 말을 하면서 억압당하는 유대인을 살리려 투쟁했습니다. 또한 고백교회의 미진한 정치 참여를 비판하며 세계 에큐메니칼 운동에 참여합니다. 그의 이런 정치 투쟁은 그의 신학적 사고들의 열매입니다. 본회퍼는 자신의 신학을 정치 신학이라고 말한 적이 없었지만, 공동체로서 실존하는 교회, 타자를 위한 고난, 대리, 책임, 위임 등의 가르침을 통해 정치적 행동을 실천했습니다.

개신교 진영에서 "정치 신학"이란 말을 쓴 사람은 몰트만입니다. 그는 제2차 세계대전에 참여했고, 포로가 되어 전쟁의 아픔을 겪었습니다. 그는 신학이 정치적으로 중립적인 입장에 서는 것은 불가능하며 정치 변혁이 신학의 중요한 목적이어야 한다는 것을 깨닫게 되었습니다. 그러나 그의 이러한 정치 변혁적 사상은 기독교 종말론에 대한 새로운 사색에서 시작합니다. 그는 성경의 약속 개념을 중심으로 종말론적 희망을 노래하는 『희망의 신학』을 썼고, 교회가 현실 비판에 참여해야 하는 필요성을 말했으며 정치적인 투쟁 방향을 제시합니다. 그는 이 책을 쓴 후에, 희망을 가진 자들은 현실을 도피하지 않고 희망에 대한 믿음 속에서 약자들을 위해 십자가를 짊어질 것을 촉구하는 『십자가에 달리신 하나님』, 그리고 종말론적인 십자가 신학이 되려면 신학은 반드시 정치적인 신학이 되어야 한다고 주장하면서 『정치 신학』을 집필합니다. 이제부터는 두 신학자들의 주요 저서들을 토대로 신학적 강조점을 살펴보고, 이런 맥락에서 정치에 대해 그들이 주장한 바를 파악해보고자 합니다.

1부

디트리히 본회퍼

(1906-1945)

Dietrich Bonhoeffer

1.
본회퍼의 생애

현대 신학에서도 본회퍼의 신학을 이해하기란 어려운 편에 속합니다. 사회학자 피터 버거(Peter Berger)는 "행인지 불행인지 본회퍼의 사상은 체계화하기 매우 어렵다"[1]라는 말을 했습니다. 이 말은 독자가 자신의 주장을 합리화하기 위해 그의 작품들을 자의적으로 해석할 위험성이 크다는 의미도 됩니다. 진보적인 신학자들은 그를 그 시대의 악과 불의에 항거한 행동하는 신학자라고 평가하지만, 보수적인 신학자들은 그를 히틀러 암살에 가담했다는 죄목으로 체포되어 처형당했고 너무 급진적인 비종교적 해석과 상황 윤리를 주장함으로써 교회의 전통을 무너뜨리는 데 일조한 신학자로 간주합니다. 그럼에도 보수적인 목회자들 중 일부는 그의 책들의 유명한

---

1 『본회퍼의 사상: 해설과 비판』, 말틴 말티 편저; 배영국 옮김, 서울, 컨콜디아사, 1982. 61.

구절들을 설교에 인용하기도 합니다. 대표적으로 『나를 따르라』에 나오는 "값싼 은혜" 같은 개념이 바로 그것입니다.

하지만 그에 대한 객관적인 연구는 미진한 편입니다. 진보 진영에는 본회퍼 전공자들이 더러 있으나 개혁파 진영에는 아직 한 사람도 없어서 진보 진영의 학자들이 그에 관해 무슨 얘기를 해도 객관적·효과적으로 반박하지 못합니다. 개혁파 진영에서도 그의 작품들을 읽고 연구해야 그를 건전하게 비판할 수 있을 것입니다. 그리고 본회퍼의 신학에 장점이 있다면 그로부터 배울 수도 있을 것입니다. 무엇보다 우리는 그의 작품을 중심으로 연구하려 합니다. 비록 그의 모든 작품을 다 연구할 수 없어도, 이 책에서 언급하는 주요 저서들은 읽어보고 그를 판단해야 합니다. 그래야만 그에 대한 비판이 정당성을 얻을 수 있습니다. 이제 본회퍼의 생애를 살펴봅시다.

본회퍼의 친구인 베트게(Eberhard Bethge)는 『디트리히 본회퍼』(복있는사람 역간)[2]에서 본회퍼의 생애와 신학을 상세히 기록했습니다. 여기서는 이 책을 포함, 다른 책들의 도움을 받아 본회퍼의 생애를 간단히 소개하고자 합니다.

본회퍼는 1906년 2월 4일에 현재는 폴란드에 속해 있지만 당시에는 독일령이었던 브레슬라우(Breslau)에서 태어났습니다. 그는 어릴 때부터 다른 사람들과 잘 어울리는 "교제의

---

2 Eberhard Bethge, *Dietrich Bonhoeffer(1906-45): Theologie, Christ, Zeitgenosse*, Chr. Kaiser Verlag München, 1986.

사람"(Ein Mensch der Gemeinschaft)이었습니다.³ 그의 아버지는 베를린 대학교의 신경정신과 교수였고 그의 외가도 대부분 학자 또는 목사였기 때문에 어릴 때부터 비교적 자연스럽게 여러 학문 분야를 접할 수 있었습니다. 그는 음악에도 뛰어난 재능을 보였고 만능 스포츠맨이기도 했습니다. 하지만 그는 사람들의 기대와는 달리 대학에 진학할 때 신학을 선택했습니다. 왜 신학을 공부하게 되었는지 정확한 이유는 모릅니다. 이전 세대만 해도 가장 뛰어난 사람들이 신학을 공부했으나 당대에는 인기가 줄어 있었습니다. 도리어 자연과학이 각광을 받고 있었기 때문에 부모는 그가 신학을 공부하는 것을 반대했습니다. 그러나 그는 고등학교 때부터 이미 신학을 공부하기로 결심하고 신학과에 입학합니다.

그는 신학 수업을 시작하면서 베를린을 떠나 튀빙겐에 가서 여러 교수들에게 영향을 받았습니다. 그중 특히 역사비평적 성경해석이라는 시대의 대세를 거절하고 성경의 진리를 단순하게 직접 전하는 개혁파 신학자 아돌프 슐라터(A. Schlatter)를 통해 성경의 권위를 있는 그대로 믿는 신학자의 기본 자세를 확립할 수 있었습니다. 그는 다시 베를린으로 돌아와 그 당시 "루터 르네상스"를 이끌었던 홀(K. Holl)로부터 루터의 초기 사상을, 자신의 박사 논문을 지도해준 제베르

---

3 Friedrich Wilhelm Kantzenbach, *Programm der Theologie*, Caludis Verlag München, 1978, 229.

크(R. Seeberg)로부터 조직신학을 배웠고, 자유주의 신학자인 리츨(A. Ritschul)과 하르낙(A. V. Harnack)으로부터 교리사를 배웠습니다. 칼 바르트(Karl Barth)로부터 직접 배우지는 않았지만 그와 신정통주의 신학자들에 대해 공부하면서 상당한 영향을 받았고, 베를린 대학교의 대표적인 관념론 철학자들인 쉘링, 피히테, 헤겔 등의 저술을 읽었습니다. 그리고 그의 시대에 각광을 받았던 사회학자들인 퇴니스와 막스 베버에게 사회학과 사회철학을 배웠고, 이를 토대로 공동체 중심의 교회론을 창안합니다.[4]

본회퍼는 21세 때인 1927년에 『성도의 교제』(*Sanctorum Communio*)라는 논문으로 베를린 대학교에서 박사학위를 받았습니다. 그는 목사 임직을 받은 이후 스페인 바르셀로나로 건너가 독일인 이주민 교회에서 견습 목사 생활을 시작합니다. 그는 그곳에서 『행위와 존재』(*Akt und Sein*)라는 교수자격 논문을 구상하고 나서 1930년 베를린 대학교에 제출하여 교수 자격을 얻게 됩니다. 하지만 그는 그해 9월 잠시 미국 유니온 신학교로 연수를 떠났고, 이때 라인홀드 니버와 친분을 쌓고 흑인교회에 출석하면서 신학적 사고를 확장시킵니다. 1931년에는 다시 독일로 귀향해 베를린의 프렌츠라우어베르크에서 강의 지도 목사를 합니다. 이때 에큐메니칼 운동에 적극

---

4 Bethge, *Dietrich Bonhoeffer*, 23-107.

가담하면서 세계교회연맹 비서관으로 일하게 됩니다.

하지만 1933년 히틀러가 권력을 장악하자 그는 국가교회에 대한 반대세력 구축에 동참합니다. "유대인 문제에 직면한 교회"라는 그의 라디오 강의가 도중에 강제로 중단되는 일이 발생하자 그는 나치 정권의 표적이 됩니다. 그리고 그해 10월, 런던에 있는 독일인 교회의 목회직을 제안 받고 런던에 갔다가 1934년에 다시 독일로 돌아옵니다. 베를린 대학교에서 『그리스도론』을 강의하면서 학생들에게 큰 인기를 얻습니다. 그리고 에큐메니칼 운동에 적극 참여합니다. 그리고 그해 덴마크의 파뇌에서 열린 세계교회협의회에서 "평화에 대해"라는 설교를 통해 교회가 연합하여 인권과 정의를 구현하라고 촉구했습니다. 1935년에는 고백교회가 목회자를 양성하기 위해 설립한 핑켄발데 신학교의 부름을 받아 원장으로 재직하며, 『나를 따르라』, 『신도의 공동생활』, 『윤리학』 등을 집필합니다.

1937년에 히틀러가 이 학교를 불법신학교로 지목해서 강제 해산시키자 그는 다시 미국의 유니온 신학교에 교환교수로 갑니다. 하지만 자신의 안전보다 조국의 위험을 염려하여 귀국하고 반히틀러 투쟁에 적극적으로 뛰어듭니다. 제2차 세계대전이 발발하자 그는 히틀러 정권에 저항하고자 그의 매형과 함께 방첩단에 들어갑니다. 그곳에서 그는 히틀러가 전 유럽에 행한 악행에 관한 고급 정보들을 알게 되고 히틀러 암살 프로젝트에 참여합니다. 하지만 1943년 4월에 체포되어

베를린 테겔 형무소에 수감되었고 바로 이때 옥중서신으로 알려진 『저항과 복종』을 집필합니다. 히틀러 암살 계획이 실패하면서 1944년 게슈타포 지하 감옥으로, 1945년 2월 부헨발트 포로수용소로, 4월에 풀로센뷔르크 포로수용소로 이송되어 죽기 2년 전에 약혼한 마리아 폰 베데마이어와 재회하지 못한 채 4월 9일에 처형됩니다. 그리고 5월 7일, 나치 독일은 항복합니다.

본회퍼는 어떤 특정한 학파나 스승에게 속하지 않았고, 다양한 신학 사상과 인문학을 자기 것으로 잘 소화해서 자신만의 독특한 신학을 만들어 냈습니다. 그는 종교개혁자 마르틴 루터에게서 가장 많은 영향을 받았고, 루터를 가장 많이 인용하고 있습니다. 하지만 정통 루터주의자가 되는 것은 거부합니다. 그때문에 본회퍼의 신학을 이해하기란 매우 난해합니다. 연구자들이 자신의 관심사에 따라 그의 책들 중 일부만을 발췌하여 주장을 펼친다면 당연히 다른 편의 공격을 받을 것입니다. 그러므로 그의 주요 저서를 가능한 한 객관적으로 검토해야만 합니다.

그의 신학을 이해하려면 먼저 박사학위 논문이자 첫 번째 저술인 『성도의 교제』를 이해해야 합니다. 이 책이 그의 사회적 공동체적 교회론을 가장 잘 요약하고 있기 때문입니다. 그는 이 책에서 "교회는 공동체로서 실존하는 그리스도"라는 사상을 사회성의 신학의 초석으로 사용하고 있습니다.

2.
성도의 교제

본회퍼가 1930년 7월에 출간한 이 책의 서문을 보면 그가 왜 이 책을 썼는지 알 수 있습니다. 먼저, 이 책에서는 사회철학과 사회학의 개념들이 등장합니다. 그런 개념들을 통해 기독교회의 공동체 구조를 체계적으로 설명합니다. 그는 신학에 관한 사회학적 시각을 가질수록 기독교의 기본 개념들에 내재하는 사회적 의도가 더욱 분명하게 드러나며, 인격, 원상태, 죄, 계시 등의 개념도 사회성을 고려할 때 온전히 파악할 수 있다고 주장합니다.[1] 하지만 성도의 교제에 대한 이 논문은 종교사회학적이 아닌 신학적, 즉 기독교 교의학의 토대 위에서 사회철학적 혹은 사회학적 내지는 종교사회학적인 근본 통찰들을 제시합니다. 이 논문은 그리스도 안에서 일어난 계

---

1 *Sanctorum Communio*, 13.

시 안에서 주어진 그리스도의 교회의 현실을 사회철학적·사회학적·구조적으로 이해하는 것에 중점을 둡니다. 교회의 본질은 오직 내부로부터 오는 분노와 열정으로 이해할 수 있으며 외부에서는 결코 이해할 수 없기 때문입니다. 그는 오직 교회의 요구를 진지하게 받아들이며, 이것을 이와 비슷한 다른 종류의 요구들이나 자기 자신의 이성에 맞추는 식으로 상대화시키지 않고 도리어 복음에서 비롯된 교회의 요구를 이해하는 자만이 교회의 본질에 대한 비전을 가질 수 있다고 주장합니다.[2]

클리포드(Clifford, J. Green)는 『인간성을 위한 자유』[3]에서 본회퍼가 이 사회성(Sozialität)에 광범위한 관심을 두고 있으며 사회성이 그가 이 책에서 전념하고 있는 그의 교회론의 맥락에 해당한다고 주장합니다. 본회퍼는 서문에서 인격, 원상태, 죄, 계시 등의 개념들은 사회성과의 관계에서만 파악될 수 있는 기독교적 기본 개념들이라 말합니다. "사회성"은 이 책 전체에서 다루어질 신학적인 주요 주제입니다. 2장에서 본회퍼는 "인격" 개념을 다룹니다. 그것은 그의 신학적 전체 작업의 축이자 개인적·집단적 삶에 대한 본회퍼의 해석을 이해하기 위한 근본 개념입니다. 그 토대 위에 3-5장에서는 원상태, 즉

---

2 *Sanctorum Communio*, 18.
3 Clifford, J. Green, *Freiheit zur Mitmenschlichkeit; Dietrich Bonhoeffers Theologie der Sozialität*, Gütersloh Verlag, 2004. 32.

창조를, 그리고 죄와 계시를 사회성과 연결해서 다룹니다. 창조를 다루면서 원상태 공동체를, 죄를 다루면서 깨진 공동체를, 계시를 다루면서 기독 공동체의 새로운 인간성 속에서 인간의 사회성의 회복을 설명합니다.

본회퍼는 신학적인 주제 전체와 사회성을 관련시킵니다. 또한 이 책에서 말하는 교회론도 넓은 범위의 신학적인 틀 속에 자리하고 있습니다. 사회성을 본회퍼 신학의 요약이라 부른다면 무리겠지만, "기독교적 사회성의 신학"이라 부른다면 지나치지 않은 표현입니다. 본회퍼가 이 책에서 말하는 사회철학과 사회학의 인식들은 교회에 대한 신학적 고찰에 매우 좋은 훈련이 되며 이 사회성의 틀 속에서 교회론뿐만 아니라 신학 전반을 다룹니다.[4] 더 나아가 그는 사회성에 토대를 둔 기독교적 관념론 철학(Geistphilosophie)에도 영향을 받았습니다. 하지만 그는 관념론 철학이 기독 공동체의 의미를 왜곡시켰다고 판단했고 그것을 극복하려 했습니다. 클리포드는 관념론 철학이 단지 일반 이성을 통해 정해진 존재로 인간을 파악하며 미리 전제된 인식론적 "주관-객관" 관계로 전체 인간학을 각인시키고 있다고 비판합니다. 이런 전제 아래서는 사회적 범주에 다다를 수 없을 것입니다. 그러므로 관념론은 본래의 개별적인 것을 인정하지 못하고 인간 공동체도 적합하

---

4 Clifford, *Freiheit zur Mitmenschlichkeit*, 32ff.

게 파악할 수 없다고 비판합니다.[5] 그는 이렇게 말합니다. "인식론의 콘텍스트가 아니라, 도리어 인간의 사회성이 신학적 약속을 간직하고 있다. 사회적 근본 관계는 주관-객관의 관계가 아니라 나-너의 관계이다."[6]

이런 선이해를 가지고 본회퍼의 『성도의 교제』를 살핀다면 그의 말들을 좀 더 쉽게 이해할 수 있을 것입니다.

인격이란 무엇인가: 개별인격과 집단인격

본회퍼는 2장 "기독교적 인격 개념과 사회적 기본 관계 개념들"에서 철학적 인격 개념을 아리스토텔레스적, 스토아적, 에피쿠루스적, 관념주의적 인격 개념 등 네 유형으로 나누고 이것들을 비판합니다. 기독교적 인격 개념은 기독교적 공동체를 구성하기 위한 그의 신학의 핵심 개념입니다.[7] 여기서는 원시 상태의 인간이 아니라 타락 이후의 인간의 인격 개념, 즉 하나님과 인간의 파괴되지 않은 교제 속에서 살아가는 인간이 아니라 도리어 선과 악이 무엇인지를 아는 인간을 전제합니다. 이 개념은 필연적으로 구조적이고 개별적인 인격성에 기

5　Clifford, *Freiheit zur Mitmenschlichkeit*, 33ff.

6　Clifford, *Freiheit zur Mitmenschlichkeit*, 34.

7　*Sanctorum Communio*, 19-24.

초하고 있으며 관념론적 인격 개념을 극복할 수 있습니다.[8] 또한 인격은 자신의 윤리적 가치를 결정하고 윤리적 존재가 될 수 있으며 반드시 그렇게 되어야만 하는 존엄을 지닙니다.[9]

본회퍼에 따르면 관념론 철학자들인 칸트와 피히테가 주장하듯이 인격은 관념적 정신 혹은 이성적 인격이 아니라 구체적인 생동성과 특별성 안에 있으며, 자신 안에서 분열된 인격이 아니라 전인적 인격입니다. 인격은 무시간적인 가치로 가득한 존재이거나 정신성이 아니고, 또한 시간의 연속적인 흐름 속에 있지 않으며 시간의 한복판에서 책임의 상황 안에 있습니다. 인격은 가치와 관련된 순간에 있고 가치에 의해 채워지지 않는 순간 속에 있지 않습니다. 순간의 개념 속에서 시간 개념과 그 가치관련성은 서로 얽혀 있으며, 순간은 시간의 가장 작은 부분, 흡사 기계적으로 생각된 원자같은 것이 아닙니다. 순간은 책임의 시간이고 가치와 관련되어 있으며 본질적인 시간 즉 하나님과 관련된 구체적인 시간입니다. 오직 구체적인 시간 속에서만 윤리가 실현되며 오직 책임 가운데서만 인간은 시간에 매여 있다는 사실을 완전히 의식합니다. 자신이 이성적인 정신을 완전히 소유하고 있다 해서 보편적으로 타당한 결단을 내리는 것이 아니라 오히려 시간 내의 모든 특수한 상황 속에서 자신의 구체적인 인격을 이러한 당

---

8 *Sanctorum Communio*, 25.
9 *Sanctorum Communio*, 26.

위성과 관계시키면서 윤리적 책임을 지며 시간의 실재 안으로 들어섭니다.

본회퍼는 계속해서 인격이 시간 안에 존재한다는 사실을 강조합니다. 인격은 항상 거듭 시간 속에서 생성되고 사라집니다. 무시간적으로 존속하지 않고, 시간도 정적이지 않고 역동적인 특징을 가지며, 오직 인간이 윤리적 책임 속에 있을 때에만 시간은 항상 존재합니다. 기독교적 인격은 생명체의 영원한 순환 속에서 항상 새롭게 형성되지만 모든 다른 인격 개념은 구체적인 인격의 왕성한 활력을 파괴합니다.[10]

그는 관념론 철학에는 인격 이해를 위한 의지적인 하나님 개념이 없고 심각한 죄 개념도 없으며 따라서 역사에 대해서도 올바른 입장을 취하지 못한다고 비판합니다. 또한 그들이 주장하는 정신의 변증법적 운동은 추상적으로 형이상학적이며 구체적인 운동이 아니므로, 관념론적인 윤리학자는 절대적 요구 앞에 인간이 서는 그 순간을 이해하지 못하며, 자신이 무엇을 해야 하는지를 알고 있지만 양심의 고통과 결단 앞에서 무한한 두려움 같은 것이 남아 있지 않습니다.

그는 감동을 받은 순간, 책임 안에 서 있는 순간, 열정적인 윤리적 투쟁의 순간에 압도적인 요구를 의식하는 인격이 생겨난다는 것, 곧 구체적 상황으로부터 구체적 인격이 형성된

---

10 *Sanctorum Communio*, 27-28.

다는 것이 기독교적 인식이라 말합니다. 인간의 인격은 오직 이를 초월하는 신적 인격과의 관계 속에서만, 하나님과 인간의 절대적인 이원성으로부터만 생겨납니다. 한계를 체험해야 윤리적인 인격의 자기 인식이 발현되며 한계를 더 분명하게 인식할수록 더 깊이 책임의 상태에 들어섭니다. 기독교적 인격은 지고의 가치들을 담지하는 것이 아니라 도리어 가치들의 인격성, 즉 그것들의 피조성과 관계해야만 하며 이 부분에서 관념론적 인격 개념과 구분됩니다.[11]

그는 윤리적 개체 개념과 형이상학적 개체 개념을 구분합니다. 형이상학적 개체 개념은 직접적 규정이며 윤리적 인격 개념처럼 윤리적 상호 규정이 아닙니다. 윤리적 인격은 정신으로 인해 자기 자신과 "직접적으로" 관련을 맺지 않고 오직 "타자"에 대한 책임 속에서만 관련을 맺습니다. 그는 윤리적인 개인을 사회적 기본관계 개념으로 파악합니다. 필연적으로 타자를 생각하지 않고서는 개인에 관해 말할 수 없고 개인은 타자와의 관계에서만 자신이 누구인지 말할 수 있기 때문입니다. 그러면서 하나님, 공동체, 개별자는 상호 연결되어 있음을 강조합니다. 개인은 오직 타자를 통해서만 존재합니다. 개인은 단독자가 아니라 오히려 개인이 될 수 있기 위해서는 도리어 필연적으로 "타자"가 존재해야만 하는데, 내가 구체적

---

11 *Sanctorum Communio*, 28-29.

인 "나"라면 타자는 구체적인 "너"입니다.[12] 하지만 본회퍼는 구체적인 나에게 타자가 구체적인 너가 되기 위해서는 성령의 도움이 필요하다고 말합니다. 인격은 자신의 힘으로 타자를 "나"로, 윤리적으로 책임을 의식하는 인격으로도 만들 수 없기 때문입니다. 하나님 혹은 성령이 구체적인 너에 들어서야, 그리고 성령의 역사를 통해서만 나에게 타자는 "너"가 되며 "나"라는 자아가 생깁니다. 모든 인격적인 "너"는 신적인 모형이며 "너"라는 특성은 완전히 본래적으로 신적인 것을 체험하는 형식입니다.[13]

지금까지의 인격에 관한 본회퍼의 논의를 요약하면 다음과 같습니다. 하나님은 추상적인 부동성 속에서가 아니라 구체적인 생동성, 그리고 궁극적인 통일로서의 전체성과 독특성 속에서의 인격을 원하십니다. 따라서 사회적인 관계들은 순전히 인격들의 독특성과 역사성 위에 상호 인격으로서(interpersonal) 세워지는 것으로서 비인격적인 정신을 통해서는 인격을 극복할 수 없고 인격의 다양성의 통일을 지향하는 일치성이란 것도 전혀 없습니다. 사회적 기본 범주는 나(Ich)-너(Du) 관계이고, 타자의 "너"는 신적인 "너"이므로, 타자에 이르는 길도 역시 신적인 것으로 가는 길, 즉 인정 혹은 거설의 길로 가는 것과 같습니다. 개별자는 순간순간 거듭해서 타자

---

12 *Sanctorum Communio*, 30.
13 *Sanctorum Communio*, 33.

를 통해 인격이 되고, 타자는 우리에게 하나님 자신에게와 똑같은 인식 문제를 던집니다. 나와 타자와의 현실적 관계는 나의 하나님에 대한 관계에 방향이 맞춰져 있습니다. 개인은 타자와 서로 완전히 분리되어 있음에도 타자와 함께 어떻게든 하나님의 뜻에 따라 본질적·절대적으로 함께 속해 있습니다.[14]

본회퍼에 따르면, 위의 기독교적 인격 개념을 이해하는 개인은 항상 하나님과 타자와의 관계성 속에서 살아가고 구체적·역사적 시간 속에서 타자를 위해 도덕적으로 결단하면서 그의 인격이 드러납니다. 타자를 위해 자신을 희생하는 개별 인격이 전제될 때 성도의 교제가 가능합니다. 그는 인격을 "타자를 위한 인격"으로 규정합니다. 이를 통해 우리는 나중에 언급될 "타자를 위한 교회"의 전조를 볼 수 있습니다.

개별 인격은 공동체와 어떤 관계를 가지고 있는가

본회퍼는 관념론 철학의 문제점을 심도있게 파헤치면서 그의 인격 개념을 펼쳐 나갑니다. 관념론은 소위 절대정신을 위해서만 개인이 존재해야 한다고 주장함으로써 개인의 인격에 대한 존중하지 않게 될 수도 있는데, 그와 대조적으로 기독교적 인격 개념은 개인의 개별 인격을 존중하면서도 공동체를

---

14 *Sanctorum Communio*, 33-34.

세워가는 것이라 말합니다. 먼저 제3장 "원상태와 공동체의 문제"와 제4장 "죄와 파괴된 공동체"에서는 인격 개념과 공동체 개념은 하나님과의 관계에서부터, 즉 오직 원상태와 죄, 화해 개념들을 통해 표현될 수 있는, 내적으로 파괴된 하나의 역사 속에서만 이해된다고 말합니다.

본회퍼는 역사적으로 타락 이후의 상태에서 기독교적 인격 개념이 고려되어야 한다고 말합니다. 하나님과의 교제는 본질적으로 사회적 교제를 동반하며, 하나님과의 교제 없는 사회적 교제가 없듯이 사회적 교제가 없는 하나님과의 교제도 분명 없습니다. 인간은 타락으로 인해 하나님과의 교제뿐만 아니라 직접적인 사회적 교제도 상실했습니다. 이는 하나님과 인간 사이에 인간들과 인간들 사이에 제3의 세력, 곧 죄가 들어와서 이 죄가 하나님과 나, 그리고 나와 너의 모든 사회적 관계를 깨뜨렸기 때문입니다. 죄로 인해 인간의 모든 정신에도 문제가 생겼습니다. 인간의 모든 정신은 사회성 안에 포함되어 있으며 나와 너의 기본관계에 근거해 있기 때문입니다.[15] 인간의 모든 정신은 서로와의 관계에서 비로소 드러나며, 타자 안에 존재함으로 인해 자신이 존재합니다. 그것이 정신의 본질입니다. 본회퍼는 관념론이 이러한 사회적 관계를 고려하지 않고 정신의 자기 인식과 능력을 평가하고 있다고

---

15 *Sanctorum Communio*, 36-39.

비판합니다. 인간은 오직 "너"와의 관계에서만 참으로 그 자신을 아는 존재이지 단순히 일정량의 객관적 정신을 담고 있는 그릇이 아니며 자발적으로 협력하면서 능동적인 지체가 되어야 합니다. 만약 그렇지 않다면 "나"와 "너"의 관계, 곧 정신은 결코 존재하지 않을 것입니다. 그에 의하면 개체적 정신은 더 크게 성장할수록 객관적 정신이 더 풍요롭게 되고 그 능력은 증가됩니다.[16]

관념론 철학, 특히 헤겔은 모든 개별적인 것들을 뛰어넘는 객관적인 원리로서의 정신의 원리가 존재하며, 그런 객관적인 정신의 원리가 사회성을 띤다고 인식함에도 사회적 정신은 오직 개별적인 형태화 속에서만 실현된다고 말합니다. 반면에 관념론 철학은 진정한 사회성이 인격적 통일성을 추구한다는 사실을 고려하지 않았고, 정신이나 인격의 사회성을 고려하지 않은 채 신적 정신이나 인격으로 고양되는 것에만 관심을 둔다고 본회퍼는 비판합니다.[17] 여기서 본회퍼의 인격 개념을 이해하려면 집단인격(Kollektivperson) 개념을 이해하는 것이 중요합니다. 그는 다음과 같은 질문을 던집니다. "신학적으로 표현하자면, 하나님은 개개인을 삼켜버리는 공동체를 원하는가, 아니면 개인만을 원하는가? 아니면 하나님은 제각기 독자적인 의미를 갖는 공동체와 개인, 이 둘을 원하는가? 객관적

---

16 *Sanctorum Communio*, 45-46.

17 *Sanctorum Communio*, 46-47.

인 정신이 주관적인 정신보다 하나님께 더 가까운가? 아니면 반대인가? 아니면 이 둘이 나란히 하나님의 뜻 아래 서 있는가? 만약 사회적 존재와 인격적 존재 사이에 동등한 비중이 유지되어야 하다면, 공동체는 형이상학적 통일체로서 개인적 인격과의 관계 속에서 어떤 의미를 갖는가?"

그는 굵은 글씨를 써서 "**공동체(Gemeinde: 교회)**는 개별인격과 동일한 구조를 갖는 집단인격으로 이해될 수 있다"고 대답합니다.[18] 이 말은 개별인격과 공동체라는 집단인격, 소위 두 인격이 있다는 의미입니다. 하지만 그는 "공동체는 하나의 구체적인 통일체다"는 사실을 강조합니다. 응집하는 다수의 인격들이 함께 모여 총합으로서의 집단인격이 형성되는 것이 아니라 인격은 오직 사회성 속에서 함께 생활하면서 형성됩니다. 이러한 개별인격이 형성되면 동시에 집단인격도 형성되며, 전자는 후자가 존재하기 전에 존재하는 것이 아니며 후자의 결과로 존재하는 것도 아닙니다. 개별인격이 있을 때에만 집단인격도 존재할 수 있습니다. 그러나 집단인격은 행동의 중심으로서 내용적 목표를 개별인격과 구체적으로 공유할 때에만 가능하며, 따라서 개별인격이 구체적인 공동체의 본질에 속할 때에만 가능합니다. 인격 사이의 관계를 말할 때에는 개별인격으로부터 벗어나서 집단인격 안으로 들어갈 수

---

18 *Sanctorum Communio*, 48.

없습니다. 하나의 집단인격과 개별인격 사이에도 나와 너의 관계는 가능한데, 이는 집단인격도 참으로 개별인격이기 때문입니다. 오직 집단인격이 사회적 상호 교류 안에 포괄될 때, 이 교류는 풍성하게 이루어질 수 있습니다. 그는 이와 같은 관계를 증명하기 위해서 라이프니츠(Leipniz)의 단자론을 언급하는데, 그것은 이러한 사회적 기본관계와 분명 흡사합니다. 개별적 존재는 완전히 격리되어 있지만 자체 안에서 전체의 현실을 표상하고 반영하고 개별적으로 형성하는데, 그 이유는 바로 그 속에서 자신의 본질을 발견하기 때문입니다.[19]

본회퍼의 신학을 정확히 이해하려면 그의 독특한 인격 개념을 이해해야 합니다. 그래야 다음의 여러 주요 개념들을 이해하면서 그의 신학의 참된 의도를 파악할 수 있습니다.

그리스도의 대리행위란 무엇인가

본회퍼의 윤리학의 핵심 개념 중에 대리(代理, Stellvertretung)라는 개념이 있습니다. 그의 윤리학 관련 책에서 이 개념이 집중적으로 언급되지만, 이 책에서도 성도의 교제를 위한 중요 개념으로 등장합니다. 이 책의 주제에 해당하는 제5장 "성도의 교제"에서 이 부분을 집중적으로 다룹니다. 즉 그리스도

---

19 *Sanctorum Communio*, 49ff.

를 통해서 옛 인류가 죽고 새 인류가 태어났으며 어떻게 옛 세계를 없애고 새 세계를 창조하는가를 묻습니다. 이런 창조가 그의 대리 행위를 통해서 가능하다고 말합니다.

인류는 그리스도의 대리로 인해 자신의 공로 없이 하나님과 화해하게 됩니다. 하나님과의 원상태의 교제가 파괴되었을 때 인간과의 교제도 그러했듯이, 하나님께서 자신과 인간의 교제를 다시 세우실 때 인간들 사이의 교제도 회복됩니다. 하나님과 인간의 교제, 인간 사이의 교제, 이 둘은 본질적으로 연결되어 있기 때문입니다. 그리스도의 대리행위 덕분입니다. "이것은 **대리자(Stellvertreter)로서의 기능**이다. 이 기능은 아담과 그리스도의 근본적 차이점을 가장 분명히 드러낸다. 아담의 행위는 의도적으로 대리하는 행위가 아니라 그와는 정반대로 철저히 이기적이다. 비록 의도적인 대리 행위가 매우 비슷하게 보이더라도 완전히 다른 기본 조건들이 간과되어서는 안 된다. 옛 인류 안에서 모든 죄인과 함께 인류도 새로 타락한다. 반면에 그리스도 안에서 **단번에**, 이것은 대리의 진정한 본질이다, 인류는 하나님과의 교제 안에 놓여졌다."[20]

본회퍼에 따르면, 그리스도의 유일회적인 대리적 죽음을 통해 우리의 죄가 용서되었고 이 점에서 그리스도는 아담과 다르며 이 대리의 원리가 하나님과의 교제의 기초가 됩니다.

---

20 *Sanctorum Communio*, 91-92.

죄의 삯인 죽음을 통해 비로소 역사가 구성되듯이, 사랑 안에 있는 생명을 통해 역사 과정의 연속성은 경험적으로 무너지지는 않았지만 객관적으로는 무너졌습니다. 죽음이 과거와 미래를 갈라놓을 수 없으므로, **대리의 원리**는 그리스도 안에서, 그리고 그리스도를 통해 하나님과의 교제의 기초가 됩니다. 새로운 인류의 생명원리는 그리스도와 인간 사이에서 전혀 불가능하게 된 "연대"가 아니라 "대리"입니다. 물론 "나"는 다른 사람의 죄와 연대관계를 맺고 있지만, 다른 사람에 대한 행위와 타인과의 연대도 **대리의 생명원리**로부터 일어납니다. 그리스도는 이스라엘의 공동체 안으로 들어감으로써 그와 연대적 관계에 있음을 알리기보다는 오히려 **모든 사람을 대리하여** 사랑을 통해 율법을 성취하며, 이로써 유대인들의 율법 이해를 극복한다고 말합니다. 지금까지는 모든 사람이 이스라엘의 공동체 안에서 독자적으로 율법을 범했다면, 이제는 그리스도의 인격이 모든 개인을 끌어 모으며 하나님 앞에서 그들을 **대리합니다**.

하지만 새로운 공동체로 인도하는 것은 오직 옛 공동체가 불완전하다는 것을 깨달을 때에만 가능하며, 그렇게 하기 위해 예수님은 사람들에게 회개를 요청하셨습니다. 예수님은 하나님의 궁극적인 요구를 계시하면서 인간의 과거와 현재를 하나님의 현실 아래 세웁니다. 인간은 죄를 고백함으로써 하나님 앞에서 고독한 존재가 되며 객관적으로 오랫동안 일어났던 일, 곧 그와의 분리를 고백하기 시작합니다. 이로써 율법으로 규범과 본질적 능력을 발휘하던 종전의 하나님의 공동체는 파괴됩니다. 율법은 교제를 창조하는 것이 아니라 고독을 창조합니다. 율법은 거룩하고 선한 것이고 하나님의 거룩한 백성의 생활 규범이 되어야 하기 때문입니다. 율법은 오직 영으로부터만, 곧 하나님에 대한 철저한 순종 의지로부터만, 완전한 사랑을 통해서만 영적으로 성취될 수 있습니다. 인간에게 이런 능력이 없다는 사실을 깨닫는 순간, 예수님의 나라 안에서 예수님의 선물에 이르는 길, 하나님의 사랑과 하나님 나라에 이르는 길이 열렸습니다. 율법의 인식을 통해 생겨나는 철저한 고독으로부터 구체적인 교제가 일어납니다. 이는 철저한 고독 속에서 하나님과 인간으로부터 분리되어 있음을 알고 이 복음을 받아들이는 모든 자들에게 하나님께서 교제를 열어놓았다는 사실을 하나님의 사랑의 선포가 알리기 때문입니다.[21]

이어서 본회퍼는 율법과 복음의 관계 또한 공동체와의 관계로 다룹니다. 율법은 공동체를 분리시키고 개인을 고독으로 밀어 넣습니다. 그래서 그리스도의 대리행위를 통한 죄의 용서를 통해 개인은 고독으로부터 빠져나오게 되며 공동체 속에 들어와 교제를 누릴 수 있습니다. 여기서 우리가 주목해

---

21 *Sanctorum Communio*, 92-94.

야 할 점은 그리스도의 대리행위가 대속적 고난이었음을 본회퍼가 분명히 말하고 있다는 점입니다. 예수님의 고난이 징계적 성격을 갖는다는 점을 부인한 사람들도 있었습니다. 하지만 기독교적 대리 사상의 독특성은 진정한 의미에서 죄책(Schuld)과 형벌(Strafe)을 대신 지는 것입니다. 예수님은 죄가 없는 분으로, 타인의 죄책과 형벌을 스스로 지고 범법자로 죽으면서 저주를 받았습니다. 왜냐하면 세상의 죄(Sünde)를 담당하면서 징계를 받았기 때문입니다. 하지만 예수님은 범법자의 십자가에서 대리적 사랑으로써 하나님께 순종하심으로 죄에 대해 승리했고 죄책은 조각(阻却)되었다고 말합니다. 본회퍼는 이것이 그리스도의 대리 행위에 대한 간결한 설명이며, 깊은 사회적-철학적 문제를 안고 있다고 말합니다.[22]

대부분의 윤리적 인간은 자신의 악과 선에 대한 책임을 하나님 앞에서 스스로 지려 하고 자신의 죄를 다른 사람에게 전가하지 않으려 하는데, 자신의 행동에 대한 책임을 회피하는 듯한 기독교적 대리 사상이 윤리적으로 옹호될 수 있는가라는 질문에 본회퍼는 "대리 사상은 인간의 윤리적 태도를 능가하며 인간은 홀로 죄를 담당할 수 없고 누군가 자신의 죄를 벗겨 주어야 하므로 인간은 이러한 하나님의 선물을 거절해서는 안 된다"고 말합니다. 본회퍼에 따르면 이것은 하나님

22　*Sanctorum Communio*, 99.

의 사랑으로 가능하며, 오직 이 사랑을 위해 인간은 자신의 윤리적 책임을 내던져야 합니다. 대리는 필연적이며 하나님 앞에서 윤리적 책임감은 아무런 소용이 없기 때문입니다. 이러한 대리 사상은 하나님의 은혜로 가능합니다. 또한 하나님의 제공에 근거하고 있으며 오직 그리스도와 그의 교회 안에서만 유효합니다. 그것은 윤리적 가능성 또는 규범이 아니라 오직 교회를 향한 하나님의 사랑이 현실화된 것입니다. 기독교적 대리 원리는 윤리적 개념이 아니라 신학적 개념으로서, 새로운 인류는 결합되었고 유지되었습니다.[23]

위에서 언급한 바와 같이 본회퍼는 그리스도의 대속적 고난을 주장하며 그의 고난이 단지 모방적 고난에 불과하다는 주장을 분명히 비판합니다. 본회퍼의 후기 신학을 중심으로 그를 연구하는 사람들이 이 점을 자주 무시하거나 소홀히 다루어서 매우 안타깝습니다. 그는 하나님의 사랑이 이런 대리적 행위의 근원이었음을 밝히고 그의 대리적 죽음을 통해 우리가 죄사함을 받게 되었음을 분명히 하며, 그 대리 행위의 목적이 바로 하나님과의 관계 그리고 서로와의 관계를 회복하기 위해 즉 사회성을 회복하기 위해 주어졌다고 말합니다. 이런 주장은 대속적 죽음을 공동체와 연결시키지 못하고 개인적 속죄에만 국한시키고 있는 일부의 정통교회, 그리고 대

---

23 *Sanctorum Communio*, 99-100.

속적 속죄 자체를 무시하는 일부의 자유주의 신학자들에 경도된 교회에 경종을 올리고 있습니다.

공동체를 세우시는 성령

본회퍼는 "성령과 예수 그리스도의 교회-본질적 교회의 활성화"라는 제목으로 이 땅에 교회가 어떻게 세워지는지에 대해 설명합니다. 성령은 말씀을 통해 개인을 경건한 신자로 만들고자 하는 것이 아니라 그리스도와 다름 아닌 공동체를 세우고자 하십니다. 이것은 말씀을 통해 일어나고 오직 이 말씀을 통해서만 일할 수 있습니다. 성령의 직접적인 활동이 없다면 교회의 이념은 처음부터 개인주의적으로 해체되었을 것입니다. 하지만 가장 깊은 사회적 관계가 처음부터 제정되었습니다. 분명 말씀은 처음만 아니라 끝까지 사회적 성격을 갖습니다.[24] 성령은 말씀을 통해 교회를 세우지만 개인이 아니라 공동체를 세우시고, 말씀은 처음만 아니라 끝까지 사회적 관계를 갖습니다 본회퍼는 이 점을 강조합니다.

영은 오직 교회, 공동체의 영이고 교회가 있기 전에는 성령의 감동을 받은 죄인은 존재하지 않았으며, 하나님과의 교제는 오직 그리스도를 통해서만 존재합니다. 본회퍼는 그리

---

24 *Sanctorum Communio*, 100-101.

스도는 오직 그의 공동체 안에서만 존재하며, 이러한 사실 때문에 개인주의적 교회 개념은 모두 무너져야 한다고 말하면서도 개인과 교회 사이에는 제한적 관계가 존재한다는 점도 강조합니다. 성령은 오직 영의 공동체인 교회 안에서만 활동하며, 그렇기에 영에 사로잡힌 자들은 모두 이미 교회 안에 있기 마련이고, 다른 한편으로 아직 성령에 사로잡히지 않은 자들은 결코 교회 안에 있을 수 없기 때문입니다. 이런 이유로 성령은 감동의 행위를 통해 그리스도가 설립한 공동체 안에서 선택된 자들을 감동시키고 믿음을 통해 활성화된 교회 안으로 인도하십니다. 이는 교회 입회가 믿음의 근거가 되듯이 믿음은 교회 입회의 근거가 되기 때문입니다. 교회는 개인들의 의지, 즉 만남(발생학적 사회학)으로 생겨나는 것이 아니라 교회 안에서 활동하는 영으로 인해 존립하므로, 개인의 의지로 파생하지 않으며 개인의 의지는 기껏해야 교회에 속하고 싶다는 표현에 불과합니다. 따라서 개인은 교회의 지체로서만 가능합니다. 오직 교회 안에서만 인격적인 생활은 가능하며 교회 안에 있지 않은 자는 그리스도와 함께 생명을 나누는 교제를 가질 수 없습니다.

교회를 세우시는 성령은 세 가지 형태로 그의 교회에서 활동합니다. 그리스도와 성령은 분리할 수 없고 결합되어 있어서 성령은 그리스도 사건과 다른 내용을 가지지 않으며 그리스도는 성령의 활동의 척도와 방향입니다. 그런 면에서 그리스도도 역시 교회의 시간적 설립에 참여하나 물론 오직 성령의 활동 안에서만 참여합니다. 성령과 마찬가지로 말씀은 세 가지 다른 방식으로 그의 교회 안에서 활동합니다. 이것은 물론 그리스도가 설립한 교회 안에서 인식된 세 가지 사회학적 기본관계(영의 다양성, 영의 교제, 영의 일치)와 유사합니다. 우리가 공동체의 본질적 구조로 인식했던 사회학적 기본 조건들과도 유사하며 이 두 가지 유사성은 매우 중요합니다.[25]

1) 영의 다양성: 예정된 사람들을 모으시는 성령

본회퍼에 따르면 교회는 예정된 자들의 모임입니다. 예정론은 교회 개념의 토대라는 전통적인 입장을 따르면서도 개인 중심이 아니라 공동체 중심으로, 인간에게 다가오는 하나님의 길로 이해해야 합니다. 개인은 주목을 받지만 인간 속에서 예정을 실현하는 것이 그리스도의 말씀인 한, 항상 교회의 지체로서만 생각되고 선택됩니다. 하나님은 그리스도의 공동체와 개인을 따로 떼어서 보지 않고 하나의 행동 속에서 개개인들을 바라보시며 그분의 선택이 개인들에게까지 미칩니다. 그러므로 예정론은 모든 교회 개념의 필연적 토대이며 현대 교의학의 교회 개념에서 필수적인 것으로 인정됩니다. 하지만 그는 예정론을 교회를 위한 가르침으로 이해해야지 거꾸로 이

---

25 *Sanctorum Communio*, 101-103.

해되어서는 안 된다는 점을 분명히 하면서, 예정론적 교회 개념은 오직 전체 개념의 한 부분이며, 오직 전체와의 관계성 안에서만 기독교적 것이 되며 의미가 있다고 주장합니다.[26]

우리는 여기서 본회퍼가 예정론을 전통적인 이중예정으로 이해했다는 암시를 찾을 수는 없습니다. 하지만 그는 교회론을 다루면서 교회의 토대는 인간들의 뜻이 아니라 하나님의 예정에 기인하고 있다는 점을, 예정의 목적도 개인의 선택에 머무르지 않고 공동체 전체를 묶기 위한 것이 되어야 한다고 말합니다. 또한 본회퍼에게 교회는 다양한 개인이 모여 있지만 개인들의 뜻들이 아닌 하나님의 예정에 의해 선택된 사람들의 모여서 믿음 안에서 교제하는 믿음의 공동체입니다.

2) 영의 교제: 성도들을 사랑하게 하시는 성령

본회퍼는 "신앙은 하나님의 통치를 인정하고 받아들이며, 사랑은 그 나라를 현실화(활성화)한다"고 말합니다. 본회퍼에 따르면 기독교 공동체는 신앙의 공동체임과 동시에 사랑의 공동체이며 사랑을 실현하는 분이 성령님입니다. 신약성경이 강조하는 사랑은 그리스도 안에 계시된 하나님의 사랑이지, 하나님에 대한 우리의 사랑이나 인간에 대한 우리의 사랑이 아닙니다. 전쟁의 위험, 형제들의 희생적 죽음, 우리에게 나타난

---

26 *Sanctorum Communio*, 103ff.

사랑의 인격적 경험으로부터도 우리는 사랑이 무엇인지를 본질적으로 알지 못합니다. 오직 그리스도의 십자가 안에서, 우리의 칭의 안에서, 교회의 설립 안에서 드러나는 하나님의 사랑으로부터만 알 수 있으며, 사랑의 현실은 오직 그리스도와 그의 교회 안에서만 존재하므로 기독교적 사랑 개념은 특별한 의미를 가질 수밖에 없습니다.[27]

기독교적 사랑은 결코 인간적인 가능성이 아니며 오직 그리스도에 대한 신앙과 성령의 활동으로부터만 가능하며 의지적 행위로서 목적을 지향합니다. 이웃 사랑은 하나님의 뜻을 이루려는 인간의 의지입니다. 타자를 위한 하나님의 뜻은 이웃을 위해 우리 자신의 의지를 내어주라는 무한한 계명을 통해 드러납니다. 그것은 하나님 대신에 타자를 사랑하라 또는 타자를 통해 하나님을 사랑하라는 계명이 아닙니다. 오히려 타자를 내 입장에서 사랑하라는 것이며, 이런 태도는 인간이 아니라 오직 성령이 우리의 마음속에 채우십니다.[28]

하지만 하나님은 교제를 원합니다. 하나님의 사랑은 공동체를 위한 헌신이며 동시에 교제를 향한 의지입니다. 그렇기에 인간은 오직 그리스도에 관한 말씀 안에서만 하나님과 교제하는 것입니다.[29] 하지만 그는 모두가 하나가 되는 것이 교

---

27 *Sanctorum Communio*, 106-108.
28 *Sanctorum Communio*, 108-111.
29 *Sanctorum Communio*, 112-113.

제라는 생각을 반박합니다. 본회퍼에 따르면 교제는 결코 "하나가 되는 것"이 아니며, 모든 의식적 교제는 의지적 교제이고 인간의 다양성에 기초하고 있습니다. 또한 그것은 신비주의적 혼합처럼 궁극적으로 "한 사람이 되는 것"도 아닙니다. 교제는 오직 의지를 통한 계속적인 새로운 탄생을 통해서만 현실화되는 것이며 자기 목적으로서 긍정될 수 있거나 하나의 목적을 세우기 위해서만 조직화될 수 있습니다.

본회퍼에 따르면 사랑의 교제는 서로를 위한 부단한 헌신 위에 세워집니다. 인간이 하나님에게 헌신할 수 있게 된 것은 인간에 대한 하나님의 부단한 헌신 때문입니다. 하나님께서 인간을 위하기 때문에 인간도 하나님을 위할 수 있습니다. 하나님은 인간과 함께 자신의 뜻을 실현하면서 교제하기 원하시므로 하나님과의 교제는 깨어질 수 없습니다. 오직 믿음 안에서만 우리를 위한 하나님의 교제가 존재합니다. 그것은 우정이나 공동 체험의 정신적 교제처럼 경험되는 것이 아닙니다. 단지 하나님께서 그리스도를 통해 인간과 사랑의 교제를 나누기 시작했다는 사실은 믿음의 대상이고, 이웃을 사랑하는 나의 사랑의 교제도 오직 나를 위해 그리스도 안에서 율법을 성취하고 이웃을 사랑한 하나님에 대한 믿음 안에서만 존재할 따름입니다. 하나님께서 나를 교제로, 곧 그리스도의 사랑과 이웃과의 연대관계로 인도하신다는 이러한 믿음만이 나로 하여금 타자에 대한 나의 행위를 사랑으로 이해하게 하며 우리의 교제를 기독교적 사랑의 교제로 믿을 수 있게 합니다.[30] 그는 이어서 성도의 공동체가 사랑의 공동체로 나타나는 구체적 행동들이 무엇인가라고 질문하면서 첫째로 하나님께서 제정한 교회와 교회 지체들의 구조적 공존(共存)이 있어야 하며, 둘째로 서로를 위한 지체들의 활동과 대리적 원리가 실현되어야 하는데, 하나는 다른 것을 통해서만 가능하며 양자는 서로 의존한다고 대답합니다.

우리는 여기서 본회퍼가 성도의 교제를 이해하는 데 종교개혁자 루터에게 많은 빚을 지고 있는지를 보여주는 다량의 글들을 대하게 됩니다. "우리의 이웃을 향해 자비를 행하는 사랑 안에서 우리는 하나님이시다. 우리는 그리스도처럼 행동할 수 있고, 그렇게 행동해야 한다. 우리는 이웃의 짐과 고통을 짊어져야 한다. 그리스도가 성례전 속에서 당신을 위해 그러하듯이, 당신은 남의 약함과 필요가 마치 당시의 약함과 필요인 것처럼 마음을 열어야 한다…"[31] 그는 루터가 혼미한 죽음의 순간까지 실천하는 의식적 동고동락과 연대적 책임감도 고려하고 있음을 인정하면서도, 하지만 이것은 공동체가 존재한다는 결과일 따름이시, 이를 통해 공동체기 비로소 구성되는 것은 아니라고 말하면서 루터를 넘어서려 합니다. 그는 공동체가 존재하는 곳에는 그리스도가 존재하며 오직 이

---

30 *Sanctorum Communio*, 113-114.
31 *Sanctorum Communio*, 117ff.

토대 위에서만 루터의 모든 발언은 가능하다고 주장합니다.[32]

하지만 본회퍼는 그리스도의 행위와 우리의 행위를 동일시하거나, 두 행위의 구분을 결코 없애지 않습니다. 그리스도는 우리의 행위의 척도와 규범이고 우리의 행위는 그리스도의 몸에 있는 지체의 행위이며, 그리스도의 사랑의 능력을 입어 그 사랑 안에서 모든 사람은 다른 사람에게 그리스도가 될 수 있으며, 아무도 교회가 없이는 살 수 없듯이 모두가 교회 덕분에 생활하고 그에 속해 있듯이 그 자신의 공로도 더는 그 자신의 공로가 아니라 교회에 속한 것입니다. 교회는 그리스도 안에서 하나님의 생명을 영위합니다. 그러므로 본회퍼는 다른 사람의 순결은 욕망의 유혹을 이길 수 있도록 그리스도인들을 격려하고, 다른 사람의 금식은 그리스도인에게 유익하고, 이웃의 기도는 나를 위해 행해야 한다고 말합니다.

본회퍼는 성도의 교제 안에서 서로를 위해 활동할 수 있는 크고 적극적인 세 가지 가능성은 이웃을 위해 자신을 포기하는 활동, 남을 위한 기도, 하나님의 이름으로 서로 죄를 용서해 주는 것이라 말합니다. 이웃을 위한 자기 포기는 행복의 포기를 의미하며, 매일 타자를 위한 대리적인 삶을 살 것이 요구되며, 재산과 명예뿐만 아니라 심지어는 모든 생활도 포기할 것이 요구됩니다.[33] 그는 이런 맥락에서 중보기도의 필

---

32 *Sanctorum Communio*, 119ff.

33 *Sanctorum Communio*, 120-121.

요성과 효력을 강조합니다.

그는 교회는 하나의 삶을 영위하므로, 개인은 이 교회의 삶에 참여할 때에만 하나님과 교제할 수 있으며, 하나님과 홀로 대면하지 않고 성도의 교제 안에서 하나님과 대면하며, 가장 개인적인 기도조차도 이제는 자신에게 속한 것이 아니라 교회에 속한 것이며, 교회는 그를 낳았으므로 그는 교회를 통해 삶을 영위한다고까지 말합니다. 중보기도는 성도의 교제를 가능하게 만드는 가장 강력한 수단이며,[34] 중보기도 속에서 교회는 많은 사람의 짐을 지고 하나님께 나아가며, 교회 안에서 한 사람은 다른 사람의 짐을 집니다. 중보기도는 하나님께서 자신의 뜻을 실현하기 위해 마련한 도구이며, 중보기도 속에서 이웃과 "함께하는", 이웃을 "위한" 그리고 결국엔 이웃을 "대신하는" 기독교적 사랑의 본질이 입증되며, 바로 이를 통해 다른 사람을 교회 안으로 점점 더 깊이 인도할 수 있습니다. 그러므로 예수의 이름으로 다른 사람을 위해 기도하는 한 사람 안에서 온 교회가 기도하며, 헤겔의 개념을 바꾸어 말하자면, "공동체로서 실존하는 그리스도"(Christus als Gemeinde existierend)가 함께 기도합니다.[35]

본회퍼는 이런 맥락에서 교회가 "공동체로서 실존하는 그리스도"라는 그의 독특한 교회 이해를 표명합니다. "교회는

---

34 *Sanctorum Communio*, 123.
35 *Sanctorum Communio*, 126.

공동체로서 존재하는 그리스도다. 교회는 말씀으로부터 용서를 경험하고 죄가 십자가에서 제거되는 것을 보면서 죄책을 짊어진다. 교회는 실제로 오직 말씀만을 의지하고 살아간다. 그러나 말씀을 의지하고 살아감으로써 교회는 영을 소유한다. 교회는 말씀의 담당자, 관리자, 도구이다. 말씀의 전권을 믿는 한, 교회는 전권을 갖는다. 만약 교회가 십자가의 말씀 위에 세워지고 예수의 십자가 안에서 화해되고 의롭다고 인정을 받는다면, 교회는 개인의 죄를 스스로 짊어질 수 있다. 교회는 그리스도와 함께 죽었고 부활했으며, 그리스도 안에서 이제 새로운 피조물이 되었다. 교회는 단지 목적을 위한 수단만이 아니라 그 자체로서 목적이기도 하다. 교회는 현존하는 그리스도 자신이다. 그러므로 '그리스도 안에 있다'는 말과 '교회 안에 있다'는 말은 같은 말이다. 그러므로 교회 위에 두어진 개인의 죄책을 그리스도가 친히 짊어진다."[36]

본회퍼는 여기서 사죄를 위한 대리의 원리에 대해 다시 강조합니다. 그리스도인은 오직 그리스도의 교회 안에서만 생겨나고 존재하며, 그는 교회, 곧 다른 사람들을 의지하며, 한 사람은 사랑의 실천과 중보기도, 완전한 대리를 통한 사죄 속에서 다른 사람을 짊어집니다. 사죄는 오직 그리스도의 교회 안에서만 가능하며, 모든 사죄는 대리의 원리, 곧 하나님의

---

36 *Sanctorum Communio*, 127.

사랑에 근거하며, 교회는 모든 사람을 짊어지며, 교회 안에서 지체들은 서로를 위해 살아갑니다. 하지만 그의 이러한 사죄 이해는 우리의 대리행위가 속죄의 근거인 것처럼 말하고 있기 때문에 매우 위험한 표현입니다. 본래 사죄는 그리스도의 대리적 순종에 의한 대속적 죽음에 근거하여 하나님께서 우리의 죄를 용서하심으로서 가능하기 때문입니다.

그는 교회와 교회 지체들이 구조적으로 서로 함께 살아가며 대리적 행위와 교회의 능력 안에서 서로를 위해 실천한다는 점이 특별한 사랑의 공동체의 특징이라 강조하면서도, 이 모든 일 속에서 모든 지체의 개별적인 고독이 극복되는 것이 아니라 항상 거듭 자신의 책임 속에서 기도하기를 애쓰며, 모든 일에 순종하는 자세를 갖기를 애써야 한다고 말합니다.[37]

3) 교회의 영의 일치-집단인격(Die Kollektivperson)

신약성경에 의하면 교회 안에는 모든 공적인 일과 사적인 일에서 하나의 신학, 하나의 예배, 하나의 견해, 하나의 생활방식이 존재하지 않으며, 우리 모두에게 몸도, 성령도, 주도, 믿음도, 세례도 하나요, 은사는 많으나 성령은 하나요, 직무는 많으나 주도 하나요, 능력은 많으나 하나님은 한분이시라고 말하고 있습니다. 그래서 "성령 안의 통일성"이 아니라 "성령

---

37 *Sanctorum Communio*, 128.

의 일치"가 중요합니다. 객관적 원칙은 일치를 이룩합니다. 집단인격은 많은 사람을 결합하지만 개별 인간과의 인격적인 교제를 없애지 않으며, 오히려 영의 일치, 영의 교제, 영의 다양성은 필연적으로 함께 속합니다.[38] 이런 신약의 가르침과는 달리 관념론 철학에는 구체적인 인격 개념이 존재하지 않으며, 어디서나 똑같은 모습이 드러하는데, 정신(Geist; 영)은 하나요, 영원히 동일한 자요, 초인격적인 자요, 인류에 내재해 있는 자이며, 정신은 정신의 내재적 일치를 위해 구체적 인격을 제거하며, 그래서 모든 구체적인 공동체 개념을 불가능하게 만든다고 그는 이 철학을 비판합니다. 이 철학의 영향 아래 그 당시의 교회가 "교회를 단순하게 통일체로 생각하는" 위험에 빠졌으며, "공동체" 사상을 강조하여, 개인의 생활은 오직 전체 생활 속에서만 현실적으로 존재한다고 인식하게 되었습니다.[39] 그는 여기서 교회의 일치는 인간의 정신적 통일성이 아니라 하나님의 영의 단일성에 근거해 있으며, 교회의 인격적 일치는 "공동체로서 실존하는 그리스도"라고 말하며, 바울 역시 그리스도 자신이 교회라고 말했다고 주장합니다.[40]

교회 안에 있는 자는 그리스도 안에 있으며, 교회의 구조직 일치는 지체들의 모든 지식과 소원이 존재하기 "전에" 이

---

38 *Sanctorum Communio*, 128ff.
39 *Sanctorum Communio*, 131-132.
40 *Sanctorum Communio*, 132-133.

미 세워져 있으며, 이런 일치는 이상이 아니라 현실이고, 교회가 그리스도의 교회인 것이 참인 것처럼 참이고, 그리스도의 몸이 역사 속에서 결코 완전히 설명될 수 없는 것처럼 참이라고 말합니다. 그리스도 안에서 모든 것은 하나이며, 어떠한 구별도 없고, 그 이상도 없으며, 모두가 하나요, 루터의 말대로 "하나의 요리"입니다. 모든 사람이 함께 그리스도를 온전히 소유할 수 있지만, 그럼에도 각자도 역시 그를 온전히 소유할 수 있습니다.[41] 교회의 일치는 신앙이 일치하기 때문에 가능합니다. 에베소서 4:5에 "하나의 주"와 나란히 "하나의 믿음"이 언급되는데, 주님은 이 믿음 안에서 자신을 증거 하시고 현존하시므로, 만약 믿음의 일치가 없다면, 국가든 시간이든 인간이든 업적이든 혹은 그 무엇이든, 그 어떤 통일성도 기독교를 만들어 낼 수 없습니다. 이러한 신앙의 일치는 교회의 일치를 구성하는 요소인데, 바로 이로부터 교회가 신앙고백을 해야 할 중요한 필요성이 생겨나며, 만약 교회가 하나님 앞에서 하나가 되었음을 드러내지 않고 하나님께서 성령 안에서 이룩한 교회의 불가시적 일치를, 즉 "공동체로 실존하는 그리스도"를 고백하지 않는다면, 교회는 모일 수 없습니다.[42]

본회퍼는 지금까지 교회를 공동체로 존재하는 그리스도로 정의하고, 교회의 성격을 규정하되, 교회란 예정된 자들이

---

41 *Sanctorum Communio*, 133-134.
42 *Sanctorum Communio*, 134.

모여서, 사랑의 교제를 나누며, 각자의 개성을 중시하면서도 하나의 목표를 향해 나아가는 곳이라고 정의했습니다. 아래에서는 "교회의 경험적 형태"라는 제목으로 지금 여기 존재하는 교회의 모습은 어떤 모습을 띄고 나타나는지 설명합니다.

교회의 경험적 형태

1) 본회퍼는 먼저 "교회의 객관적 정신과 성령"에 대해 다룹니다.

본회퍼는 성령을 통해 활성화된 예수 그리스도의 교회는 지금 현존하는 실제적인 교회이며 성도의 공동체는 "우리 가운데"(mitten unter uns) 있는데, 이로부터 이중적 질문, 곧 "역사와 성도의 공동체"에 대한 질문과 성도의 공동체 내에 있는 "죄인의 공동체"에 대한 질문을 포함하는 경험적 교회의 문제가 생겨난다고 말합니다.[43]

첫째, 경험적 교회는 조직화된 구원의 기관(Anstalt)으로서, 교회에서 중심을 이루는 것은 설교와 성례전으로 이루어지는 의식, 사회학적으로 말하면, 지체들의 "모임"입니다. 또한 교회는 법에 따라 조직되고 확정된 예배의 질서에 참여한 사람들에게 보회를 분배하며, 사람들은 이 질서에 복종합니다. 하지만 이러한 경험적 교회는 종교적 공동체와는 전혀 동일

---

43 *Sanctorum Communio*, 153.

하지 않으며, 구체적인 역사적 공동체로서 그리스도의 몸이요, 이 땅에 있는 그리스도의 현존입니다. 교회는 그의 말씀을 가지고 있으며 오직 위로부터 아래로, 혹은 안에서 밖으로만 이해되지 반대 방향으로는 이해될 수 없기 때문입니다.

역사 속에 실제로 존재하는 교회는 성령을 소유하고 있고 하나님의 말씀과 성례전을 효과적으로 집행할 수 있습니다. 이를 통해 성령의 감동을 받는 성도의 공동체는 두 가지 방해물, 곧 인간의 불완전과 죄에 맞선 투쟁 가운데서 항상 활성화되어야 합니다. 교회사는 세계사의 은밀한 중심이고, 교회가 교육 기관이 아닌 것은 교회는 공동체로서 실존하는 그리스도이기 때문입니다. 비록 경험적으로 교회가 온갖 문제로 얼룩져 있다 하더라도, 그리스도가 그의 말씀 속에 현존하는 한 교회는 그 자체로 교회이며, 이로써 교회가 점차 완성되어간다는 의미에서 교회의 역사성은 하나님의 뜻이라는 사실이 인정된 것입니다. 그리스도의 몸은 역사 속의 현실적인 현존임과 동시에 그 자신의 역사를 위한 규범입니다. 본회퍼는 교회는 이상적일 뿐만 아니라 현실적으로 역사 속에 있으며 교회는 불완전할 뿐만 아니라 죄를 짓기도 한다고 설명하는 루터의 의로운 죄인(iustus peccator)의 사상을 칸트가 알지 못했다고 비판합니다. 성도의 공동체는 죄인의 공동체로 머물고, 교회는 말씀, 곧 믿음의 교회이며, 실제적인 성화는 단지 마지막 날의 전조일 따름이며, 이 땅에서 우리는 오직

우리의 죄를 볼 따름이고 우리의 성화를 믿을 따름입니다.[44]

이 지상에는 흠 없는 교회가 없으며, 교회란 단지 의인들의 공동체이면서 동시에 죄인들의 공동체입니다. 이는 하나님과의 교제와 인간 사이의 교제는 거듭 깨어지면서도 새롭게 회복되기 때문입니다. 전적으로 순수하고 유기체적인 인간의 공동체 생활은 없으며, 성도들의 교제 안에 죄인의 교제가 계속 존재합니다. 성도의 공동체는 거듭 넘어지고 항상 새로워지며, 사라지고 다시 생겨나며, 교회는 말씀 앞에 깨어져서 십자가의 공동체로 변하며, 말씀으로 인해 부활의 공동체로 세워지며, 회개하는 죄인의 공동체인 성도의 공동체는 그리스도의 몸의 일치를 통해 결합되며, 다른 공동체처럼 교회도 자신의 죄와 공동체적 집단인격의 죄 때문에 회개합니다. 이와 같은 집단인격은 "공동체(교회)로서 실존하는 그리스도", 즉 그리스도의 몸인가라는 질문을 던지게 하고 회개를 통해 하나님께서 친히 활동하는 하셔서 거룩하게 됩니다. 바로 이 교회의 거룩함이야말로 "공동체(교회)"로 실존하는 그리스도입니다. 이것은 교회 안에 그리스도가 현존함을 뜻하며, 교회는 바로 그러한 존재로서 죄 속에서 거룩한 자요, "공동체(교회)"로 실존하는 그리스도입니다.[45]

둘째, 경험적 교회는 역사 속에서 살아갑니다. 개인의 정

---

44 *Sanctorum Communio*, 140ff.
45 *Sanctorum Communio*, 144.

신이 교회의 지체로서 특별한 시대에 특별한 임무를 수행하는 것처럼, 개별적으로 형성되는 교회의 객관적 정신은 모든 시대마다 다르므로, 그것은 역사적 상황의 영향을 받으며, 객관적 정신의 이러한 내적 역사성 때문에 인식과 의지는 필연적으로 잘못될 수 있고 불완전합니다.

마지막으로 본회퍼는 교회의 객관적 정신 속에는 예정되어 있지 않은 많은 사람이 활동할 것이고, 이들은 창조적일 수도 있고 방해 활동을 할 수도 있는데, 이것은 객관적 정신과 성령이 동일시될 수 없다는 매우 강력한 증거라고 말합니다. 예정되지 않은 사람들은 교회에 속해 있지 않지만, 성령은 객관적 정신을 통해 예정되지 않은 사람들도, 비록 그들이 단지 수단일 따름이며, 결코 영의 활동의 대상이 될 수 없다하더라도 창조의 정신으로 이용할 수 있습니다.[46]

2) 본회퍼는 "경험적 교회와 본질적 교회의 논리적 관계 설정"을 논하면서 자유교회(Freikirche)가 아니라 국민교회(Volkskirche)를 찬성합니다.

그리스도의 나라 혹은 교회는 구체적·역사적 형태로서 자유교회가 아니라 국민교회로 현존합니다. 인간의 공동체로서 본질상 의지공동체인 교회는 말씀이 교회에 속할 가능성을 가진 모든 사람에게로 향하기 때문에 국민교회가 될 수 있

---

46 *Sanctorum Communio*, 145ff.

었습니다. 이 상태에서는 가라지와 알곡을 구분할 수 없습니다.[47] 역사적이면서도 국민교회적 형태는 매우 큰 힘을 가지고 있으나 교회의 역사성을 멸시하는 사람들은 이 점을 간과했습니다. 하지만 교회를 향한 진정한 사랑은 교회의 더러움과 불완전을 함께 부담하는 것입니다. 하나님의 성소, 하나님의 교회는 이러한 경험적 교회의 품에서 자라나기 때문입니다. 이런 맥락에서 본회퍼는 고대 교회의 소종파 운동에서부터 재세례파 운동, 경건주의, 계몽주의와 칸트의 세속적 하나님 나라 개념, 백작 생 시몽(St. Simon)의 사회주의적 하나님 나라 운동, 그리고 톨스토이를 거쳐 오늘날의 청년 종교사회주의 운동에 이르기까지 교회를 정화하려는 성급한 시도들이 많이 있어왔는데, 이러한 운동들은 결국 하나님 나라를 믿음 속에서가 아니라 가시적으로 보여주려고 노력했다고 지적합니다. 이런 시도들은 교회와 떨어져서 은밀하게 이루어진 것이 아니라 인간들의 도덕성과 성화의 노력 속에서 역사적·사회적 문제를 이상적으로 해결하려는 노력의 일환이었습니다.

본회퍼는 하나님의 계시는 역사 속에서 은밀하게, 하지만 현실에서 드러나며 이 세계는 아직 죄와 죽음의 세계, 곧 역사의 세계라고 말합니다. 이 역사는 오직 하나님의 활동과 개입을 통해서만 거룩해지고, 하나님은 이 역사를 자신의 목적

---

47 *Sanctorum Communio*, 149.

을 위한 수단으로 이용합니다. 그는 교회를 정화하려는 모든 시도들이 그런 점을 이해하지 못했으며 그것을 볼 수 있는 사랑이 없었다고 말합니다. 교회의 경멸자들이 하나님께서 진지하게 여기지 않는다면, 교회의 역사성을 진지하게 경멸할지라도, 그것은 일종의 유희에 불과하다고 말합니다. 교회는 자신의 마당에서 가라지가 자라도록 내버려 두어야 하는데 가라지인지 아닌지 분별하는 척도가 불분명하기 때문입니다. 그는 교회는 나중에 위험하게 될지도 모를 많은 생명이 자라도록 배려하고 이들을 결코 비난하거나 심판하지 않아야 하며 언제나 자신의 역사성의 한계를 의식해야 한다고 말합니다. 교회의 역사성에 대한 사랑과 그 의미에 대한 깊은 신학적 통찰로 인하여 루터가 차마 로마 교회를 떠날 수가 없었던 것처럼, 그는 역사적 개신교가 원한과 교의학적 경솔함을 손쉽게 받아들여서는 안 될 것이라고 경고합니다.[48]

3) 본회퍼는 "경험적(가시적) 교회의 사회적 형태와 기능"을 말하면서, 이 세상의 역사 안에 존재하는 경험적 교회는 어떤 형태를 가지며 어떤 기능을 하는지에 대해 설명합니다.

무엇보다 먼저 그는 성도의 공동체는 예배 공동체라고 말합니다.

---

48 *Sanctorum Communio*, 150-151.

경험적 교회는 예배모임을 통해 하나님의 뜻을 실현하며 말씀을 중심으로 모임으로써 이루어집니다. 이는 말씀은 본질적 교회와 경험적 교회, 성령과 객관적 정신을 일치시키기 때문입니다. 경험적 교회의 구체적 기능은 설교와 성례전 예배이고, 설교는 교회의 직무(Amt)이며, 따라서 모임이 존재할 수밖에 없고 이 둘은 서로 상응합니다. 그는 경험적 교회에서 모임이 얼마나 중요한지에 대해 다음과 같이 말합니다. "설교는 하나님께서 제정해두신 교회를 위한 교회의 활동이다. 나는 교회에 속한다. 그러므로 나는 모임에 간다. 이것은 모여든 사람들의 신중한 사고방식이다. 이것은 이익을 생각한 것도 아니고, 의무 행위도 아니고, '조직체'의 자명한 생각이다." 성령은 오직 교회 모임 안에서만 활동하며 여기서 자신의 은사를 나눠주시므로 그리스도인이 모임에 매달리지 않는다는 것은 생각할 수 없는 일입니다. 말씀을 통해 결속된 교회는 모일 때마다 거듭 이 말씀을 들으며, 교회를 창조하는 말씀은 이러한 교회를 언제나 새로 함께 구체적인 모임으로 나아가게 합니다. 이 말씀은 하나님과 교회의 뜻이자 교회가 선포한 말씀이며, 하나님은 교회를 통해 이 뜻을 실현합니다.[49]

본회퍼에 따르면 모임에서 멀리 떨어져 사는 사람들, 예컨대 병자들과 낙담한 사람들도 성도의 공동체에 속해 있다는

---

49 *Sanctorum Communio*, 154-155.

것은 의심할 나위가 없으므로 이런 모임이 개인의 "구원에 필수적"이라고 주장할 수 없지만, 교회 모임의 의미는 여전히 매우 중요하며, 경험적 교회에서 선포되는 말씀은 우리가 들을 수 있는 하나님의 말씀입니다. 신자들의 모임은 언제나 우리의 어머니와 같아서, 왜 내가 모임에 집착하는지를 묻는 질문은, 왜 내가 어머니를 사랑하는지를 묻는 질문과 똑같습니다. 내가 모이는 이유는 감사하기 때문이고, 내가 영적으로 자신을 낳아준 자리를 떠날 만큼 결코 성숙하지 않기 때문입니다. 그러므로 자신이 받은 은혜에 감사할 뿐만 아니라 항상 새로운 은혜를 받고 항상 새롭게 태어나기를 소원하기 때문에 모임을 찾으며, 여기서 하나님의 말씀이 하나님의 뜻에 따라 선포되고 있다는 사실을 알며, 바로 여기서 하나님의 교회도 발견하게 됩니다. 자신의 모든 고독 속에서도 자신이 선한 목자가 인도하는 한 무리의 한 지체임을 알며, 교회의 역사적 교제에 충실히 머물며, 과거에도, 지금도 이 모임 안에서 생명을 얻었으며, 오직 이 모임 속에서 살아가며, 하나님의 뜻에 따라 하나님을 위해 살 것을 맹세합니다. 그리고 하나님은 이 모임 속에서 공동체 안의 현존을 약속하십니다.[50]

위의 내용을 요약하면 본회퍼는 모임은 하나님의 뜻이며, 하나님은 이 뜻에 따라서 자신의 통치의 확장을 위해 인간의

---

50 *Sanctorum Communio*, 156.

사회적 연관을 이용하십니다. 하나님의 뜻은 교회의 객관적 정신을 통해 질서정연한 예배를 세우는 가운데서 실현됩니다. 예배 모임은 교회의 본질에 속합니다.[51]

둘째, 그는 성도의 공동체를 직무의 담지자로 봅니다.

본회퍼는 교회를 교회답게 하는 것은 하나님의 말씀이지만 이 말씀을 말씀되게 하는 것은 설교의 직무에 달려 있다고 말합니다. 그는 여기서도 "교회는 공동체로 실존하는 그리스도"라고 말하며, 그리스도의 현존은 칭의의 말씀 안에 있지만 그리스도가 있는 곳에 그의 교회가 있기 때문에 칭의의 말씀은 교회의 현실을 포함하며 신자들의 모임을 촉진한다고 봅니다. 본회퍼에게 있어 말씀은 교회의 설교 말씀을 의미합니다. 하지만 성경은 말씀이나 교회 안에서만 그러하며, 교회가 말씀을 통해 창조되고 말씀 안에 존재해야 비로소 성경이 "말씀"이 됩니다. 말씀이 먼저냐, 아니면 교회가 먼저냐를 묻는 질문은 의미가 없습니다. 오직 인간이 들을 때에만 영의 감동을 받은 말씀이 존재할 수 있기 때문입니다. 말씀이 교회를 교회로 만들듯이, 교회는 말씀을 만듭니다. 성경은 오직 교회 안에서만, 곧 성도의 공동체 안에서만 말씀이며, 구체적으로 말씀은 교회 안에서 성경 말씀과 설교 말씀으로 존재하

---

51 *Sanctorum Communio*, 157-158.

며, 이 둘은 어떤 것을 통해서도 그 자체로는 구분되지 않습니다. 교회의 영이 그것들을 움직이지 않는 한, 이 둘은 어디까지나 인간의 말로 머무르기 때문입니다. 성령은 성경 말씀과 실체적으로 결합되어 있지 않았으므로 효력을 발생하는 설교는 오직 성도의 공동체에서만 가능하며, 여기서 행해지는 설교에는 말씀이 헛되이 돌아오지 않는다고 약속되어 있습니다. 그는 "하나님의 말씀의 설교는 하나님의 말씀이다"라는 불링거(Bullinger)의 「제2스위스 신앙고백서」를 인용하면서 이 점을 강조합니다.[52]

본회퍼에 따르면 성도의 공동체는 설교의 직무와 성례전 집행을 제정할 수 있습니다. 이 직무는 그 자체로서 전적으로 성도의 공동체에 의해 유지되지만, 이를 수행하는 사람은 이로부터 전적으로 독립되어 있으며 직무는 공동체에 근거해 있음으로 개신교에서는 직무 담당자가 특별 위치를 가지는 것도 불가능하고 그 직분의 기적이나 마술적 전권은 전혀 없습니다. 만인사제직(Priestertums aller Gläubigen)이라고도 합니다. 오직 하나의 머리, 곧 그리스도를 모시고 있는 공동체는 정신적·세속적 머리 이념을 배격하며, 그러한 머리는 결코 존재할 수 없습니다. 그 이유는 이 공동체는 자신을 통치하는 존재를 전혀 알지 못하기 때문이라고 말합니다.[53]

---

52 *Sanctorum Communio*, 159-160.
53 *Sanctorum Communio*, 162.

셋째, 그는 예전 행위는 사회학적 의미를 갖는다고 말합니다.

본회퍼는 개신교의 공동체는 설교 공동체이고 동시에 성만찬 공동체라고 말합니다. 성만찬은 먼저 모든 개인에게 주어진 선물임과 동시에 공동체에게 주어진 선물입니다. 성만찬이 갖는 감각적 속성도 무시할 수 없습니다. 성만찬은 마치 인간의 마음을 강하게 파고드는 것처럼 인간의 인격적 결단을 요구하며 하나의 선물을 약속합니다. 하지만 그는 그리스도의 영적 현존은 상징적(symbolisch)만이 아니라 실제적(real)으로 선사되며, 그리스도는 신자들 속에서 공동체로서 살아 있게 된다고 말함으로써 개혁주의적인 상징설보다는 루터의 공재설의 입장을 따릅니다. 본회퍼에 따르면 그리스도는 성만찬을 통해 자기 자신을, 즉 교제를 선물하시어 그의 대리적인 죽음의 고난을 우리에게 드러냅니다. 또한 그리스도는 공동체(교회)를 선물하는데, 즉 공동체가 새롭게 되게 함으로써 공동체 자신에게 공동체를 선물하고, 모든 사람에게 다른 사람을 향한 제사장적 행위의 권리와 의무를 선물하며, 똑같이 모든 사람에게 공동체 안에서 생명도 줍니다. 이 성만찬의 선물을 통해 한 사람은 다른 사람의 짐을 짊어질 뿐만 아니라 다른 사람이 자신의 짐을 지게 할 수도 있습니다. 그리스도는 자신을 선사함으로써 형제 사랑의 의무와 힘을 주며, 공동체가 그리스도의 몸이기 때문에 우리는 형제

를 사랑할 수 있게 됩니다.[54]

넷째, 그는 목양의 사회학적 문제를 언급합니다.

본회퍼에 따르면 개신교의 목양(Seelsorge)은 제사장적 요소와 조언자적 요소로 나누어집니다. 그리스도만이 아니라 한 사람도 다른 사람에게 선물(*donum*)이면서 동시에 모범(*exemplum*)이 됩니다. 인간이 하나님 앞에 서게 되는 순간에 그가 의지할 수 있는 모든 모범, 사례, 전통은 사라지며 모든 사람은 자신이 해야 할 일을 스스로 결정해야 합니다. 한 사람이 중요한 결단 앞에 서 있을 때에 반드시 다른 삶의 "조언"을 받아야 합니다. 인간은 모범적인 인물들로 둘러싸여 있고, 자기 자신의 책임을 그들에게 돌리기 위해서가 아니라 그들로부터 그 자신이 자유롭게 결단할 수 있는 "행위를 물려받기" 위해서 그들을 이용해야 합니다. 하나님께서는 다른 사람의 조언을 받을 수 있는 가능성을 주었기 때문에, 만약 이와 같은 하나님의 은혜를 전혀 이용하려고 하지 않는다면 이것은 교만하고 어리석은 짓이 될 것입니다.[55]

다섯째, 그는 경험적 교회 안에 있는 개인의 권위와 자유에 대해서도 언급합니다.
본회퍼에 따르면 말씀은 절대적인 권위를 가지나 교회와 교

---

54 *Sanctorum Communio*, 166-167.
55 *Sanctorum Communio*, 170-171. Luther, *WA II*, 470.

회가 만들어낸 교리나 신조, 교회 회의의 내용 등은 상대적 권위를 가집니다. 교회는 말씀에 기인하고 말씀은 교회 안에 있는 절대적 권위이고, 권위는 오직 교회의 말씀 안에, 하지만 대리적이고 상대적인 권위로만 존재합니다.[56] 이 권위는 언제나 교회를 심판하는 규범이므로 교회도 이 규범에 따라 "자신을 심판합니다." 분명 말씀이 절대적 권위를 가지는 반면, 교리는 상대적 중요성을 갖습니다. 본회퍼는 이렇게 말합니다. "나는 나의 교리 사상, 나의 신앙 고백 등에 상대적으로 매여 있다. 나의 상대적 순종은 오직 교회에 속해 있다. 교회는 내게 지성의 희생을 요구할 권리를 가지며, 경우에 따라서는 아마도 양심의 희생까지 요구할 권리를 가지고 있다. 나의 무절제한 이성과 고집스런 감정과 체험이 아니라 참으로 하나님의 말씀의 절대적 권위가 내 앞에 서 있을 때, 그리고 그 권위가 나의 절대적 순종을 요구할 때, 상대적 권위는 비로소 절대적 권위로 바뀐다."[57] 만약 교회가 말씀에 대한 절대적 순종의 방해물이 된다면 교회에 대한 상대적 순종은 깨어질 수 있다고 주장할 것입니다. 만약 그렇지 않다면 신학적으로 정당한 사회적 평등 원리는 효력을 잃을 것이고 그래서 기독교적 공동체 사상도 깨어질 것이며 우리는 가톨릭교회 개념과 권위의 개념을 편들게 될 것입니다.

---

56 *Sanctorum Communio*, 173.
57 *Sanctorum Communio*, 173ff.

그는 공의회들과 총회 등이 상대적 권위를 갖고 있지만 이 권위를 강하게 그리고 열렬히 보존하고 주장해야 하며, 교회가 성경과 교리, 신조와 가르침에 대해 서 있는 것처럼 입장을 분명히 해야 하고, 만약 그렇게 한다면 우리는 세상의 무관심을 한탄할 필요가 더는 없게 될 것이라 말합니다. 하지만 교회는 자신의 권위가 언제나 이차적인 것이고 대리적인 것임을 알아야 하며, 때로는 개인이 교회 안에서 교회의 권위에 맞서야 할 때가 있는데 이런 경우에는 권위에 맞서는 것은 교회와 말씀에 대한 깊은 헌신으로부터 우러나는 완전한 순종의 행위일 따름이지 결코 변덕스러운 유희가 아니라는 사실을 명심해야 한다고 말합니다.[58]

여섯째, 그는 교회는 영(성령)의 공동체라고 말합니다.

본회퍼에 따르면 사회학적으로 교회는 인간들의 자의로 출퇴를 결정할 수 있는 협회(Verein)가 아니라 신적 기관(Heilsanstalt)이며, 교회의 본질을 이루는 것은 개인들의 교제가 아니라 제도입니다. 여기서 사람이 상응하는 반응을 보인다면 알찬 선물의 약속을 받습니다. 이와 비슷한 제도는 대학이고, 선물을 받는 조건은 돈을 치르는 것이고 알뜰한 선물을 받는 조건은 "협력"과 같은 것입니다. 이처럼 교회 기관 안

---

58 *Sanctorum Communio*, 173.

에서도 모든 회원은 등록되고, 세금을 내고, 그리고 은총의 수단을 규정에 따라서 사용하고 기관의 규정과 계율, 형벌에 복종했을 때, 구원의 보증을 받게 됩니다.[59]

본회퍼는 교회를 협회가 아니라 구원의 기관으로 보기 때문에 유기적 교회보다 제도적 교회를 교회의 본질로 보는 가톨릭에 가까운 것처럼 보이지만, 교회는 협회도 아니며 기관도 아니라고 말합니다. 그는 교회가 영의 공동체, 즉 성령이 주도하는 공동체이고 공동체로 실존하는 그리스도이자 그리스도의 현존이라고 주장하면서 가톨릭적 교회 이해를 극복합니다. 본회퍼에 따르면 개신교의 영과 교회에 관한 이해로는 협회 이론과 기관 개념이 무너집니다. 협회에 대한 이해가 무너지는 것은 영의 실재의 문제를 전혀 고려하지 않기 때문이고, 기관 개념이 무너지는 것은 영과 공동체의 본질적 관계를 분리하고 사회학적 관심을 완전히 잃어버리기 때문입니다. 교회를 공동체로 해석하는 것은 충분하지 않으며, 교회가 공동체라는 데서 더 나아가 영의 공동체로 규정되어야 합니다.[60] 모든 사회학적 이론은 교회 개념의 신학적 특징을 고려함으로써 수정되고 제한되어야 하는데, 이는 교회는 종교 공동체가 아니라 현존하는 성도의 공동체인 경험적 교회, 인간적으로 가능한 모든 공동체를 넘어서는 영의 공동체이고, 영의 공

---

59 *Sanctorum Communio*, 173ff.
60 *Sanctorum Communio*, 179-180.

동체는 혼의 공동체와 동일하지 않으며 공동체의 초월적 토대가 되기 때문입니다. 교회는 분명히 하나님의 목적, 곧 하나님의 뜻의 실현을 위해 조직되었지만, 하나님의 뜻은 영의 공동체인 교회에 주어졌기 때문에 교회는 목적 사회임과 동시에 스스로 목적입니다.[61]

일곱째, 그는 교회와 소종파와의 관계를 다루면서 소종파가 여러 가지 약점을 가짐에도 그는 소종파 역시 교회와 동일하다는 관점을 가지고 있습니다.[62]

여덟째, 그는 체험이 아니라, 믿음과 은혜의 수단이 교회를 창조한다고 말합니다. 본회퍼에 따르면 오직 믿음만이 교회를 하나님께서 설립한 공동체로 이해할 수 있으며 이른바 "교회의 체험"은 원칙적으로 종교적 공동체의 체험과 구분됩니다. 본회퍼가 보기에 그 당시 사람들은 칭의의 체험이 있듯이 교회의 진정한 체험도 있다고 강조하지만, 그럼에도 체험이 교회를 만들지 않는다는 사실을 너무 자주 망각했습니다.[63] 그는 당시의 청년 운동하는 사람들이나 낭만주의적 공동체 사람들이 "교회가 하나님에 의하여 설립되었다는 사실과 교회가 근본적으로 모든 체험 이전부터 존재해 왔다는 사실을 제대로 알지 못한다"고

---

61 *Sanctorum Communio*, 180-181.

62 *Sanctorum Communio*, 185ff.

63 *Sanctorum Communio*, 188-189.

지적했습니다. 기독교적 공동체는 모든 역사적 순간마다 하나님의 교회이며, 역사적 발전 가운데서 완성될 것을 믿지 않지만 언제나 경험적 교회의 역사적 형태 안에 있으며, 경험적 교회 안에서 은총의 수단들의 효력을 믿으며 그래서 이 수단들이 창조하는 거룩한 공동체를 믿습니다.[64] 그는 이와 같은 맥락에서 교회의 네 가지 특성을 말합니다. "우리는 교회가 하나(una)라고 믿는다. 왜냐하면 교회는 '공동체로 실존하는 그리스도'이기 때문이며, 그리스도는 자신 안에서 하나가 되는 모든 사람을 다스리는 한 분의 주님이기 때문이다. 우리는 교회가 거룩하다(sancta)고 믿는다. 왜냐하면 거룩한 영이 교회 안에서 활동하기 때문이다. 우리는 교회가 보편적(catholica)이라고 믿는다. 왜냐하면 교회는 하나님의 교회로서 온 세상을 향해 부름을 받았기 때문이다. 그리고 하나님의 말씀이 선포되는 곳에 교회는 존재한다. 우리는 교회가 도달할 수 없는, 혹은 아직 완성되지 않은 실재로 믿는 것이 아니라 현재적 실재로 믿는다. 기독교적 공동체는 모든 역사적 순간마다 하나님의 교회이며, 역사적 발전 가운데서 완성될 것을 믿지 않는다."[65] 그는 이 점에서 기독교적 사상은 모든 관념주의적 공동체 이론과 구분되며 역사가 존재하는 한 기녹교적 공동체는 항상 순수하지 못하지만 그럼에도 불구하고 그것은 이러한

---

64 *Sanctorum Communio*, 189ff.
65 *Sanctorum Communio*, 191.

구체적 형태로서 언제나 하나님의 교회라고 말합니다.[66]

교회와 종말론

본회퍼에 따르면 하나님 나라 개념은 본래 교회의 완성만이 아니라 동시에 새로운 세계의 문제들, 즉 문화와 자연의 종말론도 포함하지만, 단지 교회와 공동체의 완성만을 말한다면 전체 문제들 중에서 한 부분만을 다루는 것입니다. 그는 문제를 두 가지 관점으로 나누는데, 먼저 심판을 다루고 그다음에 영생, 즉 하나님과의 완전한 교제를 다루겠다고 말합니다.

그는 먼저 심판을 다루면서, 종말에 일어나는 하나님의 심판은 개별적인 인간과 집단인격에게 일어난다고 주장합니다. 심판은 인간들에게 행해지는데, 그러나 그 심판은 단지 개인에게만이 아니라 집단인격에게도 일어나며, 따라서 개인이 단지 홀로만이 아니라 집단인격의 구성원으로서도, 즉 가족, 민족, 부부로서도 심판을 받습니다. 그 영원한 심판은 공동사회와 이익사회에 다같이 임하지만, 공동사회는 집단인격으로서, 그리고 이익사회는 개별인간으로 구성된 실체로서 영원한 심판 아래 놓입니다. 그러므로 공동사회는 집단인격으로서 영생을 기대할 수 있지만 이익사회는 해체됩니다. 집단인격은

---

66 *Sanctorum Communio*, 191-192.

버림을 받거나 선택을 받을 수 있음에도 불구하고 그 속에서 개인은 개별적으로 버림을 받거나 선택을 받는다는 생각은 설명하기 어렵지만,[67] 신약성경에 따르면, 공동사회는 그 자체로서 분명히 마지막 심판에 놓이며, 하나님은 집단인격을 심판하면서도 그중에서 개인을 선택할 수 있고 그 반대로도 마찬가지이며, 이런 생각은 생각하기 어렵지만 꼭 필요합니다.[68] 우리는 본회퍼의 이러한 심판 이해가 옳은지에 대해 질문을 던지지 않을 수 없습니다. 성경에서 마지막 날 개개인의 심판에 대해서 심판하신다고 말하지만 집단인격도 심판을 받는다는 말은 없기 때문입니다. 이런 식으로 말하자면, 교회의 대표인 목사는 개인인격으로 한번 심판을 받고, 집단인격으로서 또 한번 심판을 받게 되니, 결국은 두 번 심판을 받는다는 말이 되기 때문입니다.

본회퍼는 죽음 역시 실제의 죽음으로가 아니라 단지 진노의 고독 속에서 살아가는 것으로, 다른 영들과의 아무런 윤리적 교제도 없이 죄책 속에서 홀로 존재한다는 것을 의미하며, 그리고 동시에 그것은 또한 죄책과 그동안 갖지 못했던 것을 인식하는 가운데서 홀로 존재하는 것을 의미한다고 말합니다. 더 나아가 부활과 관계해서도 독특하게 해석합니다. 그

---

67 *Sanctorum Communio*, 194.
68 *Sanctorum Communio*, 194: 마 11:21ff.의 고라신, 벳세다, 가버나움, 계 2-3장, 특히 3:16과 3:10의 교회에 관한 말씀.

는 바울과 루터가 본래는 그리스도를 통해서만 부활이 가능하고 신자들을 위해서만 부활을 고려했고 나중에 불신자들도 부활하고 새로운 육체를 입는다는 사상을 수용하게 되었는데, 이는 그들이 마지막 심판의 사상을 보존하기 위해서 보편적인 몸의 부활을 가르쳐야 했기 때문이라고 주장합니다. 하지만 그들이 말한 이러한 새로운 몸 사상의 가장 깊은 의미는 그것이 기독교적 인격 개념과 공동체 개념에 근거해 있고 그리스도인에게 혼과 몸은 분리될 수 없게 결합되어 있으므로 오직 인간이 몸을 지니고 있을 때에만 구체적인 교제는 가능하다는 사실을 알리기 위함이라고 말합니다.[69]

본회퍼는 부활에 관련해서 너무 공동체 중심으로 사고하다 보니 선인과 악인의 심판 사상을 소홀히 하고 있다고 평가할 수 있습니다. 그의 이런 사상의 골격으로 말미암아 그의 구원론이 만인구원론으로 귀결되는 것은 당연해 보입니다.

> 여기서 우리가 이중 해결책에 관해 말하려면, 만인구원사상(*Apokatastasis*)의 내적 필연성도 동시에 강조해야 한다. 우리는 이러한 모순을 극복할 수 없다. 교회는 결단을 촉구하는, 세계 속의 그리스도의 현존이다. 이러한 교회 개념은 반드시 이중적인 해결책을 요구한다. 우리는 아무런 공로도 없이 하나님의 무한한 사

69　*Sanctorum communio*, 194-195.

랑의 선물을 받았다. 이러한 인식 때문에 다른 사람들을 이러한 선물과 사랑에서 배제하는 것도 불가능하다고 생각한다. 만인구원을 받아들이는 가장 깊은 이유는 다음과 같은 점에 있다고 생각한다. 모든 그리스도인은 세상 속으로 죄를 가져왔으며, 그래서 죄 가운데서 모든 인류와 결합되어 있다는 사실을 인식해야 한다. 만약 하나님께서 자신과 함께 다른 모든 사람도—그리스도인은 그들의 죄에 대한 책임을 지고 있다—자신에게 인도한다는 사실을 인식하지 않는다면, 인간의 칭의와 성화는 생각할 수 없다. 그러나 이 모든 말은 여기서 어디까지나 희망일 따름이다. 이런 생각을 체계화할 수는 없다.[70]

본회퍼는 인격은 오직 상호 간의 사귐 속에서 오직 영의 교제 속에서 인격으로 존재할 수 있지만, 영의 교제는 신령한 몸을 지닌 전인을 중시할 것을 요구하며 영적인 몸은 철저히 새로운 영성의 표현으로 이해되어야 하므로, 종말에 총체적 인격인 하나님과 합일된다거나 우리의 신적인 본성이 하나님의 본성 안으로 흡수된다고 가르치는 모든 신비주의 사상은 처음부터 배제된다고 말합니다. 창조주와 피조물은 인격으로서 떨어져 있고 피조물도 서로 떨어져 있으나, 모두 하나님의 교회 안에서 힘차게 일치를 이루고 있으며 이제 "완전히 의롭

---

70 *Sanctorum communio*, 196.

고 거룩하게" 되었고 그리스도 안에서 하나이지만 그들은 모두 개별자입니다. 그들의 영적인 교제는 상호 간의 사랑에 근거해 있고 그 속에서 시작되며 그들은 서로에게 그리고 하나님에게 자신을 내어주며 이를 통해 인간과 교제를 나누며 또 하나님과도 교제를 나눕니다. 역사 속에서 언제나 새롭게 실현되고 항상 거듭 깨어지는 이러한 교제는 여기서 참되고 영원한 것이 됩니다. 그러나 교회 안에서도 나와 너는 서로를 낯선 자처럼 바라보며 이와 같은 낯선 관계는 오직 종말론적 성화의 전조(前兆) 속에서만 극복됩니다.[71]

그는 마지막 날에 하나님과 공동체 그리고 개개인이 어떤 상태에 있을지에 대해 다음과 같이 말합니다. "이제 교회의 객관적 정신은 실제로 성령이 되었고, 이제 종교적 사귐의 체험은 실제로 교회의 체험이 되었으며, 교회라고 하는 집단인격은 실제로 공동체로 실존하는 그리스도가 되었다. 모두가 하나가 되었지만, 제각기 자기 자신으로 머물러 있을 것이다. 모두가 하나님 안에 있지만 하나님과 구분될 것이다. 모두 함께 있지만 자신을 위하게 될 것이다. 진리와 사랑의 바라봄과 섬김의 은혜로운 고독 가운데서 모두가 오직 하나님만을 전적으로 소유하고 있지만, 결코 고독하지 않고 참으로 언제나 오직 교회 안에서만 살아갈 것이다."[72]

---

71 *Sanctorum communio*, 197.
72 *Sanctorum communio*, 198.

그는 어떻게 이런 일이 가능할지에 대해 생각하는 것은 우리의 몫이 아니며, 우리는 믿음 속에서 살아간다고 말합니다. 여기서 실현된 것은 승리한 교회(ecclesia triumphans)가 아니라 온 세상에 퍼지는 하나님 나라입니다. 회개와 믿음은 더 이상 필요치 않고, 오직 섬김과 바라봄이 있을 따름입니다. 여기서 가라지는 알곡과 분리되며, 여기서 온갖 고통을 당한 역사적 교회의 시간은 사라지고, 하나님은 모든 자들의 눈에서 눈물을 씻길 것이고, 이제는 승리했으며 하나님 나라가 완성되었습니다.[73] 그는 다음과 같은 말로 이 장을 마무리합니다. "이것은 교회 오늘의 우리 교회, 성도의 공동체의 희망이다. 교회는 이 희망을 거룩한 보물로, 그러나 실제로 희망으로서 보존한다. 교회는 이 희망을 현재의 것으로 삼으려는 성급한 시도를 하지 않을 것이다. 그러나 교회는 희망 안에서 강하다. 교회는 현재의 고난은 장차 우리에게 나타날 영광과 비교할 수 없다(롬 8:18)는 사실을 안다."[74]

성도의 교제 속에 나타난 본회퍼의 사상에 대한 평가

본회퍼는 이 책을 통해 그의 신학에서 중요한 개념들인 공동체, 인격, 집단인격, 대리 등의 개념을 착근시킵니다. 그는 사

---

73 *Sanctorum communio*, 198-199.
74 *Sanctorum communio*, 199.

회학의 개념들을 빌려 왔지만 그의 신학을 세우고자 그 개념들을 창조적으로 사용합니다. 교회라는 곳은 사회학적으로 말하면 공동사회이고 이익이 아니라 인격, 죄의 용서, 서로를 향한 인격적 교제, 사랑의 교제, 중보기도 등이 중요하다고 말합니다.

그는 이런 교회관에 근거해서 교회는 단지 하나의 절대정신의 구현을 위해 혹은 이념의 실현을 위해 존재하는 곳으로 말한 관념론을 비판합니다. 또한 예수 그리스도를 공동체로 존재하는 그리스도로서가 아니라 이상적인 도덕군자 혹은 모범으로 만들었던 자유주의 교회, 그리고 하나님의 초월을 강조하면서 이 땅에 존재하는 그리스도를, 특히 그의 성육신을 무시하는 바르트와 신정통주의를 비판합니다. 동시에 하나님은 그리스도 안에서 교회로서 이 땅에 이 역사 안에 존재하시고 자신을 알리신다는 점을 강조합니다. 또한 그는 당시의 루터 정통교회가 교회를 개인만 구원시키는 곳으로만 국한했다고 지적하면서 사회적 교제와 사회적 사명을 망각했다고 비판합니다.

그러나 그는 말씀만이 교회 안에서 절대적 권위를 가진다는 사실을 강조하면서 교리나 신조의 가치를 깎아내렸습니다. 또한 헤겔의 영향에서 벗어나지 못했습니다. 공동체로 존재하는 그리스도라는 말은 사실상 그리스도와 공동체의 구분을 모호하게 합니다. 대리에 대해서도 그리스도의 대리적 고난과 그리스도인의 대리적 고난을 명확히 구분하지 않았습니다.

본회퍼는 종말론적 심판을 말하면서 개인의 심판과 함께 집단의 심판을 주장하고 있습니다. 이는 자신의 개인의 인격과 집단의 인격 개념의 논리적 귀결로 볼 수 있지만 개혁신학의 관점에서 과연 집단의 심판을 성경적으로 지지할 수 있을지 의문이 됩니다. 또한 구원론에서도 성경보다 자신의 이성적 추론을 중시하여 보편구원론을 지지하는 것도 문제가 있습니다. 죽음에 대해서도 죽음을 실제적 죽음이 아니라 실존론적 죽음으로 해석하는 것도 문제입니다. 그는 이 점에서 불트만의 실존론적 성경 해석에 많은 영향을 받고 있다고 볼 수 있습니다.

3.
그리스도론

1930년대에 들어서면서 본회퍼는 그의 교수자격 논문인 『행위와 존재』(*Akt und Sein*)를 쓰고 베를린 대학에서 강사로서 학생들을 가르칩니다. 그는 강의를 하면서 신앙적으로 큰 변화를 경험하게 됩니다. 1932년 후반부에 겪었던 내면적인 변화에 대해서 다음과 같이 기술합니다.

> 나는 대단히 비기독교적 방식으로 일했습니다. 여러 사람이 내게서 공명심을 보았고 그 공명심이 내 삶을 힘겹게 했습니다. … 그러고 나서 삶의 방향을 바꿔줄 무언가가 다가왔습니다. 난생 처음으로 나는 성경으로 다가갔습니다. … 나는 여러 차례 설교했고 교회가 지닌 수많은 문제를 보았고 거기에 대해 이야기도 하고 설교도 했지만, 아직 그리스도인이 되지 못한 상태였습니다. … 나는 내가 예수 그리스도의 일로 이익을 챙겼다는 걸 알았습니

다. … 전에는 기도를 하지 않거나 하더라도 아주 조금만 했지요. … 그때 성경이 특히 산상수훈이 나를 자유롭게 했습니다. 그때 이후 모든 것이 달라졌습니다. … 그것은 위대한 해방이었습니다. 예수 그리스도를 섬기는 사람의 삶은 교회에 속해야 한다는 것이 분명한 사실로 다가왔고 차츰 뚜렷해졌습니다. … 1933년에 곤경(히틀러의 집권)이 찾아왔습니다. 그러면 그럴수록 생각은 더욱 굳어졌습니다. 나에게는 교회의 갱신과 목사직의 갱신이 가장 중요한 일이 되었습니다. … 나는 나의 소명을 분명히 압니다. … 나는 그 길을 따르지 않을 수 없습니다.[1]

그가 한 이 말을 정확히 이해하기 어렵지만, 예수님은 그리스도, 특히 나를 위한 그리스도시고, 현재 여기서 구체적인 윤리적 행동을 요구하는 분이시라는 사실을 깊이 알지 못했던 것 같습니다. 또한 자신이 자유주의 신학을 비판하면서도, 여전히 신학을 학문으로 보고 역사비판적인 방법으로 객관적으로 연구해 왔다는 점을 자성하고 있는 것 같습니다. 이런 개인적인 변화는 그의 신학 작업과 방향에도 영향을 주었습니다. 베를린 대학에서의 그리스도론 강의에서 그의 신학은 새로운 모습으로 나타나고 있습니다. 『예수 그리스도는 누

---

1 Dietrich Bonhöffer, *Illegale Theologenausbildung: Finkenwalde (1935-1937)*, 112ff.

구이고 누구였는가』(*Wer ist und wer war Jesus Christus?*)[2]는 그가 1933년 여름 학기에 강의했던 내용으로, 제자들의 강의 노트를 바탕으로 출간되었습니다. 그는 이 강의를 통해서 누구보다 먼저 그 자신이 그리스도를 새롭게 이해하게 되었고, 이러한 새로운 인식에 근거하여 이후에 학문으로서의 신학과 교회 및 정치 활동을 이어갑니다.

본회퍼는 그리스도론을 시작하면서 우리가 던져야 질문은, "어떻게"(Wie)가 아니라 "누구냐"(Wer)가 되어야 한다는 점을 강조합니다. 그리스도를 이해하기 위해서는 그의 "사역이 아니라 인격으로부터 출발"해야 하는데, 이는 그 사람이 하는 일을 보고 그 사람을 판단하기는 어렵다고 보기 때문입니다. 그는 예수님이 누구냐는 질문에 대해, 일단 예수님은 그리스도라는 전제로부터 출발해야 그를 올바로 알 수 있다고 말하면서, 이 책을 제1부와 제2부로 나눠서 강의하는데, 제1부에서는 "현재하는 그리스도-나를 위한 존재"에 대해 다룹니다. 그는 그리스도에 대한 객관적 탐구는 불가능한 것이고, 현재 나를 위해 존재하는 분으로서만 신앙의 대상이 되어야 하고 탐구의 대상이 될 수 있다고 봅니다. 그리고 제2부에서는 "역사적 그리스도"에 대해 논하면서, 자신의 시대의 기독론이 역

---

[2] Dietrich Bonhöffer, *Wer ist und wer war Jesus Christus; Seine Geschichte und sein Geheimnis*, Furche-Verlag Hamburg, 1962. 유석성 옮김, 디트리히 본회퍼 선집 4, 대한기독교서회, 2011.

사적으로 초대교회의 기독론과 연관되어 있음을 주장하면서 칼케돈의 결정 사항의 본래의 의도를 설명하려고 합니다. 여기서는 제1부인 "현재하는 그리스도-나를 위한 존재"를 통해 그의 그리스도론이 어떤 특징을 갖고 있는지를 살펴보고자 합니다.

현재하는 그리스도, 나를 위한 그리스도

본회퍼는 예수님은 십자가에 못 박히셨고 부활하신 자로서 현존하는 그리스도(gegenwärtiger Christus)시며, 지금 여기 교회 안에서 인격으로서 현존하신다고 말합니다. 다음의 문장들은 이 책 전체의 내용을 요약하고 있습니다.

> 예수님은 십자가에 달렸고 부활한 자로서 현존하는 그리스도시다. 이것이 첫 번째 기독론적 진술이다. 현재는 시간적이며 장소적으로, 즉 지금 그리고 여기서(nunc et hic) 이해되어야 한다. 이렇게 현존은 인격 규정에 속한다. 둘은 교회의 개념 속에서 함께 달린다. 그리스도는 인격으로서 교회 안에 현존한다. 이것이 두 번째 기독론적 규정이다. 오직 그리스도가 현존하시기 때문에 우리는 그에게 물을 수 있다. 이러한 현존은 기독론적 질문의 전개를 위한 전제이다. 오직 교회 안에서 선포와 성례전이 실행되기 때문에, 바로 이러한 이유 때문에 우리는 그리스도에 관해 물을 수 있다.

현재에 대한 이해는 인격 이해를 열어준다.[3]

본회퍼는 슐라이어마허, 리츨, 헤르만 등의 자유주의 신학자들이 그리스도를 단지 그의 역사적 영향력에 의해서만 파악하고 그리스도를 본질적으로 인격이 아닌 힘으로서 생각했는데, 이 힘은 역사적 영향력의 반향이나, 인간 예수의 이상을 새롭게 밝게 해주는 상(像)으로 생각될 수 있다고 말합니다. 하지만 예수님이 인격성, 힘, 가치 정도라면, 그의 존재는 그의 활동 속에서, 그의 인격은 그의 행위 속에서 소진될 것이라 말합니다. 그리스도의 현재를 이런 식으로 이해하게 되면 부활이 아니라 십자가까지의 예수, 역사적 예수만 계산하게 될 위험이 있으며, 그럴 경우 예수님은 괴테나 소크라테스 같은 존재, 즉 죽은 예수 그리스도가 되고 말 것이라 지적합니다. 이런 맥락에서 그는 **"오직 부활하신 그리스도만이 살아있는 인격의 현존을 비로소 가능하게 하며, 그리스도론을 위한 전제를 제공하며 더 이상 역사적 에너지로 혹은 하나의 직관된 그리스도 이상으로 해체되지 않는다"**[4]라고 말하며 부활하신 그리스도가 그리스도론의 근거와 전제가 되어야 함을 분명히 합니다.

그는 루터가 그리스도의 현존을 하늘로부터 이해하려고

---

3 *Wer ist und wer war Jesus Christus*, 27.

4 *Wer ist und wer war Jesus Christus*, 27-29.

시도하여, 그리스도는 하나님 우편에 앉아계심을 통해 현존할 수 있으며, 그가 하늘로 올라가셨기 때문에 우리와 멀어졌지만 우리에게 멀어짐으로서 그는 우리와 가깝다고 말했다는 점을 상기시키며, 이것은 부활하여 하늘로 올라가신 자만이 현존을 가능하게 하지, 단지 역사 내적인자만이 아니라는 것을 의미한다고 말합니다. 그는 리츨과 헤르만은 부활을 제거했으며, 슐라이어마허는 부활을 상징으로 만들었고 이를 통해 그들은 교회를 파괴한다고 비판하면서, 바울이 "그리스도께서 부활하시지 않으셨다면 너희들의 신앙은 헛것이요 너희들은 여전히 죄 가운데 있다"(고전 15:17)라는 말을 할 때는 이런 부류의 사람들을 경계하기 위함이었다고 주장합니다.[5]

본회퍼에 따르면 부활하신 예수 그리스도는 시간과 공간 속에서 인간으로 머무르실 수 있으며, 인간이시기 때문에 시간과 공간의 현존을 가지며, 하나님이시기 때문에 영원한 현존을 가집니다. 그리스도의 현존은 예수님이 완전히 인간이라는 문장도 완전히 하나님이시라는 다른 문장도 받아들이도록 강요합니다. "교회 안에서 예수 그리스도의 동시성과 현존은 하나님-인간이라는 한 전인격의 술어들이다. 그때문에 시간과 공간속에 매여 있는 인간 예수님은 우리와 함께 동시적으로 있을 수 있는가에 대한 질문은 불가능하다. 이 예수님

5　*Wer ist und wer war Jesus Christus*, 29-30.

은 고립 속에 있지 않다. 똑같이 도대체 어떻게 하나님께서 시간 속에 있을 수 있는지에 관한 다른 물음도 불가능하다. 이러한 고립된 하나님은 없다. 누가 현존하고, 동시적이고, 참여하고 있는가라는 물음만이 가능하고 의미가 있다."[6]

본회퍼에 따르면 기독론의 출발점은 "하나님-인간"이며, 공간과 시간성은 인간적일 뿐만 아니라 "하나님-인간"의 신적 규정이며, 공간-시간적으로 현재적인 하나님-인간은 "호모이마 사르코스"(육신의 형태)속에 감추어져 있습니다(롬 8:3). 그리스도의 현존은 감추어진 현존이지만, 하나님께서 인간 안에 감추어진 것이 아니라 하나님-인간이 전체로서 이 세계 안에서 육신의 형태 속에서 감추어져 있으며, 이러한 은폐의 원리는 인간 그 자체나 시간과 공간이 아니라, 육신의 형태, 즉 유혹과 죄 사이의 세계입니다.[7] 기독론의 문제는 한 고립된 하나님의 그리스도 안에 있는 한 고립된 인간의 관계가 아니라, 정해진 하나님-인간과 육신의 형태와의 관계이며, 이러한 하나님-인간 예수 그리스도는 현존하고, 육신의 형태 안에서, 즉 숨겨진 형태 안에서, 걸림돌(Scandal)의 형태 안에서 농시성이라고 말하며, 이것이 본회퍼 기독론의 중심 문제입니다. 현재적인 그리스도의 은폐는 우리에게는 교회의 선포 속에 존재하며, 이미 존재하는 하나님-인간으로서의 예수 그리

---

6 *Wer ist und wer war Jesus Christus*, 30-31.

7 *Wer ist und wer war Jesus Christus*, 31.

스도의 선포는 걸림돌의 형태로 교회에서만 현존합니다. 정해진 하나님-인간 예수 그리스도의 현존은 우리를 위해 숨겨져 있고, 선포라는 걸림돌의 형태 안에 존속하며, 선포된 그리스도가 실제적인 그리스도이며, 선포는 두 번째 화육이 아니며, 예수 그리스도의 걸림돌은 그의 화육이 아니며, 그것은 계시이며, 그의 낮아짐입니다.

본회퍼는 계속하여 그리스도의 "인성"과 "낮아짐"은 조심스럽게 구분되어야 한다고 말합니다. 예수 그리스도는 낮아진 자로서 그리고 높아진 자로서 인간이며, 낮아짐만이 걸림돌이며, 걸림돌에 관한 가르침은 하나님의 화육 속에서가 아니라, 하나님-인간의 낮아짐의 상태에 관한 가르침 속에서 그 자리를 가지며, "육체의 형태"는 하나님-인간의 낮아짐에 속하며, 이것은 우리에게는 부활하신자로서 그리고 높아진 자로서 그리스도의 현존은 그의 낮아짐 속에서 현존한다는 것을 의미합니다.[8]

이러한 매우 복잡한 그의 말들을 요약하면, 본회퍼는 성자 하나님께서 화육하셔서 인간 예수 안에 거했다가, 이제는 부활하여 하늘로 승천하여 하나님 우편에 앉아 계심으로 성자 하나님은 더 이상 이 세상에 현존하지 않으며 오직 성령 하나님만이 현존한다는 전통적 입장과 개혁파 입장과 다른

---

8 *Wer ist und wer war Jesus Christus*, 31-32.

애기를 합니다. 그는 하나님-인간이신 예수 그리스도는 지금도 교회 안에서 선포라는 걸림돌의 형태로, 숨겨진 상태로 현존하고 있다고 보는 것입니다. 즉 그의 인성과 신성은 결코 분리될 수 없으며 그는 하나님-인간으로서 하늘에도, 땅에도 계신다는 것입니다. 문제는 그가 땅에서는 어떤 형태를 취하고 계시는지에 관한 물음입니다.

본회퍼에 따르면 그리스도의 현존은 교회 안에서 삼중적 형태를 가집니다. 그것은 말씀의 형태, 성례의 형태, 그리고 공동체의 형태입니다. 하지만 그는 하나님-인간성에 의해서라고 대답하면 그것은 옳긴 하지만 아직도 설명이 부족하며, 위격 구조는 좀 더 자세히 규정되어야 하고, 하나님-인간 예수 그리스도의 "나를 위한 구조"(Pro-me-Struktur)로서 전개되어야 한다고 말합니다. 그리스도는 자신을 위한 그리스도가 아니며, 나와의 관계 속에서 그리스도이시며, 그의 그리스도 존재(Christus-Sein)는 나를 위한 존재(Pro-me-Sein)이며, 이러한 "나를 위한 존재"는 그리스도로부터 나오는 영향력이나 우연이 아니라 본질로서, 즉 인격 자체의 존재로서 이해되어야 하며, 인격의 핵심 그 자체는 "나를 위한 존재"입니다. 그리스도의 이러한 나를 위한 존재는 역사적이거나 존재적인 진술이 전혀 아니고, 존재론적 진술이며, 그리스도는 즉자적 존재(an-sich-Sein) 안에서는 생각될 수 없으며, 오직 그의 나와의 관계 속에서만, 즉 실존적 관계성 속에서만, 오직 공동체 안에서만 사고할 수 있다는 것을 의미합니다. 그리스도 그 자체로도 공동체 안에서도 아직 그리스도가 아니며, 공동체 내에서 나를 위해 현재하는 분이 유일한 그리스도이며, 루터가 하나님께서 현존한다는 것과 하나님께서 당신을 위해 현존하다는 것은 같은 말이 아니라고 말했을 때, 바로 이 "Pro me(나를 위한)" 구조를 강조하기 위함이었다고 말합니다.

본회퍼는 우리가 그리스도 그 자체에 대해 숙고하는 일은 가치 없는 일일 뿐만 아니라 무신적이며, "하나님은 단지 나를 위한 하나님이시고, 그리스도는 단지 나를 위한 그리스도시다"는 문장을 처음에 세우지 않는 모든 기독론은 자기 자신을 정죄한다고 말합니다. 그는 "나를 위한"이란 전제와 함께 특수한 작업이 착수될 수 있으며, "나를 위한" 구조에 있어서 결정적인 것은 이를 통해 그리스도의 존재와 행위가 유지된다는 사실이라고 강변합니다. 하나님-인간 예수 그리스도는 그의 "Pro me" 구조 때문에 그의 인격 안에서 교회의 말씀과 성례전, 그리고 공동체로서 현존합니다.[9] 그는 이런 맥락에서 먼저 그리스도가 어떤 모습으로, 그다음에는 어디서 현존하는지에 대해 대답합니다.

---

9 *Wer ist und wer war Jesus Christus*, 32-34.

그리스도의 모습

위에서 그가 강조했던 나를 위한 그리스도가 어떤 형태(모습)로 자신을 교회 안에 현존하게 하시는가에 대해 구체적으로 설명합니다.

말씀으로서의 그리스도(Christus als Wort)

본회퍼는 먼저 말씀으로서의 그리스도, 즉 말씀의 형태로 존재하는 그리스도를 말합니다. 그리스도를 말씀이라 함은 그리스도가 진리라고 말하는 것이며, 진리는 오직 말씀 안에서, 말씀을 통해서 외에 다르게는 존재하지 않으며, 영(Geist)은 본래적으로 말씀이나 언어(Sprache)이지, 힘이나 감정 그리고 행위가 아닙니다. 하나님은 말씀 외에 우리가 알지 못하는 다른 방식으로 계시할 수 있고 우리가 알지 못하는 다른 길을 걸어가실 자유를 갖고 있으시지만, 하나님은 말씀 안에서 자신을 계시하셨고, 오직 이 말씀 안에서만 인간에게 말씀하시려고 자기 자신을 말씀에 묶으셨습니다.[10]

그리스도는 형식 혹은 돌이 아니라 말씀이시고 인간을 위해 말씀으로서 현존하시므로, 하나님의 말씀으로서의 그리스도는 인간 로고스와 구분될 뿐만 아니라 분리됩니다. 이는

---

10 *Wer ist und wer war Jesus Christus*, 35-36.

그리스도는 인간을 향한 살아있는 말을 겂(Anrede)의 형태로 있는 말씀이지만, 인간의 말은 관념(Idee)의 형태로 존재하는 말이기 때문입니다. 관념으로서의 말이 본질적으로 자기 자신에게 머무를 수 있다면, 말을 겂으로서의 말씀은 단지 둘 사이에만 가능하고, 응답과 책임이 일어나며, 무시간적이 아니며 역사 속에서 일어나며, 무엇에 근거하지 않으며 언제 어디서나 접근 가능한 것이 아니며, 말을 겂이 일어나는 곳에서만 발생합니다.[11] 우리는 여기서 본회퍼가 당시의 바르트의 말씀의 신학에 깊이 영향을 받고 있음을 볼 수 있습니다.[12]

본회퍼는 이런 말을 걸어옴으로서의 말씀은 말하는 자의 자유에 좌우되고, 말씀은 본질적으로 유일하며 매순간 새롭고, 자신의 말을 겂의 성격 때문에 공동체를 열망하며, 자신이 진리의 성격을 가지기 때문에 타자를 진리로 세우는 곳에서 공동체를 찾는다고 말합니다. 진리란 둘 사이에서 일어나는 어떤 것이지 영원히 자신 안에 근거를 갖고 있는 어떤 것이 아니고 오직 둘 사이의 교제 속에서만 발생하며, 비로소 말씀 개념이 그의 완전한 의미에 도달합니다.[13] 말을 건넨다는 의미에서 하나님의 말씀으로서의 그리스도는 무시간적인 진리가 아니라 구체적인 순간으로 진입해 들어오는 진리이고,

---

11 *Wer ist und wer war Jesus Christus*, 36-37.
12 김성호, 『디트리히 본회퍼의 타자를 위한 교회』, 동연, 2017, 134-143.
13 *Wer ist und wer war Jesus Christus*, 37-38.

언제나 보편적인 접근 가능한 이념이 아니라 그가 자기 자신을 알려주는 곳에서만 취해지는 말씀입니다. 혈과 육이 아니라 하늘에 계신 아버지가 그가 원하는 곳에서 원하는 때에 그리스도를 계시하시며, 이렇게 말을 걸어옴으로서의 그리스도가 실제로 비로소 "나를 위한" 그리스도이심을 강조합니다. 또한 말을 걸어오는 말씀의 내용 역시 숨겨진 내용을 폭로하거나 어떤 새로운 하나님 개념이나 도덕론을 알려주는 것이 아니라, 오히려 하나님께서 인간을 책임으로 부르시는 인격적인 하나님의 말씀이요 인간에게 용서를 알리는 말씀이라고 말합니다.[14] 어떤 사람들은 그리스도의 인격을 하나의 이념을 지닌 자로 하나님은 그 이념을 통해 말씀하시는 분으로 만들어서 결국 그리스도는 말씀을 말하시지(sagt) 그 말씀은 아니라(ist) 하는데, 그리스도를 이렇게 이해하는 것은 신약성경에 모순됩니다. 그리스도가 "내가 곧 길이요 진리요 생명이니"(요 14:16)라고 말씀하시기 때문입니다.[15]

본회퍼는 그리스도는 교회의 말씀 속에서(im) 뿐만 아니라 교회의 말씀으로서(als)도, 즉 설교의 선포된 말씀으로서 현존한다고 말하면서, 그의 현존은 본질상 설교로서의 현존으로서 설교 속에서 완전한 그리스도가, 즉 낮아지시고 높아지신 그리스도가 현존하며, 그의 현존은 공동체의 힘이나 객

---

14 *Wer ist und wer war Jesus Christus*, 38-30.
15 *Wer ist und wer war Jesus Christus*, 39.

관적 정신이 아니라고 말합니다. 설교 안에 그리스도가 현존하시지 않는다면, 설교는 종교개혁자들이 부여했던 독점적인 지위를 잃어버리게 될 것입니다. 설교는 교회의 빈곤인 동시에 부유함이며, 설교는 우리와 결합되어 있으며 우리가 꼭 붙잡아야 하는 현존하는 그리스도의 형태입니다. 그는 전체 그리스도가 설교 안에 존재하지 않는다면 교회는 파멸될 것이라고 경고하면서, 그리스도는 교회 내에서 음악이나 예술이 아니라 선포된 심판과 은혜의 선포된 말씀으로서 현존하고 있다고 강변합니다. 그는 두 진술들은 동일한 의미를 가지면서 병존한다고 말합니다. "나는 내가 하나님의 말씀을 말하는 것을 알지 못한다면 나는 설교할 수 없을 것이다. 그리고 내가 하나님의 말씀을 말하지 않는다는 것을 알지 못한다면, 나는 설교할 수 없을 것이다. 인간의 불가능성과 하나님의 약속은 하나다"고 말하면서 설교의 중요성을 강조합니다.[16] 본회퍼는 여기서 낮아지시고 높아지신 완전한 그리스도는 설교의 형태로 교회 안에 현존하고 있음을 강조하면서 설교와 그리스도를 분리시키는 모든 시도들을 비판하고 있습니다. 즉 "설교는 그리스도이다"라고 말해야지, 그리스도를 의미하거나 지시하거나 상징한다고 말해서는 안 된다는 것입니다.

---

16 *Wer ist und wer war Jesus Christus*, 39-40.

성례로서의 그리스도(Christus als Sakrament)

본회퍼는 성례전의 형태로 존재하는 그리스도에 대해 말합니다. 본회퍼에 따르면 그리스도는 완전히 말씀이고 성례 역시 완전히 말씀의 현존을 주지만, 성례는 말씀과 구분되며 하나의 특별한 실존 권한을 가집니다.

첫째, 성례는 하나님의 말씀으로서 복음을 선포하는 것이기 때문에, 성례는 신비나 말이 없는 상징 행위가 아니라 말씀을 통해 거룩해지고 해석된 행위이며, "죄의 용서"라는 약속이 성례를 성례, 즉 분명한 계시로 만들며, 성례 내의 말씀을 믿는 자는 성례 전체를 소유할 수 있습니다.

둘째, 성례 내의 말씀은 단지 말씀을 대리하는 것이 아니라 육신이 된 말씀입니다. 그 이유는 현재하지 않는 것만이 대리할 수 있기 때문입니다. 설교 말씀 그대로 로고스가 인간의 로고스에 도달하는 형태라면, 성례는 로고스가 인간에게 그의 본성 속에서 도달하는 형태로서, 물질적 요소들을 당신의 말씀으로 거룩하게 만드시는 사건이 성만찬에서 일어납니다. 즉 창조 그 자체가 성례는 아니며, 하나님께서 피조세계 한 가운데서 한 요소를 그의 특별한 말씀으로서 말씀하시는 곳에서만 명명되고 거룩해질 수 있는 것처럼, 성례도 하나님께서 빵과 포도주라는 요소들을 그의 말씀을 가지고 말씀하시고 거룩하게 하실 때, 성례가 됩니다. 이 말씀이 예수 그리스도이시고 성례는 예수 그리스도를 통해서 해석되고 거룩해지며, 하나님은 이 말씀이신 예수 그리스도를 통해서 자신을 이 요소들의 성례에 묶으심으로 예수 그리스도는 성례 안에서 완전히, 즉 그의 인성과 신성이 동시에 현존합니다.[17]

셋째, 예수 그리스도는 성례 안에서도 하나님이 베푸신 말씀입니다. 교회는 그리스도를 교리로 국한시키고 일반적 진리로 도피시키려는 시도에 맞서 그리스도의 성례의 형태를 강조해야 합니다. 하지만 그리스도의 현존은 설교의 형태들과 세례와 성찬이라는 두 가지 성례에 국한되며, 성례전은 예수 그리스도에 의하여 제정되었고, 높여지시고 현재하는 그리스도가 그의 공동체에 주신 것입니다. 본회퍼는 성례는 상징이 아니라 하나님의 말씀이고, 그 어떤 것을 의미하는 것(bedeutet)이 아니라 성례가 바로 그 어떤 것이다(ist)라고 말하면서 루터의 공재설을 따릅니다.[18]

넷째, 성례는 하나님의 육체 없는 말씀의 숨김이 육체 있는 형태의 덮개 속으로 숨겨지는 것이 아니며, 도리어 인간이 되시고 화육이 되신 자는 성례 안에 걸림돌의 형태 속에 현존합니다. 성례는 하나님께서 인간이 되신 것이 아니고 하나님-인간의 낮아지심의 행위이며, 하나님은 육체 안에서 계시지만, 하지만 걸림돌 속에 숨겨짐을 통해서이며, 그리스도의 현존에 대한 물음은 성례 속에서 그리스도의 인성과 신성에

---

17 *Wer ist und wer war Jesus Christus*, 41–42.
18 *Wer ist und wer war Jesus Christus*, 42-43.

대한 물음으로서가 아니라 단지 그리스도의 낮아지심 혹은 걸림돌의 형태 속에서 하나님-인간의 현존에 대한 물음으로서만 제기되거나 분석되어야 합니다.[19]

다섯째, 본회퍼는 여기서 루터파와 개혁파의 성만찬론을 소개하며 서로의 접근 방법이 어떻게 다른지를 말합니다. 루터는 그리스도의 사역이 우리에게 효력을 미치도록 하기 위해서 성례전에 인간 예수가 현존해야만 한다는 인식에 매달렸고, 인간 예수 그리스도의 현존과 동시성에 모든 것을 걸었습니다. 반면 개혁파들은 하나님 우편에 앉아 계신 자가 성만찬에 현존한다는 것이 어떻게 가능한지에 대해 묻고 그리스도는 로고스 인격으로서 성례 동안 육체 밖에 놓여 있으며, 로고스는 그의 육체성 안으로 들어가지 않으며 육체성 밖에 있다고 주장했습니다. 소위 "초월적 칼빈주의"(*Extra-Calvisniticum*)는 "어떻게"라는 물음에서 비롯되었습니다. 루터가 개혁파의 이런 비판에 대해 편재설(Ubiquitätslehre)로 대답했고 예수님의 육체는 하나님-인간의 육체로서 신적 본성과의 교통 속에서 신적 속성들을 입었음으로, 이러한 예수 그리스도의 몸은 공간적으로 묶여 있지 않으며 위엄의 종류(*genus majestaticum*)에 의하여 항상 그리고 동시에 현존합니다. 즉 변용한 육체는 곳곳에서 현존하며, 따라서 그리스도의 인간성

---

19 *Wer ist und wer war Jesus Christus*, 43-44.

도 성만찬 속에서 현존합니다.[20]

여섯째, 본회퍼는 성례 안에 그리스도의 현존에 대한 물음은 "어떻게"(Wie)의 물음으로서는 대답될 수 없으며, 성례전 안에 "누가"(Wer) 현존하는가에 대해서만 물음이 성립될 수 있다고 말합니다. 하나님-인간이 그의 높아지심과 낮아지심 속에서 현존하시는데 실존적으로(existentialiter) 존재하며, 그의 성례적 존재는 하나의 특별한 속성이나 다른 것들 곁에 있는 자질이 아니라 교회 안에 존재합니다. 그의 낮아짐은 그의 신적 인간적 실체의 우연이 아니라 그의 실존입니다. 성례 그리스도가 있고 설교 그리스도가 있지만, 성례전으로서 현재하는 그리스도는 말씀 안에서 그리고 말씀으로 현재하는 그리스도와 어떤 점에서도 구분되지 않으며, 양자는 용서하시며 심판하시는 동일한 그리스도시고, 어느 곳에서나 말씀이신 그리스도이십니다. 그리스도는 말씀 속에서는 우리의 인간적인 로고스를 사용하시며, 성례 속에서는 우리의 육체를 사용하시고 만질 수 있는 자연의 영역 속에서 현존하고 있으며, 성례 안에서 그리스도는 우리 곁에 피조물로서 우리 가운데에 형제와 함께 형제로서 현존하십니다.

본회퍼에 따르면 그리스도가 빵과 포도주가 되신 하나님의 말씀이고 새로운 피조물로서 빵과 포도주 속에 계십니다.

---

20 *Wer ist und wer war Jesus Christus*, 44-47.

이렇게 빵과 포도주는 새로운 피조물이며, 실제적으로 새 존재의 양식(糧食)이며, 다시 세워진 창조의 요소들로서 그것들은 그 자체로는 아무것도 아니며 인간을 위해 존재합니다. 그는 성례 속에서 현존하는 그리스도는 이러한 새로운 창조의 창조주시며 동시에 피조물이시라고 말합니다. "그는 우리의 창조주로서 현존하시며 우리를 새로운 피조물로 만드신다. 그는 성례 속에서 낮아진 피조물로서 이것이며 다른 것이 아니다. 그렇게 그는 현존하신다. 어떻게 그렇게 될 수 있느냐의 물음은 그렇게 계신 그가 누구신지에 대한 물음으로 바뀌어야 한다. 역사 안에 계셨던 분, 십자가에 못 박히시고 부활하신 자, 그리고 하늘로 올라가신 자는 하나님-인간, 분명히 형제와 주로서 피조물과 창조주로서 현존하신다."[21]

공동체(교회)로서의 그리스도(Christus als Gemeinde)

본회퍼는 그리스도는 공동체로서 공동체 안에 존재한다고 분명히 말합니다. "그리스도는 말씀으로써 말씀 안에, 성례로서 그리고 성례 안에 현존하시는 것처럼, 역시 공동체로서 그리고 공동체 안에 현존하신다."[22] 그는 그리스도는 그의 말씀 안에서, 성례 안에서의 현존과 공동체 안에서의 현존과의 관계는 실재(Realität)와 형태(Gestalt)와의 관계와 비슷하며, 그리스

---

21 *Wer ist und wer war Jesus Christus*, 47-48.
22 *Wer ist und wer war Jesus Christus*, 49.

도는 나를 위한 존재에 의하여 공동체이며, 승천과 재림 사이의 공동체는 그의 형태, 게다가 유일한 형태라고 말합니다. 그는 그리스도가 하나님 우편에 앉아 계신다는 사실이 이 사실과 모순되지 않으며, 도리어 반대로 교회 안에 그리고 교회로서 비로소 그의 현존을 가능하게 한다고 말합니다. 말씀으로서의 그리스도가 공동체이시다는 말은, 로고스 하나님께서 공동체 안에 공동체로서 공간적 시간적으로 범위를 가진다는 것을 의미하며, 말씀이신 그리스도는 영적으로 육체적으로 현존하며, 로고스는 단지 인간적 가르침, 교리라는 약한 말씀에 그치는 것이 아니라 강한 창조주의 말씀이기도 하며 그 말씀을 통해 공동체의 형태를 말하고 창조합니다.

본회퍼는 공동체에 대해 다음과 같이 말합니다. 공동체는 계시의 말씀을 수용하는 자일뿐만 아니라, 공동체 자체가 계시이고 하나님의 말씀이며, 더 나아가 공동체 자신이 하나님의 말씀인 한에서만 공동체는 하나님의 말씀을 이해할 수 있습니다. 계시는 계시의 근거 위에서만 이해되며, 교회공동체가 계시의 수신자인 한, 말씀은 교회 공동체 내에 존재하며, 말씀은 공동체 자신이고 말씀이 하나의 창조된 몸의 형태를 가지기를 원하는 한에서 공동체 자신도 됩니다. 성례로서의 그리스도가 공동체이기도 하다는 것은, 성례이신 그리스도가 교회 안에 교회로서 존재한다는 것을 의미합니다. 성례는 이미 그 자체에서 말씀을 넘어서는 육체의 형태를 가지는데 여기서 몸은 단지 상징이 아닙니다. 공동체는 그리스도의 몸이며(ist), 그리스도의 몸을 상징하는 것(bedeutet)이 아니라고 말하면서, 몸을 공동체로 적용하는 개념은, 단지 이러한 몸의 지체들에게 관계되는 단지 하나의 기능 개념일 뿐만 아니라, 높아지시고 낮아지신 현존하시는 자의 실존 방식의 광범위하고 중심적인 개념입니다.

또한 공동체로서 존재하는 그리스도는 높아지시고 낮아지신 자로서 전 인격이시고, 공동체로서의 그의 존재는 말씀과 성례로서 그의 존재와 같이 걸림돌의 형태로 현존합니다. 공동체가 공동체인 한, 공동체는 더 이상 죄 속에 있지 않지만, 그럼에도 그것은 옛 아담의 세계 안에, 육체의 형태(호모이아 사르코스) 속에, 죄의 세대 아래 머무르며 인간적으로 회개 안에 머무릅니다. 그리스도는 교회의 머리일 뿐만 아니라, 교회 자체이기도 합니다.[23]

우리는 지금까지의 고찰을 통해, 본회퍼가 이 그리스도론 강의를 통해 그리스도론이 전념해야 할 내용은, 그리스도가 어떻게 현존하는지에 대한 물음이 아니라, 현존하는 그가 누구인가에 대해 질문해야 한다는 사실을 강조하고 있다는 사실을 발견했습니다. 그리스도는 누구였고 누구인가? 그는 그

---

23 *Wer ist und wer war Jesus Christus*, 49-50.

리스도는 오늘날도 낮아지시고 높아진 자로서 하나님-인간으로서 육체의 형태로, 즉 걸림돌의 형태로, 어디에서나 현존하는 것이 아니라 "교회 안에서" "말씀의 형태로, 성례의 형태로, 그리고 공동체의 형태"로 "나를 위해" 현존하신다고 말합니다. 그는 이 그리스도론 강의를 통해 교회가 말씀의 공동체, 성례전의 공동체, 그리고 공동체의 형태로서 존속해야 한다는 사실을 강조하고, 그리스도와 그의 공동체를 분리시키는 모든 시도들을 경계합니다.

그는 그리스도의 교회 안에서의 현존을 강조하면서 자유주의자들이 그리스도를 교회 안에서가 아니라 역사 속에서, 부활하신자로서가 아니라 역사적 인간에게서 찾으려 했고, 이를 통해 교회의 선포나 교회의 성례전, 성도의 교제들을 소홀히 하거나 격하시켰다고 그들을 비판합니다. 그래서 그는 이 그리스도론 강의를 통해 교회의 정체성을 확립하고, 더 나아가 하나님 나라 확장을 위한 교회의 위상을 더욱 높이며, 이를 통해 세상에서의 교회의 사명을 더욱 격상시키고 있습니다. 하지만 그리스도의 현존에 비해 그리스도의 사역의 결실로 누릴 수 있는 현재적 구원의 적용에 대해서는 그는 거의 침묵하고 있습니다. 이 점은 이 시기 이후의 신학을 지배하고 있다고 해도 과언이 아닐 정도입니다.

4.
나를 따르라

본회퍼가 영국 생활에 잘 적응해 가고 있을 1934년, 독일의 고백교회는 목회자 양성을 위해 핑켄발데(Finkenwalde) 신학교를 세울 것을 계획하고 그를 이 학교의 교장으로 초청합니다. 그는 이 부름에 독일로 돌아와 고백 교회의 목회자를 가르치고 양성하는 데에만 머무르지 않고 날로 악해져 가는 히틀러 정권에 대해 저항하면서 에큐메니칼 운동에 적극 참여합니다. 그러나 이러한 교회 내외적인 적극적인 투쟁 행동들에는 그가 성경을 통해서 얻은 새로운 사상들이 기초와 동력이 됩니다. 이때 그는 창세기 1-3장을 강해한 『창조와 타락』, 핑켄발데신학교의 공동생활 경험에 토대를 둔 『신도의 공동생활』, 『나를 따르라』, 그리고 『윤리학』 등을 썼습니다. 아래에서는 『나를 따르라』와 『윤리학』을 통해 그의 사회 윤리 사상을 살펴보려 합니다. 먼저 『나를 따르라』를 살펴보겠습니다.

따름은 짐을 지우는 것이 아니라 가볍게 만든다

본회퍼는 기독론 강의와 그의 정치적 행보를 통해 이미 당시의 정통 루터교 학자들, 특히 알트하우스(Paul Althaus)로부터 중세기의 열광주의자 같다는 비판을 받게 되었습니다. 그는 이 책을 쓸 때도 이런 비판을 의식하고 있었고, 그의 책 제목이 『나를 따르라』이니 이런 부담감이 더욱 컸을 것입니다. 그래서 그는 이 책의 앞부분에서 사람들에게 "따름의 율법"이라는 무거운 짐을 지우고자 하지 않는다고 분명히 말합니다. "우리는 '나를 따르라'는 예수의 부름에 관해 말하려고 한다. 이렇게 함으로써 우리가 하나의 새롭고 무거운 멍에를 인간에게 지우는가? 여기서 우리가 영혼과 육신을 탄식 속으로 몰아넣는 인간의 모든 규례들에다가 더 심하고 더 가혹한 것들을 얹어 놓으려고 하는가? '나를 따르라'는 예수의 부름을 상기시킴으로써 불안하고 상처를 입은 양심 속으로 더 날카로운 가시를 찌르려고 하는가?"[1]

성경이 예수님의 제자직에 관해 말할 때, 도리어 모든 인간적인 규례들로부터 억누르고 짐을 지우고 염려와 양심의 고통을 주는 것들로부터 인간의 해방을 선포하며, 예수님을 따름 속에서 인간은 자기 자신의 율법의 무거운 멍에를 벗어

---

1 *Nachfolge*, 서문, 9.

버리고 예수 그리스도의 가벼운 멍에를 지게 되며, 이를 통해서 예수님의 계명의 진지성이 무너지는 것이 결코 아니며, 도리어 예수님의 전체 계명이 그리고 제한되지 않은 부르심이 존재하는 곳에서, 비로소 인간이 완전히 해방되어 예수님과의 사귐이 가능합니다. 예수님의 계명을 거부하는 자에게는 예수님의 계명은 힘들고 비인간적으로 보일 정도로 어렵지만, 예수님의 계명에 즐거이 순종하는 자에게는 가볍고 어렵지 않으므로, 예수님의 계명은 강제적인 심리 치료와 무관하며, 예수님은 계명을 행할 수 있는 능력을 주지 않으면서 계명을 지키라고 우리에게 요구하지 않으며, 예수님의 계명은 결코 생명을 파괴하지 않으며, 도리어 생명을 보존하고 강화하고 치유하기를 원합니다.[2] 서문의 마지막에서는 우리가 매우 진지하게 예수님을 따르게 될 때 하나님은 우리에게 기쁨을 주시고 죄에 대해서는 아니라고 하지만 죄인에 대해서는 예라고 말씀하시며 원수로부터 우리를 막아주시고 복음의 극복하며 이기게 하시는 말씀을 선물하신다고 강변하면서 그가 좋아하는 마태복음 11:28 이하를 인용합니다.[3]

---

2 *Nachfolge*, 서문, 9-10.
3 *Nachfolge*, 서문, 24-25.

값싼 은혜와 값비싼 은혜

아래는 『나를 따르라』에서 가장 유명한 부분이지만 맥락 없이 인용되는 경우가 많아 정확히 이해해야 합니다.

> 값싼 은혜란 우리 교회의 철천지원수다. 오늘날 우리의 투쟁은 값비싼 은총을 얻기 위한 것이다. 값싼 은혜란 싸구려 상품이요, 떨이로 팔아버린 사죄요, 떨이로 팔아버린 위로요, 떨이로 팔아버린 성례전이다. 값싼 은혜란 교회에 무진장 쌓여 있어서 언제나 손쉽게 무제한으로 제공될 수 있는 것과 같다. 한마디로 그런 은혜는 대가를 지불함이 없이 얻는 은혜이다. … 값싼 은혜란 교리, 원리, 체계로 이해되는 은혜요, 보편적인 진리로 이해되는 사죄요, 기독교적 하나님 이념으로 이해되는 하나님의 사랑이다. 이를 긍정하는 자는 자신의 죄가 이미 용서되었다는 것이다. 은혜를 이렇게 가르치는 교회는 이를 통해 은혜를 이미 소유했다는 것이다. 이러한 교회 속에서, 세상은 죄를 뉘우치지 않고 죄로부터 벗어나기를 바라지 않으면서 죄를 헐값으로 덮어버리는 교회를 발견한다. 따라서 값싼 은혜란 하나님의 살아있는 말씀을 부정하는 것이요, 하나님의 말씀이 인간이 되었다는 사실(성육신)을 부정하는 것이다.[4]

---

4 *Nachfolge*, 29.

그는 이런 값싼 은혜는 죄인이 아니라 죄를 의롭다고 인정하는 것이며, 은혜가 혼자서 모든 일을 하기 때문에 우리가 아무리 애써도 우리의 행위는 헛수고가 된다고 비판합니다. 은혜를 값싼 은혜로 이해하는 사람들은 세상은 여전히 바뀌지 않고 그리스도인이 "최상의 삶을 살아도" 언제나 죄인일 뿐이라고 생각합니다. 그들은 은혜 아래 있어도 죄 아래 있는 것처럼 살면서 세상과 다르게 살려고 하지 않습니다. 오히려 그리스도의 계명에 순종하는 삶을 살려고 함으로써 은혜에 저항하지 말고, 위대하고 값비싼 은혜를 손상하지 말고, 새로운 문자 신앙을 세우지 말라고 도리어 큰소리칩니다.

> 따라서 그리스도인은 그리스도를 따르지 말고, 은혜로 위로를 받으라는 것이다. 이것은 자신의 죄를 버리고 돌아서는 회개한 죄인을 의롭다고 인정하기 보다는 죄를 의롭다고 인정하는 값싼 은혜다. 값싼 은혜란 우리가 우리 자신과 함께 가지고 있는 은혜다. 값싼 은혜란 참회가 없는 사죄의 설교요, 교회의 치리가 없는 세례요, 죄의 고백이 없는 성만찬이요, 개인적인 참회가 없는 사면(赦免)이다. 값싼 은혜란 뒤따름이 없는 은혜요, 십자가가 없는 은혜요, 인간이 되시고 살아 계시는 예수 그리스도가 없는 은혜이다.[5]

---

5 *Nachfolge*, 30.

본회퍼는 이런 값싼 은혜를 비판하면서 대조적으로 값비싼 은혜(Teure Gnade)가 무엇인지에 대해 말합니다.

값비싼 은혜란 밭에 숨겨져 있는 보물과 같다. 이를 발견한 사람은 집으로 돌아가 자신이 가진 모든 것을 팔아 기쁨으로 이를 산다. 값비싼 은혜란 값싼 보석과 같다. 이를 본 상인은 모든 물건을 주고 이를 얻는다. 값비싼 은혜란 그리스도의 왕적 통치다. 이를 위해 사람들은 죄를 짓게 하는 눈을 뽑아 버린다. 값비싼 은혜란 예수 그리스도의 부름이다. 이를 위해 제자들은 그물을 버리고, 그분을 뒤따른다. 값비싼 은혜란 언제나 다시 추구할 복음이요, 언제나 다시 간구해야 하는 은사요, 언제나 다시 두르려야 할 문이다. 은혜가 값비싼 까닭은 따르기를 촉구하기 때문이요, 예수 그리스도를 따르기를 촉구하기 때문이다. 은혜가 값비싼 까닭은 인간의 생명을 대가로 치르기 때문이요 인간에게 생명을 선사하기 때문이다. 은혜가 값비싼 까닭은 죄를 정죄하고 죄인을 의롭다고 인정하기 때문이다. … 값비싼 은혜란 우리에게 예수를 따르기를 촉구하는 은혜요, 괴로운 심령과 깨어진 마음에 다가오는 사죄의 말씀이다. 그 은혜가 값비싼 까닭은 사람들에게 예수 그리스도의 제자가 되는 멍에를 지우기 때문이다. 그것이 은혜인 까닭은 사람들에게 예수 그리스도의 제자가 되는 멍에를 지우기 때문이다. 그것이 은혜인 까닭은 예수가 "나의 멍에는 부드럽고 나의

짐은 가볍다"고 말하기 때문이다.[6]

종교개혁자들의 은혜관에 비추어 보면, 본회퍼의 이런 은혜관에 의문이 듭니다. 여기에 대해 본회퍼는 루터의 입장을 따르고 있으며 단지 루터교도들이 이신칭의를 잘못 이해했다고 말하면서 루터교도들을 비판합니다.

그는 루터가 순수한 은혜의 복음을 발견함으로써 세상 안에서 예수님의 계명에 순종할 필요가 없다는 사실을 선포했다고 생각하는 것보다 더 비극적인 오해는 없을 것이라고 강변합니다. 루터가 수도원을 뛰쳐나왔던 것은 죄가 아니라 죄인을 의롭다고 인정하기 위해서였습니다. 그가 받은 은혜는 값비싼 은혜였고, 그것이 은혜인 까닭은 그것이 마른 땅 위의 물이 되었고, 불안에 대한 위로가 되었고, 스스로 택한 노예생활을 벗어나게 하고, 모든 죄를 용서하기 때문입니다. 본회퍼는 은혜가 행위로부터 벗어나게 하는 장치가 아니라 제자로 살아가도록 돕는다고 분명히 말합니다. "그 은혜가 값비싼 까닭은 그것이 행위로부터 자유롭게 해주기 때문이 아니라, 제자직으로부터 부름을 무한히 강조하기 때문이다. 바로 이 점에서 은혜는 값비싼 것이었고 값비쌌기 때문에 은혜였다. 이것은 종교개혁자들이 발견한 복음의 비밀이었으며, 죄인의

---

6 *Nachfolge*, 30-31.

칭의의 비밀이었다."[7] 본회퍼는 루터가 은혜를 말할 때마다 은혜를 통해 비로소 그리스도에게 완전히 순종할 수 있었던 자신을 생각했으나 루터의 추종자들은 이 점을 놓쳤다고 지적합니다. 그의 제자들의 가르침은 분명 루터에게서 온 것이었지만, 이 땅에서 하나님의 값비싼 은혜를 드러낸 종교개혁을 끝장내서 제거해버렸고, 세상에서 죄인을 의롭다고 인정하는 복음이 죄와 세상을 의롭다고 인정하는 복음으로 변질되어 버렸으며, 값비싼 은혜가 뒤따름이 없는 값싼 은혜로 변질되어 버렸다고 비통해 합니다.[8]

독자들은 『나를 따르라』를 읽을 때 이 부분을 가장 많이 오독합니다. 루터를 깎아 내리고 싶은 사람들은 루터가 믿음만을 말하면서 행위를 없앴기 때문에 본회퍼가 그를 비판했다고 말하는데 완전한 오독이고 자의적인 비판입니다.

제자직으로의 부름: 믿음과 순종의 관계

본회퍼는 마가복음 2:14을 인용하면서, 부름을 받은 자는 예수님의 부름이 들리자마자 조금도 주저하지 않고 순종하는 행위가 따르며, 제자의 응답은 예수님에 대한 언어적인 신앙고백이 아니라 순종의 행위라고 말합니다. 그는 부름과 행위

---

7 *Nachfolge*, 35.
8 *Nachfolge*, 36ff.

의 대응 관계가 성립하기 위한 유일하고 효력 있는 근거는 예수 그리스도 자신이며, 이러한 자격으로 예수님은 제자를 부를 수 있고 자신의 말씀에 대한 순종을 요구할 수 있는 전권을 가질 수 있게 되었다고 말합니다. 그는 예수님은 자유주의자들이 말하는 것처럼 선생이나 모범으로서가 아니라, 하나님의 아들, 그리스도로서 제자직을 요구했으며, 따라서 예수님의 부름에 순종하는 길들을 떠나서 신앙에 이르는 길은 결코 존재하지 않는다고 강변합니다. 그는 이 본문이 제자직에 관해 말하는 것은 "나를 따르라, 내 뒤를 따라오라!" 이것이 전부이며, 예수님을 따르는 것, 이것은 아무런 내용도 없는 일이며, 제자직은 의미심장한 것을 실현해 줄 것 같은 인생의 프로그램이 아니며, 인간이 추구해야 할 목표와 이상도 아니라고 분명히 말합니다. 그는 제자직은 보편적인 율법이 아니라 모든 율법성을 완전히 뒤집는 것이며, 오직 예수 그리스도에게만 매이는 것이고, 모든 프로그램, 모든 이상, 모든 율법성을 완전히 무너뜨리는 것이고, 여기에는 그 어떤 새로운 내용도 존재할 수 없는데, 이는 오직 예수님만이 유일한 내용이기 때문이고, 예수님 외에는 다른 내용은 전혀 없고, 예수님 자신이 곧 내용이기 때문이라고 말합니다.[9]

그는 제자직이란 그리스도에게 매이는 것이고, 그리스도

9　*Nachfolge*, 45-46.

가 존재하시기 때문에 뒤따름도 반드시 존재하며, 그리스도에 관한 이념, 교리체계, 은혜나 사죄에 관한 보편적 종교적인 인식은 제자직을 필연적인 것으로 만들지 못하며, 도리어 제자직을 배제하고 제자직에 적대적이라고 말합니다. 살아계신 예수 그리스도가 없는 기독교는 반드시 제자직이 없는 기독교로 남게 되며, 제자직이 없는 기독교는 언제나 예수 그리스도가 없는 기독교로 남게 됩니다. 이것은 단지 이념이요 신화일 뿐입니다. 하나님 아버지만을 선물해 주면서, 살아계신 아들로서 그리스도를 선물하지 않는 기독교는 바로 제자직을 폐기해 버리며, 이런 종류의 신학에는 하나님에 대한 신뢰는 존재하지만 제자직은 존재하지 않는다고 지적합니다. 그는 단지 하나님의 아들이 성육신 하셨고 그가 중보자이시기 때문에, 제자직도 그와 바른 관계를 가진다고 말합니다. 제자직은 중보자와 연결되어 있으며, 제자직에 대해 올바로 언급되는 곳에서는 중보자 예수 그리스도, 곧 하나님의 아들도 언급되며, 오직 중보자, 곧 신인간(神人間)만이 제자직으로 부를 수 있습니다.[10] 그는 예수님이 그리스도시라는 사실이 제자직의 존재의 유일한 근거임을 거듭 강조하고 있습니다.

그러나 예수님은 그리스도이시기 때문에 그의 말씀은 처음부터

---

10 *Nachfolge*, 47.

분명히 교리가 아니라 실존의 새로운 창조여야만 했다. 그러므로 제자는 실제로 예수님과 함께 떠나야 했다. 만약 예수 그리스도가 제자를 부르셨다면, 이것은 곧 예수님을 믿을 가능성은 오직 하나밖에 없다는 사실을 말한 셈이다. 다시 말하면, 모든 것을 버리고 인간이 되신 하나님의 아들과 함께 떠나는 가능성만이 존재한다는 말이다.[11]

본회퍼는 이런 맥락에서 "믿음과 순종의 관계"를 다시 논합니다. 그는 제자가 되는 길이 순종임을 강조하고, 심지어는 순종을 신앙에 이르는 길이라고까지 말합니다. 그는 "신앙에 이르는 길은 그리스도의 부름에 대한 순종을 통과한다",[12] "오직 믿는 자만이 순종하고, 순종하는 자만이 믿는다. 비록 이 명제는 두 문장으로 되어 있지만, 두 문장은 다 같이 진리다"[13]라고 말하면서 믿음과 동시에 순종의 중요성을 강조합니다. 그는 먼저 믿어야만 그다음에 순종이 따라온다는 식으로 그 어떤 시간적인 설명이 주어진다면, 믿음과 순종은 분리되고 말며, 이럴 경우에는 순종은 언제 시작되어야 하며 믿음과 동떨어져 존재하게 될 수 있는지에 대한 매우 실천적인 질문이 제기될 수 있다고 말합니다. 그는 칭의를 위해 믿음과 순

---

11 *Nachfolge*, 50.
12 *Nachfolge*, 51.
13 *Nachfolge*, 52.

종은 분리되어야 한다는 사실을 인정하면서도, 이러한 분리는 믿음과 순종의 일치를 결코 폐기해서는 안 된다고 말합니다. 믿음은 오직 순종 속에서만 존재하고, 결코 순종 없이 존재하지 않으며, 오직 순종의 행위 속에서만 믿음이기 때문입니다.[14] 그는 순종을 믿음의 결과라고 말하는 것은 타당하지 않으며, 믿음과 순종은 분리될 수 없으며 오직 믿는 자만이 순종한다는 말에서 믿음이 순종의 전제가 되어야만 한다면 오직 순종하는 자만이 믿는다는 말도 성립하고 이 경우에는 순종이 믿음의 전제가 되어야 한다고 말합니다. 또한 오직 순종하는 자만이 믿으며, 믿기 위해서는 구체적 명령에 순종해야 하며, 믿음이 경건한 자기기만, 값싼 은혜가 되지 않으려면 순종이라는 첫 발걸음이 내딛어야 하는데 이런 발걸음은 누구나 내딛을 수 있고 그렇게 할 자유가 있다고 말합니다.[15]

그는 이 첫 발걸음이 중요하지만 은혜를 받기 위한 전제로 이해되어서는 안 된다는 점을 강조하면서도, 외적인 행위는 반드시 일어나야 하고, 우리가 반드시 행해야만 하는 행위를 바라보지 않고 오직 우리에게 행위를 요구하는 예수 그리스도의 말씀을 바라보고 첫 발걸음을 내딛을 때, 올바로 일어난다고 말합니다.[16] 그는 믿음과 순종 중 어느 한 쪽만 강조할

---

14 *Nachfolge*, 52-53.
15 *Nachfolge*, 52-53.
16 *Nachfolge*, 53-55.

경우에 일어날 수 있는 문제점에 대해 언급합니다. 그는 "오직 믿는 자만이 순종한다"는 명제는 믿음 가운데서 순종하는 자에게, "오직 순종하는 자만이 믿는다"는 명제는 순종 가운데 믿는 자에게 해당되는 것이라 말합니다. 우리가 만약 첫 번째 명제만을 고집한다면, 믿는 자는 값싼 은혜의 저주에 떨어지게 되고, 두 번째 명제만을 고집한다면, 믿는 자는 공로의 저주에 떨어지게 됩니다.[17]

본회퍼는 이런 생각이 목회 활동에도 영향을 미친다고 봅니다. 본회퍼에 따르면 목회자가 두 명제에 대한 지식을 가지고 말하는 것은 대단히 중요한 일입니다. 목회자는 교인들의 믿음의 결핍에 대한 불만은 언제나 불순종에서 나오고, 이런 불순종은 값싼 은혜의 위로와 너무 잘 맞아떨어져 꺾이지 않고 계속 존재하게 된다는 사실을 알아야 합니다. 이렇게 불순종하는 사람에게 은혜에 관한 말씀은 자신에게 베푸는 위로이자 사죄가 되며, 설교는 공허하게 들리면서 다시 듣지 않게 됩니다. 비록 그가 수천 번 자신의 죄를 용서하더라도 진정한 사죄라 할 수 없는데, 그에게는 사죄가 전혀 선사되지 않았기 때문이고 불신앙은 값싼 은혜를 먹고 살며 항상 불순종 속에 머물러 있기를 원하기 때문입니다.[18] 그는 따라서 믿는 자에게는 순종이 따라야 한다고 다시 한번 강조합니다.

---

17 *Nachfolge*, 56-57.
18 *Nachfolge*, 57ff.

오직 믿는 자만이 순종한다는 명제를 통해 인간은 값싼 은혜에 중독되고 말았다. 그는 여전히 불순종 속에 있고, 자기 자신에게 약속하는 사죄로써 위로를 받으며, 그리함으로써 하나님의 말씀에 귀를 닫고 만다. 그가 자신을 숨기고 있는 이런 명제만을 반복하는 한, 요새에 대한 공격은 성공할 수 없다. 전환이 일어나야 한다. 그는 순종의 부름을 들어야 한다. 오직 순종하는 자만이 믿는다! 이것은 그를 공로 사상으로 잘못 이끌지 않겠는가? 아니다.[19]

본회퍼의 이런 믿음과 순종에 대한 이해는 루터가 주창한 이신칭의를 헐어버리는 것처럼 보이지만 이신칭의의 참 뜻을 밝히려는 시도입니다. 왜냐하면 루터도 거짓된 믿음에는 순종이 따르지 않으나 참된 믿음에는 반드시 순종이 따라야 하며, 순종의 경우에도 거짓된 믿음을 가르칠 때에는 거짓된 순종이, 참된 믿음을 가르칠 때에는 올바른 순종이 따른다고 가르치고 있기 때문입니다. 하지만 본회퍼의 이런 믿음과 순종의 가르침은, 순종의 내용에 대한 구체적인 제시가 없고, 순종이 은혜로만 가능하다는 점을 강조하여 가르치지 않고 있음으로 인해 성도의 교제에서 강조했던 "죄인이면서 동시에 의인"이라는 교설을 파기하는 것처럼 보입니다. 그는 이후의 설명에서 이런 의문에 대해 대답을 주고 있습니다.

---

19 *Nachfolge*, 59.

단순한 순종

본회퍼는 예수님께서 그의 제자들에게 요구했던 것은 단순한 순종이었지만 사람들이 여러 이유를 대면서 하나님의 말씀에 대한 단순한 순종을 없앴다고 비판합니다. 그는 예수님이 나에게 명령했다면 나로부터 율법적인 순종을 요구하는 것이 아니라 "내가 믿는다"는 한 가지 만을 내게서 원하고 있다는 것을 알아야 한다고 말합니다. 본회퍼에 따르면 예수님의 말씀에 대한 우리의 단순한 순종은 율법적인 의미에서가 아니라 "믿음 안에서" 순종이 되어야 함을, 즉 그 어떤 것도 인간의 이런저런 행위에 달려 있지 않으며 모든 것이 하나님의 아들과 중보자인 예수님에 대한 믿음에 달려 있고, 그 어떤 것도 가난이나 부요, 결혼이나 독신, 직업이나 무직(無職)에 달려 있는 것이 아니라 믿음에 달려 있습니다. 우리가 그리스도에 대한 믿음이 있으면 부요한 가운데서도 세상의 재물을 소유한 가운데서도 그에게 순종하는 것이 가능하고, 그 결과 우리는 마치 재물을 소유하지 않은 듯이 소유할 수 있으며(고전 7:29f.), 예수님께서 재물을 버리라고 말할 때 우리가 무소유의 삶을 살라는 의미는 아닙니다.[20]

예수님은 그의 제자들을 매우 구체적으로 부르십니다. 이

---

20 *Nachfolge*, 69-72.

는 구체적으로 순종함으로써만 인간은 자유롭게 믿을 수 있기 때문입니다. 만약 단순한 순종이 원칙적으로 제거된다면, 예수님의 부름의 값비싼 은혜는 다시금 값싼 자기 정당화의 은혜로 변질되고 이와 더불어 그리스도의 구체적인 부름에 귀를 막을 때 거짓된 율법도 세워집니다.[21] 성경 안에서 우리에게 선포된 예수 그리스도는 그의 전체 말씀을 통해 믿음을 오직 순종하는 자에게만 선사하시고, 순종하는 자에게만 믿음을 선사하시는 분이십니다. 우리는 사실적인 과정들에 이르기 위해 성경의 말씀 배후로 되돌아갈 수 없으며 그렇게 해서도 안 됩니다. 성경의 모든 말씀 가운데서 제자직으로 부름을 받은 우리는 원리를 통해 성경에, 비록 은혜론이라 하더라도, 율법적으로 폭력을 가하기를 원치 않기 때문입니다.[22]

우리가 이 부분에서 주의 깊게 살펴봐야 하는 점은, 과연 본회퍼가 순종을 우리가 원하면 할 수 있는 것으로 보고 있느냐는 점입니다. 본회퍼는 예수님의 부름에 대한 순종은 인간 자신의 힘으로는 할 수 있는 행위가 아니고, 그것은 또한 이미 내려진 순종의 요구에 따라 재물을 버리는 행위도 아니라고 분명히 선을 긋습니다. 그는 비록 재물을 버릴지라도 이것은 예수님에 대한 순종이 전혀 일어나지 않을 수도 있고, 재물을 버리는 것도 하나의 독자적인 삶의 스타일, 하나의 기

---

21 *Nachfolge*, 73.
22 *Nachfolge*, 75.

독교적 이상, 성 프란체스코 추종자들이 실천하는 가난의 이상의 자유로운 설정일 수도 있다고 말합니다. 그는 인간이 자신의 재물을 버림으로써 자기 자신이나 하나의 이상을 긍정할 수는 있겠지만, 예수님의 계명을 인정하지는 못할 수도 있고 자신으로부터 벗어나기는커녕 도리어 자신에게 더 강하게 사로잡힐 수도 있다고 말합니다. 따라서 그는 상황 안으로 발걸음을 옮기는 것은 인간이 예수님에게 제공하는 제안이 아니라 언제나 예수님께서 인간에게 제공하는 은혜로운 제안이고, 오직 이처럼 발걸음이 옮겨지는 곳에서만 그 발걸음은 정당하다고 말합니다. 물론 이것은 더 이상 인간의 자유로운 가능성이 아니라고 못을 박습니다.[23]

그는 자신이 말하는 단순한 순종은 결코 율법적이나 공로적인 성격을 가지지 말아야 하며, 그리스도의 말씀에 대한 자발적 순종이어야 하며, 이 자발적 순종 역시 자기 자신의 힘으로 되지 않는다는 사실을 강조하고 있습니다. 하지만 그는 그렇게 자발적으로 순종하기 위해 날마다 은혜의 수단에 매달려야 한다는 사실에 대해서는 침묵함으로써 은혜와 자유의지의 협력에 의한 순종이라는 반펠라기우스주의(Semi-pelagianism)의 여지를 남겨 두고 있습니다.

---

[23] *Nachfolge*, 75-76.

제자직과 십자가

본회퍼는 마가복음 8:31-38을 중심으로 제자직과 십자가의 관계를 논합니다. 그리스도가 고난 속에서 버림을 받는다는 것은 모든 가치와 명예를 박탈하는 치욕스러운 고난이며, 예수님의 십자가를 잘 요약하는 표현입니다. 예수님은 하나님의 필연성 때문에 고난을 받고 죽어야 했습니다. 그리스도가 오직 고난을 받고 버림을 받아야만 그리스도가 될 수 있듯이, 제자들은 오직 고난을 받고 버림을 받아야 오직 예수님과 함께 십자가에 달린 자로서만 제자가 될 수 있습니다. 제자직(Nachfolge)은 예수 그리스도의 인격과의 결속으로서, 그를 따르는 자를 그리스도의 율법 아래, 곧 십자가 아래 세운다고 말합니다.[24]

예수님을 따르는 자도 자기를 부인해야 하지만, 이러한 자기 부인은 결코 개인의 자학 행위나 금욕 훈련으로 변질되어서도 안 되고 자살로 이어져서도 안 됩니다. 이는 자살을 통해서도 인간의 고집이 관철될 수 있기 때문이라고 말합니다. 자기 부인은 더 이상 자기 자신이 아니라 오직 그리스도만을 아는 것을 뜻하며, 우리 앞에 놓여 있는 매우 힘든 길을 바라보는 것이 아니라 앞장서 가시는 분을 바라보며, 실제로 자신

---

24 *Nachfolge*, 77-78.

을 완전히 잃어버리고 자신을 더는 알지 않는 것입니다. 오직 이럴 때에만 예수님을 위해 십자가 지기를 각오할 수 있고, 오직 예수님만을 알기에 우리의 십자가의 아픔도 더는 알지 못하게 되며, 오직 이럴 때에만 우리는 실제로 예수님만을 바라볼 수 있습니다.

그는 십자가는 불운과 가혹한 숙명이 아니라 오직 예수 그리스도와의 결속 때문에 생기고, 우발적이 아니라 필연적이며, 자연적인 실존으로 인하여 생겨나는 것이 아니라 그리스도인에게 반드시 다가오는 고난이며, 그 어떤 다른 행태나 신조 때문이 아니라 예수 그리스도 때문에 버림을 받는 것이라 말합니다.[25] 제자직을 진지하게 생각하지 않고 복음으로부터 단지 신앙의 값싼 위안만을 얻으려 하며 자연적인 생활과 그리스도인의 실존을 구분하지 않는 기독성은, 십자가를 매일의 불운으로, 우리의 자연적인 삶의 곤경과 불안으로 이해합니다. 십자가란 언제나 버림을 받는 것인데, 고난의 수치도 포함되어 있다는 사실을 망각하고 있습니다. 이런 기독성은 고난 가운데서 배척과 멸시와 버림을 받는 것이야말로 십자가 고난의 본질적 특징이라는 사실을 망각하고, 시민적 실존과 그리스도인의 실존을 구분하지 못합니다. 십자가란 그리스도와 함께 고난 받는 것, 즉 그리스도의 고난이며, 오직 그리스

---

25 *Nachfolge*, 79-80.

도를 따르는 자들 가운데서 그리스도와 결속하는 자만이 진지하게 십자가 아래 설 수 있습니다.[26]

본회퍼는 "자기 십자가를 지고"에 대한 해석에서도 십자가는 처음부터 제자에게 이미 마련되어 있으며 그러므로 오직 십자가를 지는 일만이 남았다고 강조합니다. 그는 그렇다고 스스로 어떤 십자가를 찾아야 하고, 일부러 어떤 고난을 추구해야 한다고 생각하지 말아야 하는데, 이는 모든 사람에게 자신의 십자가가 이미 마련되어 있고, 하나님께서 그의 십자가를 결정하셨고 그에게 알맞은 십자가를 만들어 놓으셨기 때문이라고 말합니다. 모든 사람은 자신을 위해 준비된 분량의 고난과 버림받음을 감당해야 하지만, 사람마다 고난의 분량이 달라서, 어떤 사람에게는 하나님께서 큰 고난을 받게 하시고 순교의 은혜를 선사하시고, 또 어떤 사람에게는 하나님께서 그가 감당할 만큼의 고난만을 주시지만, 그렇지만 십자가는 동일합니다. 그는 십자가가 "모든 그리스도인에게 주어져 있다"는 사실을 강조하면서, 모든 그리스도인이 경험해야만 하는 첫 번째 그리스도의 고난은 우리를 이 세상으로부터 불러내는 부름이고, 예수 그리스도와의 만남 속에서 생기는 옛 사람의 죽음이라고 말합니다.

"나를 따르라"는 예수님의 부름, 예수 그리스도의 이름으

---

26 *Nachfolge*, 80.

로 받는 세례는 죽음과 생명이고, 그리스도의 부름과 세례는 그리스도인들로 하여금 죄와 악마에 맞서 날마다 투쟁하도록 만들며, 육체와 세상의 유혹에 맞선 매일의 투쟁을 통해 예수 그리스도의 새로운 고난을 지게 합니다. 이런 투쟁 때문에 얻게 된 그리스도인의 상처와 자국은 예수 그리스도와 함께 십자가의 교제를 나누고 있다는 생생한 증거입니다.[27] 그는 그리스도의 고난과 그리스도인의 고난이 어떤 연관 관계를 가지고 있는지에 대해 다음과 같이 말합니다.

> 오직 그리스도 자신의 고난만이 화해를 위한 고난이다. 그러나 그리스도는 세상의 죄 때문에 고난을 받으셨고, 그분에게 모든 죄책이 넘겨졌고, 예수 그리스도는 자신을 따르는 자들에게 자신의 고난의 열매를 나눠주시기 때문에, 그러므로 제자에게도 시험과 죄가 떨어진다. 세상은 그에게 수치를 씌우며, 어린양처럼 그들을 성문 밖으로 쫓아낸다. 그리하여 그리스도인은 다른 사람들을 위해 죄와 죄책을 짊어지는 자가 된다.[28]

본회퍼는 "너희가 짐을 서로 지라 그리하여 그리스도의 법을 성취하라"(갈 6:2)는 말씀을 인용하면서 그리스도가 우리의 짐을 지신 것처럼 우리도 형제의 짐을 져야 한다고 말합

---

27 *Nachfolge*, 80-81.
28 *Nachfolge*, 81.

니다. 성취되어야 할 그리스도의 율법은 십자가를 지는 것이고, 내가 반드시 져야 할 형제의 짐은 다만 그의 외적인 숙명과 기질과 성향만이 아니라 가장 본래적인 의미에서 그의 죄입니다. 내가 그의 죄를 질 수 있는 방법은 오직 내가 참여한 그리스도의 십자가의 능력으로 그의 죄를 용서할 수 있는 것밖에 없으므로, 따라서 십자가를 지라는 예수님의 부름은 그를 따르는 모든 자들을 사죄의 사귐 안으로 인도한다고 말합니다. 본회퍼에 따르면 사죄는 제자들에게 명령된 그리스도의 고난이고 이 고난은 모든 그리스도인이 감당해야 합니다. 고난당하신 주를 따르는 길로 들어설 때 제자는 자신의 십자가를 받게 될 것이고 예수님과의 교제를 통해 그의 십자가를 인식하게 될 것입니다.[29] 이렇게 고난은 그리스도를 따르는 자의 표지가 될 것이고, 제자는 선생 보다 높지 못하며, 그리스도를 따르는 것은 수동적 고난(*Passio passiva*), 곧 필연적 고난(Leidensmüssen)이라고 말합니다. 바로 이 점이 루터가 올바른 교회의 표지들 속에 고난을 꼽아야 했던 이유입니다.[30]

본회퍼는 루터의 십자가 신학(*theologia crucis*), 즉 고난을 통해 영광으로 인도하시는 하나님의 방식을 잘 이해하고 자신의 신학에 적용하고 있습니다.[31] 그의 십자가 신학은 루터의

---

29 *Nachfolge*, 82.
30 *Nachfolge*, 82: *WA 50*, 641,35 - 642, 32, *WA 51*, 484.
31 상세한 내용을 보려면, 김용주, 『루터: 혼돈의 숲에서 길을 찾다』(2011, 익투스)를 참고하십시오.

십자가 신학을 잘 계승하고 있지만 대리적 고난 이해에서 루터와 다릅니다. 루터가 말한 교회를 위해 대리적 고난을 받는다는 사실에서 더 나아가, 본회퍼는 그리스도가 세상을 위해 대리적인 고난, 즉 그의 고난이 세상의 죄를 속한다는 점을 강조합니다. 그리스도는 "세상을 위해" 대리적인 고난을 받으며, 교회는 고난을 짊어져야 합니다. 이는 그리스도가 친히 교회를 짊어지시기 때문이고 예수 그리스도의 교회는 십자가를 지고 그분을 따르면서, "세상을 위해 대리적으로 하나님 앞에 서 있기" 때문입니다.[32]

하지만 그리스도인이 짐을 지고 십자가를 지고 사는 삶은 인간을 행복하게 하고, 영혼을 소생시키고, 기쁨을 줍니다. "십자가를 지고 살아가는 것은 영혼을 불행과 좌절에 빠뜨리는 것이 아니라, 영혼을 소생케 하고 쉬게 하는 것이요, 최상의 기쁨이다. 여기서 우리는 우리가 만든 율법과 짐을 지지 않는다. 오히려 우리는 우리를 알고 계시고 우리의 멍에를 함께 지시는 분의 멍에를 지면서 살아간다. 그분의 멍에 아래서 우리는 그분의 가까움과 사귐을 깨닫게 된다. 만약 그리스도를 따르는 자가 그분의 십자가를 진다면, 그가 발견하는 것은 바로 그리스도 자신이다."[33]

이 책을 정독하는 사람은, 본회퍼가 정치 문제에 관한 글

---

32 *Nachfolge*, 84.
33 *Nachfolge*, 84.

을 쓰고 있지 않으며, 누군가가 그리스도인이면 제자로서 그를 따라야 하고, 그를 따르려면 필연적으로 십자가가 따른다는 점을 당시 교회에 알려주고자 했다는 사실을 알게 될 것입니다. 하지만 그의 이런 가르침은 그 당시의 어용교회 노릇을 했던 독일교회가 메시아니즘에 빠져서 히틀러를 적극적으로 지지하는 상황에서는 정치적으로도 영향을 줄 수밖에 없었다고 봐야 합니다.

5.
윤리학

본회퍼의 윤리학은 기존의 어떤 노선도 따르지 않고 독창적이라 말할 수 있습니다. 그는 토마스 아퀴나스의 존재론적 윤리, 영역마다 윤리적 원리가 다르다고 말하는 유사(類似) 루터주의의 두 영역 윤리, 그리고 칼 바르트의 그리스도의 지배 윤리도 따르지 않습니다.[1] 그렇다면 그의 윤리학은 어떤 윤리학일까요? 그가 강조한 몇 가지 개념들을 살피면서 그의 윤리학이 어떤 윤리학인지 살펴보려 합니다.

기독교 윤리학은 무엇에 전념해야 하는가

본회퍼는 "그리스도, 현실 그리고 선: 그리스도, 교회 그리고

---

1 고재길, 『한국 교회 본회퍼에게 듣다』, 156-158.

세상"이란 소제목에서 전통적인 기독교 윤리학을 비판합니다. 그는 윤리적 문제에 대해서 "내가 어떻게 선하게 되고 어떻게 선한 일을 할 수 있는가"의 질문에 전념하는 곳에는, 궁극적 현실로서의 자아와 세상을 향한 결단은 이미 내려진 셈이고, 그렇다면 모든 윤리적 반성은 나는 선하고 세상은 나의 행위를 통해서 선하게 된다는 것을 목표할 수밖에 없다고 말합니다. 하지만 자아와 세상 자체의 이러한 현실들이 전혀 다른 궁극적인 하나의 현실, 곧 창조자와 화해자와 구속자가 되시는 하나님의 현실 안에 포함되어 있다는 사실이 드러난다면, 윤리적 문제는 완전히 새로운 국면에 들어서게 되고, 궁극적으로 중요한 것은 내가 선해진다거나 세상의 상황이 나를 통해 개선된다는 사실이 아니라 하나님의 현실(Gottes Wirklichkeit)이 어디서나 궁극적 현실로 입증됩니다.[2] 기독교 윤리의 근원은 자아의 현실, 세상의 현실 그리고 규범과 가치의 현실도 아니며, 예수 그리스도 안에서 드러낸 그의 계시 안에 있는 하나님의 현실이므로, 우리는 우리의 삶의 현실이 아니라 하나님의 계시 말씀의 현실을, 이 땅의 불완전한 상태를 고려하지 않고 하나님의 은혜를, 죽음이 아니라 부활을 고려해야 합니다.[3] 교의학의 문제가 예수 그리스도 안에 일어난 하나님의 계시 현실의 진리이듯이 "기독교 윤리학의 문제는

---

2 *Ethik*, DBW, bd. 6, Chr. Kaiser Verlag 1998, 31-33.
3 *Ethik*, 33.

그리스도 안에서 일어난 하나님 계시의 현실이 피조물 가운데서 실현되는 것이다"라고 분명히 주장합니다.[4]

본회퍼에 따르면 기존의 다른 모든 윤리학에서는 당위와 존재, 이념과 실현, 동기와 결과의 대립을 통해 그 특징이 드러난다면, 기독교 윤리학에서는 현실의 현실됨, 과거와 현재, 역사와 사건(신앙)의 연관성이, 즉 예수 그리스도와 성령의 연관성이 드러납니다. 그는 선에 대한 질문은 예수 그리스도 안에서 계시된 하나님의 현실에 대한 참여의 질문으로 바뀌며, 선은 이제 더 이상 존재하는 것들, 예컨대 나의 본질, 나의 심정, 나의 행위 혹은 세상의 상태에 대한 평가가 아니며, 선은 그 자체로서 존립하고 존재하는 그 어떤 것에 부과되는 술어도 아니며, 선은 현실 그 자체이지 하나님의 현실로부터 이탈된 추상적 현실이 아니며, 오직 하나님 안에서만 현실성을 갖는 바와 같은 현실이고, 이런 현실이 없는 선은 존재하지 않으며, 이런 현실도 선이 없이는 존재하지 않는다고 말합니다. 그는 선해지려는 의지는 오직 하나님 안에 있는 현실에 대한 갈망으로서만 존재할 따름이므로, 선해지려는 의지자체, 자기 목적이나 삶의 소명으로 산주뇌는 그런 의지는 비현실성의 아이러니에 떨어지며, 여기서 선을 향한 진정한 추구는 도덕군자가 되려는 노력으로 변질된다고 말합니다.[5]

---

4 *Ethik*, 34.
5 *Ethik*, 34-35.

본회퍼에 따르면 기독교 윤리학은 하나님의 현실을 존재하는 모든 것의 안과 밖에 존재하는 궁극적 현실로 생각하며, 현존하는 세상의 현실이 오직 하나님의 현실을 통해서만 현실성을 가진다는 전제에서 출발합니다. 그는 하나님의 현실 자체는, 하나님의 현실이 현실적 세상 한 가운데서 자신을 증언하고 계시했다는 사실로부터 기독교 신앙이 도출한 이념이 아니라, 예수 그리스도 안에서 이 세상의 현실로 들어왔다고 말합니다. 그는 하나님의 현실에 대한 질문과 세상의 현실에 대한 질문이 동시에 대답을 찾을 수 있는 장소는 예수 그리스도라는 이름을 통해서만 드러나며, 이 이름 안에서 하나님과 세상은 연결되며, 그 안에서 만물이 유지된다(골 1:16)고 말합니다. 이제부터 예수 그리스도에 관해 말하지 않고서는 하나님에 관해서도 그리고 세상에 관해서도 올바로 말할 수 없으며, 예수 그리스도를 간과한 모든 현실 개념은 추상적이라고 말합니다.[6]

본회퍼에 따르면 기독교 윤리학은 그리스도 안에서 주어진 하나님의 현실과 세상의 현실이 우리의 세상 안에서 현실화되는 것에 대해 질문하는 것입니다. 여기서 "우리의 세상"은 그리스도 안에 있는 하나님의 현실과 세상의 현실 밖에 있는 그 어떤 것이 아니며 그리스도 안에서 감당되고 용납되고 화

---

6 *Ethik*, 39.

해된 세상에 이미 속했다고 말합니다. 따라서 그 어떤 "원칙"을 우리의 관계들과 우리 시대에 적용해야 할 것처럼 생각해서는 안 되며, 오히려 우리는 우리와 우리의 세상을 오래전부터 감싸고 있는 예수 그리스도 안에 있는 현실이 어떻게 우리에게 지금 활동하고 있는가, 혹은 예수 그리스도 안에 있는 그런 현실 안에서 우리가 어떻게 살아갈 수 있는가에 대해 질문해야 합니다. 중요한 것은 예수 그리스도 안에 있는 하나님과 세상의 현실에 오늘날 참여하는 것입니다. 그는 "세상의 현실이 없다면 나는 하나님의 현실을 경험하지 못하며, 하나님의 현실이 없다면 나는 세상의 현실을 경험하지 못한다"고 주장합니다.[7]

유사 루터주의의 "두 영역 사고" 비판

본회퍼는 본래의 의도에서 루터의 두 영역(Raum) 사고를 받아들이지만, 유사 루터주의의 그릇된 두 영역 사고는 철저히 거부하고 있습니다. 그는 만약 그리스도와 세상을 서로 충돌하고 배척하는 두 영역들로 생각한다면 인간에게는 현실 전체를 포기하고 두 영역 가운데 한 영역에 자신을 세우면서 세상이 없는 그리스도를 원하게 되거나 그리스도가 없는 세상

---

[7] *Ethik*, 40-41.

을 원하게 될 가능성들만 남는다고 말하며, 모든 경우에 인간은 자신을 기만하게 될 것이라 강변합니다. 그는 또 다른 가능성은 인간이 두 영역에 동시에 속하려고 하는 것인데, 만약 그렇게 된다면 인간은 영원한 갈등에 휘말리게 되는데, 영원한 갈등 속에 있는 이런 인간상은 종교개혁 이후 시대에 만들어져서 현실에 적합한 기독교적 실존의 유일한 형태로 항상 다시금 제시되어 왔다고 말합니다.

그는 두 개의 현실이 존재하는 것이 아니라 단지 하나의 현실만 존재하며, 이 현실은 그리스도 안에서 계시된 것으로써 세상의 현실 안에 있는 하나님의 현실이라고 말합니다. 그는 그리스도에 참여함으로써 우리는 하나님의 현실과 동시에 세상의 현실에도 속하게 되며, 그리스도의 현실은 세상의 현실을 자신 안에 포함하고 있으므로 세상은 그리스도 안에 있는 하나님의 계시에 의존하지 않는 자신만의 현실을 가지고 있지 않는다고 말합니다. 그는 "세상적"이 됨이 없이 "기독교적"으로 되고자 하거나, 혹은 세상을 그리스도 안에서 보고 인식하기를 원하지 않고 "세상적"으로 되기를 원하는 것은, 둘 다 그리스도 안에 있는 하나님의 계시를 부정하는 것이며, 따로 존재하는 두 영역은 없으며 오히려 단지 그리스도 현실이라는 통합된 한 영역만이 존재하며, 이 그리스도 현실 안에 하나님의 현실과 세계 현실이 서로 연합되어 있다고 주장합니다. 두 영역의 주제는 신약과 낯설며, 중요한 것은 그리스도 현실이 현실로 되어감이지 두 개의 서로 경쟁하는 영역이 나란히 서 있는 것이 아닙니다. 세상의 현실 전체가 그리스도 안으로 포함되었고 그리스도 안에서 통일되었으며, 오직 이 중심으로부터만, 그리고 오직 이 중심을 향해서만 역사의 운동은 흘러갑니다.[8]

본회퍼에 따르면 예수 그리스도 안에 있는 궁극적 현실의 계시에 대한 신앙이 윤리적 공간과 동떨어지게 된다면, 세상의 현실 밖에 있는 현실적인 그리스도인은 없고, 또한 예수 그리스도 밖에 있는 어떤 현실적인 세계성도 존재할 수 없습니다. 예수 그리스도의 현실을 하나님의 계시의 현실로 고백하는 자는 곧바로 하나님의 현실과 세상의 현실을 신앙하게 됩니다. 이는 그리스도 안에서 하나님과 세상이 화해되었다는 사실을 발견했기 때문입니다. 그리스도인은 더는 영원한 갈등의 인간이 아니며, 그리스도 안에 있는 현실이 하나이듯이 이러한 그리스도 현실에 속해 있는 그리스도인도 하나의 전체입니다. 그의 현실이 그를 그리스도로부터 분리하지 않고, 그의 그리스도성이 그를 세계로부터 분리시키지 않으며, 그리스도에게 완전히 속하면서 동시에 완전히 세상 안에도 서게 됩니다.

본회퍼에 따르면 교회의 영역이 존재하는 목적은 세상도

---

8   *Ethik*, 43-44.

교회와 동등한 비중을 차지하는 하나의 영역이 되는 것을 문제시하기 위해서가 아니라, 바로 세상이 엄연히 세상이라는 사실을, 곧 세상이 하나님의 사랑을 받고 하나님에 의해 화해된 세상이라는 것을 세상에 증거 하기 위함입니다. 그는 교회가 세상의 영역 위에 자신의 영역을 확장하기를 원하거나, 예수 그리스도와 그를 통한 하나님과의 화해에 대한 증거를 가지고 세상을 섬기기 위해서 교회가 필요로 하는 그 이상의 영역을 갈망하지 않으며, 교회는 자신의 영역을 위해 투쟁하지 않고 세상의 구원을 위해 투쟁함으로써만 자신의 영역도 방어할 수 있다고 말합니다.[9] 그는 세상은 그리스도와 악마 사이에서 나뉘지 않으며, 세상이 인식하든 인식하지 못하든, 세상은 전적으로 그리스도의 세상이며, 세상은 그리스도 안에 있는 이러한 현실과 관계해서만 말해질 수 있으며, 세상이 자기 자신 안에, 혹은 악마 안에서 가지고 있다고 생각하는 거짓된 현실은 파괴되어야 한다고 말합니다. 그는 따라서 우리는 그리스도로부터 세상은 한 악마에게 속한 세상 그리고 한 그리스도에게 속한 세상으로 나누는 것을 금지해야 하며, 악마에게 속한 영역과 그리스도에게 속한 영역 사이에 정적인 경계선을 긋는 모든 시도는 하나님께서 그리스도 안에서 세상 전체를 자신과 화해시키셨다는 현실을 부정하는 일

---

9 *Ethik*, 47-49.

이라고 강변합니다. 그럼에도 교회와 세상의 구분 자체를 폐기하지 않으며, 이러한 구분을 생각하면서도 어떠한 영역적 표상에 되돌아가지 않을 수 있는가라고 묻고, 여기서 성경의 조언을 받지 않을 수 없으며 성경은 이미 대답을 가지고 있다고 말합니다.[10]

위임 윤리

본회퍼는 모든 피조물처럼 세상도 그리스도를 통해 그리스도를 위해 창조되었으며 오직 그리스도 안에서만 존립하므로, 그리스도에 대해 말하지 않고 세상에 관해 말하는 것은 공허한 추상이며, 세상이 알든 모르든 세상은 그리스도와 관계를 맺고 있으며, 세상이 그리스도와 맺는 이런 관계는 세상 안에 있는 하나님의 분명한 위임(委任, Mandat) 속에서 구체화된다고 말합니다. 바로 이 네 가지가 노동(die Arbeit), 혼인(die Ehe), 정부(die Obrigkeit), 교회(die Kirche)입니다. 그가 파울 알트하우스와 같은 루터주의자들이 즐겨 사용하는 하나님의 "질서"(Ordnung)가 아니라 하나님의 "위임"에 관해 말하는 까닭은 이로써 그 어떤 존재 규정과는 달리 하나님의 위임적 성격이 매우 분명히 드러난다고 생각했기 때문

---

10 *Ethik*, 51-54.

입니다.[11] 그는 하나님께서 세상에서 노동, 혼인, 정부, 교회를 원하시며 이 모든 것이 각기 자신의 방식대로 그리스도를 통해, 그리스도를 위해, 그리스도 안에서 활동하기를 원하신다고 말합니다. 본회퍼는 하나님은 인간을 이 모든 위임 아래 두셨으며, 개개인을 하나님의 위임 아래 두셨을 뿐만 아니라 모든 인간을 네 가지 위임 아래 두셨으므로, "세상적인" 영역에서 "영적인" 영역으로 후퇴할 길은 없다고 말합니다. 그리스도인은 오직 하나님의 네 가지 위임 아래서 살아갈 수 있을 따름이며, 마지막 위임과는 달리 앞의 세 가지 위임을 "세속적"이라고 깎아 내려서는 안 되며, 노동이든 혼인이든 정부든 교회든 모든 것은 바로 세상 한가운데서 "신적인 위임"이라고 주장합니다. 물론 모든 위임이 신적인 위임인 까닭은 그것이 처음부터 끝까지 그리스도와 관계를 맺고 있기 때문이며, 세상 자체가 신적인 것이 아니듯 이러한 관계와 분리된 위임 자체도 신적인 것이 아니라고 말합니다. 노동 "자체"는 신적인 것이 아니지만 예수 그리스도를 위한 하나님의 위임과 목표를 위한 노동은 신적인 것이며, 노동이 신적인 근거를 가지고 있다는 말은 노동의 일반적인 유익과 가치를 고려함으로써가 아니라 예수 그리스도 안에서 노동의 근원, 존속 그리고 목표를 고려했기 때문에 그가 그렇게 말한 것입니다.

---

11 *Ethik*, 54-55.

그는 다른 세 가지 위임도 마찬가지로 이런 위임들은 하나님의 위임들로서만 신적이라고 말합니다.[12]

형성 윤리

본회퍼는 먼저 "형성"(形成, Gestaltung)[13]이란 말을 기독교적 프로그램에 싫증을 느끼거나, 교리적 기독교 대신에 등장한 이른바 실천적 기독교의 가볍고 피상적인 구호 정도로 생각해서는 안 된다고 말합니다. 그는 성경의 관심사는 계획과 프로그램을 통해 세상을 형성하는 것이 아니라, 오직 세상을 극복하시는 한 분의 모습, 곧 예수 그리스도의 모습(Gestalt Jesu Christi)이며, 오직 이 모습으로부터만 형성이 가능하다고 말합니다. 형성은 그리스도의 가르침이나 이른바 기독교적 원리들이 세상에 직접적으로 적용되는 방식으로 그리고 세상이 그런 원리들에 따라 형성되는 방식이 아니라, 도리어 오직 예수 그리스도의 모습 안으로 이끌려 들어감으로써만 "오직 인간이 되시고 십자가에 달리시고 부활하신 분의 유일한 모습과 같은 모습이 됨으로써만" 가능합니다. 예수님을 닮으려는 노력이 아니라 예수 그리스도의 모습을 스스로 우리에게 작용

---

12 *Ethik*, 55-56.
13 독일어 "gestalten"이란 동사는 형성하다, 형상화하다, 형태를 부여하다, 구체화하다로 번역할 수 있는 단어다.

시킴으로써, 그것이 우리에게 각인됨으로써 가능합니다.

본회퍼에 따르면 그리스도는 유일한 형성자(der einzige Getalter)입니다. 그리스도인들이 자신들의 이념으로 세상을 형성하는 것이 아니라 그리스도가 인간을 자신과 같은 모습으로 형성하신다는 점을 강조합니다. 그리스도가 자유주의자들이 말하는 것처럼 본질적으로 경건하고 선한 삶을 위한 교사로 이해되는 곳에서는 그리스도의 모습이 오해되듯이, 우리가 형성 안에서 오직 경건하고 선한 삶을 위한 교훈만을 보려고 하는 곳에서는 인간의 형성도 잘못 이해될 것이며, 인간이 되시고 십자가에 달리시고 부활하신 분이신 그분의 모습으로 변형되는 것이야말로 성경이 말하는 형성의 의미입니다. 인간이 되셨던 분과 같은 모습이 된다는 것은 현실적 인간이 된다는 것이고, 십자가에 달리셨던 분과 같은 모습이 된다는 것은 하나님의 심판을 받은 인간이 된다는 것이며, 부활하신 분과 같은 모습이 된다는 것은 하나님 앞에서 새로운 인간이 된다는 것을 의미합니다.[14]

본회퍼에 따르면 예수 그리스도의 모습은 인간 안에서 모습을 취하므로, 인간은 결코 자신의 독자적이고 독립적인 모습이 아니라 항상 단지 예수 그리스도 자신의 모습을 본받을 뿐입니다. 이런 모습은 그의 모습의 흉내나 반복이 아니라 인

---

14 *Ethik*, 80-82.

간 안에서 모습을 취하는 그 자신의 모습이므로, 인간은 자신에게 낯선 모습인 하나님의 모습으로가 아니라 자기 자신의 모습, 곧 자신에게 속한 본질적인 모습으로 변형됩니다. 인간이 인간으로 되는 것은 하나님께서 인간이 되셨기 때문이지 인간이 하나님으로 되는 것은 아니며, 인간은 지금까지 자신의 모습을 변형할 수 없었고 지금도 변형할 수 없습니다. 하나님께서 친히 자신의 모습을 인간의 모습으로 변형하셨습니다. 이는 인간이 하나님처럼 되는 것이 아니라 하나님 앞에서 인간이 되도록 하기 위함입니다. 그리스도 안에서 인간의 모습은 하나님 앞에서 새로 창조되었고, 그리스도에게 일어났던 일이 인류에게도 일어났습니다. 그는 단지 인류의 일부만이 자신의 구원자의 모습을 인식한다는 사실은 설명할 수 없는 비밀이며, 인간 자체의 모습을 취하셨던 분은 단지 작은 집단 안에서만 모습을 취하실 수 있는데, 그것이 곧 그분의 교회라고 말합니다.[15]

본회퍼는 형성이란 일차적으로 예수 그리스도가 그분의 교회 안에서 모습을 취하시는 것입니다. 교회에서 모습을 취하는 것은 예수 그리스도의 모습 자체이고 신약에서는 교회를 그리스도의 몸이라고 부릅니다. 따라서 교회는 그리스도를 숭배하는 자들의 종교단체가 아니라 인간들 가운데서 형

---

15 *Ethik*, 83-84.

상을 취하신 그리스도입니다. 그리스도의 몸이 교회라고 불릴 수 있는 까닭은 예수 그리스도의 몸 안에서 실제로 인간 자체를 취했고 그래서 모든 인간을 취했기 때문입니다. 교회는 이제 진정으로 인류 전체에게 유효한 모습을 지니고 있습니다. 교회가 취하게 될 모습은 인류의 모습이며, 교회 안에서 일어나는 것은 모든 인간을 위해 모범적(vorbildlich)·대리적으로(stellvertretend) 일어난다고 말합니다.[16]

본회퍼에 따르면 교회는 본질적으로 이른바 인간의 종교적 기능과는 전혀 무관하며, 교회는 세상 안에서 존재하면서 자신의 모든 관계 속에서 전체 인간과 관계가 있으며, 교회의 관심사는 종교가 아니라 그리스도의 모습이며, 그리스도 모습이 인간의 무리 가운데서 모습을 취하는 것입니다. 만약 우리가 이러한 관점을 조금이라고 망각한다면, 우리는 떠나온 윤리적·종교적 세상 형성의 프로그램으로 불가피하게 되돌아갈 것이라고 경고합니다. 우리는 기독교 윤리적 의미에서 오직 항상 모습을 고려할 때에만 형성에 관해 말할 수 있다는 사실을 깨달았고, 형성이란 이러한 모습과 분리될 수 있는 독립적 과정이나 상태가 아니며, 오직 예수 그리스도의 이러한 모습으로부터 시작해서 그 모습에 도달하는 형성만이 존재한다고 강조합니다. 따라서 기독교적 윤리의 출발점은 예수

---

16 *Ethik*, 83.

그리스도의 몸, 교회의 모습 안에 있는 그리스도의 모습, 그리스도의 모습에 따른 교회의 형성이며, 형성의 개념이 간접적으로 모든 인간을 위해서도 의미를 획득하는 까닭은 오직 교회에서 일어나는 것이 인류 전체에게도 일어나기 때문입니다.

그는 그리스도가 우리에게 원하시는 것은 특정한 교훈의 학생, 대변자, 옹호자가 되는 것이 아니라 인간, 곧 하나님 앞에서 현실적 인간이 되는 것이고, 그리스도는 윤리학자처럼 선에 관한 이론을 사랑하셨던 것이 아니라 현실적 인간을 사랑하셨으며, 하나님은 하나의 이념, 하나의 원리, 하나의 프로그램, 하나의 보편타당성, 하나의 법칙이 되셨던 것이 아니라 인간이 되셨다고 말합니다. 그는 비록 그리스도의 모습은 언제나 동일하고 동일하게 머무르지만, 그럼에도 현실적 인간 안에서 완전히 상이한 방식으로 모습을 취하기를 원한다고 말합니다. 그는 그리스도는 현실적인 모든 것에 맞서 실현되기를 요청하는 하나의 이념을 위해 인간을 폐기하시지 않으며, 오히려 그리스도는 현실을 움직이시고 현실을 긍정하시는데, 이는 그리스도 자신이 현실적 인간이시고 인간의 모든 현실의 근거이시기 때문이라고 말합니다. 그리스도의 모습에 따라 형성된다는 것은 그리스도의 모습이 일반적인 원리로서가 아니라 화육하시고 십자가에 못 박히셨으며 부활하신 하나님으로서 하나이면서 같음으로 머무르고, 그리스도의 모습 때문에 현실적인 인간이 유지되며, 그래서 현실적인 인간이 그리스도의 모습을 받는다는 것을 의미합니다.

그는 우리가 말할 수 있고 말해야 할 것은 모든 추상적 윤리를 벗어나서 구체적 윤리를 바라보는 것이고, 그리스도가 오늘, 그리고 여기서 우리 가운데서 어떻게 형상을 취하시는가라고 말하면서, 항상 선한 것이 무엇인지를 말하려는 시도는 항상 그 자체로서 실패했다고 강변합니다. 그는 결론적으로 형성의 윤리는 추상적으로, 결의론적으로, 프로그램적으로, 혹은 순수하게 사고하면서 우리의 세상 안에서 예수 그리스도의 모습이 형성되는 것에 관해 말하려는 시도가 아니며, 오직 그의 교회 안에 현존하는 예수 그리스도의 모습의 토대 위에서만 가능하며, "교회는 예수 그리스도의 모습으로 되어져감이 선포되고 일어나는 장소이며, 기독교의 윤리는 이러한 선포와 사건을 위해 봉사 한다"고 강변합니다.[17]

길-예비의 윤리

본회퍼는 이 땅 위에서의 그리스도인의 삶은 "궁극적인 것과 궁극 이전의 것"(Die letzten und die vorletzten Dingen), 이 둘 중 하나를 버리지 않고 둘 다를 생각하면서 살아야 하며, 궁극적인 것을 바라보면서 궁극 이전의 것들 속에서 길을 예비

---

17 *Ethik*, 84-90.

하는 삶을 살아야 한다고 말합니다. 그러면 무엇이 궁극적인 것이고 무엇이 궁극 이전의 것입니까? 궁극적인 것은 거룩한 것, 영적인 것, 기독교적 것을, 구체적으로 "죄인이 은혜로 구원을 받는 것"을 의미하며, 궁극 이전의 것은, 세속적인 것, 이성적인 것, 비기독교적 것으로서 "구원을 받도록 준비시키는 것"을 뜻합니다.[18]

본회퍼에 따르면 기독교적 삶은 궁극적인 것과 궁극 이전의 것 사이에서 살아가며 궁극 이전의 것을 파괴하지도 승인하지도 않으므로, 그리스도 안에서 하나님의 현실은 우리로 하여금 모든 급진주의와 모든 타협주의를 넘어서는 세상의 현실의 만남에 참여하게 합니다. 궁극 이전의 것은 궁극적인 것의 전제가 아니며, 오히려 궁극적인 것이야말로 궁극 이전의 것을 전제하지만, 궁극 이전의 것은 궁극적인 것을 위해 보존되어야 하므로 궁극 이전의 것을 마음대로 파괴하는 것은 궁극적인 것에 심각한 손상을 입힙니다. 그는 만약 어떤 노예가 하나님의 말씀을 들을 수 없을 정도까지 자신의 시간을 자유롭게 사용할 수 없다면, 그 노에는 하나님의 이러한 말씀을 통해 의롭게 하는 신앙에 이를 수 없게 된다고 말합니다. 이어서 그는 하나님의 궁극적인 말씀, 곧 오직 은혜로만 죄인이 의롭게 된다는 말씀이 선포될 때, 궁극적인 것이 궁극

---

18 *Ethik*, 137-150. 고재길, 『본회퍼에게 듣다』, 158.

이전의 것을 통해 방해를 받지 않도록 궁극 이전의 것도 배려해야 할 필요가 생긴다고 강변합니다. 만약 말씀을 선포하는 자가 이 말씀을 들릴 수 있기 위해 모든 것을 배려하지 않는다면, 그는 길을 열고 평탄하게 하라는 말씀의 요구에 올바로 부응하지 못할 것이라 말하면서, 말씀이 선포될 수 있는 길이 예비되어야 하며, 말씀 자체가 이것을 요구한다고 말합니다.[19]

그는 "말씀을 위한 길의 예비", 이것은 지금까지 궁극 이전의 것에 관해 말했던 모든 내용의 핵심이라고 말하면서, "너희는 주의 길을 예비하고, 그 길을 곧게 하라"(눅 3:4ff.)의 말씀을 길-예비의 대표적인 말씀으로 인용합니다. 그는 길-예비는 예수 그리스도의 도래에 관해 알고 있는 모든 사람들에게 무한한 책임을 부여하는 임무로써 굶주린 자를 내버려 두는 자는 하나님과 이웃에 대한 모독이고, 굶주린 자에게 빵을 주는 것은 은혜의 도래를 위한 길의 예비라고 말합니다. 하지만 그는 여기서 일어나는 일은 궁극 이전의 것으로써 굶주린 자에게 빵을 주는 것이 그에게 하나님의 은혜와 칭의를 선포하는 것을 의미하지 않으며, 빵을 받는 것이 믿음을 갖는 것을 의미하는 것은 아니라고 못 박으며, 우리가 궁극 이전의 것에 관해 말해야 하는 까닭은 무엇보다도 궁극 이전의 것에 한 번도 이르지 못했던 자들 때문일 것이라 말합니다. 그는 아무도

---

19 *Ethik*, 151-152.

그들을 위해 봉사를 행하지 않았고, 아무도 그들을 위해 길을 예비하지 않았으므로, 하나님의 말씀, 궁극적인 것, 은혜가 그들에게도 전달될 수 있도록 이제 그들에게 도움을 주어야 한다고 말합니다.[20]

하지만 본회퍼는 길-예비가 그리스도인이 되기 위한 조건이 되어서는 안 되며, 단순히 바람직하고 합목적적인 특정한 상황을 만드는 것도, 사회적인 개혁 프로그램을 실현하는 것도 아니며, 끝까지 중요한 것은 세상의 개혁이 아니라 그리스도의 오심이고, 오직 영적인 길을 먼저 예비할 경우에만 주님의 은혜로운 도래가 뒤따라 일어날 것이라 말합니다. 사람들이 그리스도를 받아들일 수 있도록 하기 위해서는 가시적 행위인 회개, 즉 구체적인 전향과 행위를 요구하는 회개가 있어야 합니다. 그는 "길-예비란 회개를 의미한다"고 강조합니다. 은혜를 받으려면 말씀을 들어야 하고, 말씀이 내게 올수 있게 하기 위해서는 길-예비의 마지막 행위, 곧 궁극 이전의 것의 마지막 행위가 일어나야 하는데, 그것은 내가 하나님께서 자신의 말씀을 주시기를 기뻐하셨던 곳으로 가는 것이며 주어진 질서를 보선하는 가운데서 교회로 가는 것은 궁극 이전의 계명의 틀 안에서 가장 바깥의 가능성이라고 말합니다. 그리스도를 위한 모든 길-예비의 마지막은 오직 예수 그리스도

---

20 *Ethik*, 155-156.

만이 길을 예비하시지 우리 자신이 결코 길을 예비할 수 없다는 인식일 수밖에 없으며, 따라서 길-예비를 위한 요구는 모든 점에서 우리를 회개로 인도합니다.[21]

본회퍼에 따르면 길-예비는 그리스도가 친히 길을 가셔야만 한다는 분명한 인식으로부터 시작되며, 예비되어야 할 것은 그리스도에게 나아가는 우리의 길이 아니라 우리에게 오시는 그리스도의 길입니다. 우리의 길은 오직 그리스도가 친히 자신의 길을 예비하신다는 사실을 알 때에만 예비될 수 있습니다. 그리스도는 자신의 의지, 힘, 사랑 때문에 오시며, 아무리 큰 장애물도 극복하실 수 있고, 또 그렇게 하기를 원하십니다. 그리고 실제로 이것만이 우리를 그의 길을 예비하는 자로 만든다고 본회퍼는 말합니다.

본회퍼는 궁극 이전의 것은 궁극적인 것에 의해 삼켜지지만, 이 땅이 존재하는 한, 궁극 이전의 것은 자신의 필요성과 자신의 권리를 갖고 있다고 강조합니다. 그는 기독교적 삶이란 내 안에서 궁극적인 것이 터져 나오는 것이며, 내 안에서 예수 그리스도가 사시는 것이지만 그것은 언제나 궁극적인 것을 기다리면서 궁극 이전의 것 안에서 사는 것이기도 합니다. 기독교적 삶의 진지성은 오직 궁극적인 것 안에 있시만 궁극 이전의 것도 자신의 진지성을 갖고 있다고 말하면서 궁

---

21 *Ethik*, 157-159.

극 이전의 것을 궁극적인 것과 혼동해서는 안 된다고 강변합니다. 그는 지난 200년 동안 궁극적인 것이 점점 더 광범위하게 문제시됨으로써 궁극적인 것과 밀접하게 관련되어 있었던 궁극 이전의 것의 존립도 위협을 받게 되고 해체에 직면하게 되었다고 지적합니다. 또한 궁극 이전의 것의 파괴는 다시금 궁극적인 것의 심각한 멸시와 평가 절하를 초래한다고 강조합니다. 그는 궁극적인 것과 궁극 이전의 것은 서로 밀접하게 연결되어 있으므로 궁극적인 것을 더 강력하게 선포함으로써 궁극 이전의 것을 강화해야 하듯이, 궁극 이전의 것을 보존함으로써 궁극적인 것을 보호해야 한다고 결론을 맺습니다.[22]

선악을 현실과 관계해서 해석하는 윤리

본회퍼는 먼저 윤리학에서 기본적으로 언급되는 선악 기준에 대해 비판합니다. 기존의 전통적인 윤리학에서 선악을 구분해서 선을 실천하고 악을 피하는 것을 추구했던 점을 떠올리며, 우리는 창조주로서가 아니라 피조물로서 선에 대해 질문하며, 우리가 던지는 질문은 선 자체가 무엇인지가 아니라, 삶(Das Leben)이 주어져 있다는 전제 아래서, 그리고 살아있는 자로서의 우리를 위해 선이란 무엇인지에 관한 질문이라

---

22 *Ethik*, 159-161.

고 말합니다. 우리는 삶을 도외시하지 않고 삶 속에 들어감으로써 우리의 역사적 실존 가운데서 선에 대한 질문을 제기하고 결정하므로 선에 대한 질문은 역사에 대한 문제와 분리될 수 없습니다. 그는 그 자체로서 선한 것의 절대적 척도에 따라서 끊임없이 배타적으로 명백히 인식된 선과 명백히 인식된 악 사이에서 결단해야 하는 고립된 개인이라는 추상적 개념이 곳곳마다 윤리적 사고를 지배하고 있지만, 이러한 고립된 개인이란 존재하지 않으며, 우리는 선의 절대적 척도를 가지고 있지도 않습니다. 본회퍼는 역사 속에서 선과 악은 자신의 순수한 모습 속에서 드러나지 않으므로, 이러한 추상화의 기본도식은 그 모든 항목에서 특별한 윤리학의 문제를 해결하지 못한다고 말합니다.[23] 선악에 대한 절대적 척도가 믿고 있는 정통 그리스도인들에게는 충격적인 발언입니다.

본회퍼에 따르면 절대적 선을 아무런 모순도 없이 생각할 수 있다고 전제한다면 선을 일종의 죽은 율법으로 그리고 모든 생명과 모든 자유를 잡아먹는 몰록(파멸시키는 자)으로 만들며 그것은 정당한 당위의 의무마저 상실하게 만듭니다. 이는 그것은 삶과 본질적 관계를 맺지 않는 일종의 형이상학적이고 자족적인 구조물이기 때문입니다. 그는 이처럼 삶에서 유리된 추상적 개념 속에서 윤리적인 것은 정적인 기본

---

23 *Ethik*, 245-246.

도식이 되며, 이러한 도식은 인간을 순전히 개인적이고 이념적인 진공 속으로 몰아놓기 위해 그의 실존의 역사성을 박탈한다고 봅니다. 여기서 윤리적 과제는 그 원리가 삶과 어떤 관계를 맺는지에 관해서는 관심이 없고 특정한 원리를 관철하는 것으로 간주되며 이러한 추상적인 윤리 개념은 삶을 완전히 개인적인 일로 만들거나 열광주의를 낳기도 한다고 지적합니다.[24]

본회퍼는 삶을 간과하는 선의 개념은 본질적으로 아무런 효력을 발휘하지 못하는데, 비록 선의 개념 자체가 삶의 개념을 포함할지라도 그 개념은 현실과 일치 하지 않으며 선과 삶의 대립을 극복할 수도 없다고 말합니다. 그는 "생명이란 무엇인가"라는 질문은 "생명이란 누구인가"라는 질문으로 바뀌어야 하며, 생명이란 하나의 물건, 본질, 개념이 아니라, 하나의 인격이라고 말합니다. 그는 물론 생명이란 하나의 분명하고 유일한 인격이고 이 분명하고 유일한 인격은 다른 인격 가운데서 발견 할 수도 있는 그런 인격이 아니라 본질적으로 예수님의 자아(Ich)이므로, 생명은 나로부터 예수 그리스도의 인격으로부터 결코 분리될 수 없다고 말합니다.[25] 그는 그리스도인들의 행위는 생명력과 자기부정, 세상적인 것과 기독교적 것, 자율적 윤리와 예수님의 윤리의 치료될 수 없는 분리에

---

24 *Ethik*, 246-247.
25 *Ethik*, 248-249.

대한 쓰라린 체념으로부터 출발하는 것이 아니라, 하나님과 세상의 성취된 화해로부터, 예수 그리스도 안에서 완성된 구원 활동의 평화로부터, 모든 것을 포괄하는 생명, 곧 예수 그리스도로부터 온다고 말합니다. 즉 예수 그리스도 안에서 하나님과 인간은 하나가 되었고, 그렇기 때문에 그로 말미암아 그리스도인의 행동에서 세상적인 것과 기독교적 것은 하나가 되며, 이 둘은 영원히 대적하는 원리로서 서로 대립되지 않으며, 그리스도 안에서 창조된 하나님과 세계의 통일 그리고 삶의 통일로부터 솟구쳐난다고 말합니다.[26]

본회퍼에 따르면 그 자체로서 존재하는 하나님께서 존재하지 않듯이 그 자체로서 존재하는 인간도 존재하지 않으며, 이 둘은 공허한 추상적인 개념입니다. 인간은 그리스도의 성육신 안에서 용납되었고 그리스도 안에서 사랑 받았고 심판을 받았으며 화해하게 되었으며 하나님은 인간이 되셨습니다. 하나님과 관계를 맺지 않고는 인간과도 관계를 맺을 수 없으며 거꾸로도 마찬가지입니다. 본회퍼는 예수 그리스도와 맺는 관계는 우리가 하나님과 관계를 맺는 관계의 근거가 되며, 예수 그리스도가 우리 생명이시듯이, 이제는 그리스도로부터 다른 사람이 우리의 생명이고, 하나님께서 우리의 생명이라고 말해도 좋다고 말합니다. 하나님과 우리의 만남처럼 다른

---

26 *Ethik*, 252.

사람과 우리의 만남도, 그리고 우리와 예수 그리스도와의 만남도 동일한 긍정과 부정 아래 서 있습니다.[27]

책임 윤리, 구체적 상황 윤리

본회퍼는 책임(Verantwortung)이란 단어가 가지는 일반적인 생각을 반박하면서 시작합니다. 그는 책임이란 생명의 전체성을 투입하며 생사를 걸고 행동한다는 뜻이며, 그리스도의 사건에 관한 인간의 질문에 대해 생명을 걸고 말로써 책임을 지며, 내 자신에 대해 나의 행위에 대해 책임을 지거나 정당화하지 않으며, 오히려 예수 그리스도에 관해 책임을 지며 그리스도가 나에게 주신 임무에 대해서 책임을 지는 것이라 말합니다.[28] 그는 이런 책임은 하나님 앞에서 하나님을 위해서 사람들 앞에서 사람들을 위해 일어나며, 그것은 항상 예수 그리스도의 문제를 위한 책임이며, 오직 그런 점에서 자신의 생명을 위한 책임이며, 이런 책임은 오직 말과 생활로써 예수 그리스도를 고백하는 곳에서만 존재한다고 말합니다.[29]

그는 이런 책임은 대리(代理)에 근거해 있는데, 이런 사실은 사람이 예컨대 아버지로서, 정치가로서, 교사로서 다른 사

---

27 *Ethik*, 253.
28 *Ethik*, 254-255.
29 *Ethik*, 255-256.

람들 대신에 행동해야 하는 관계로부터 가장 분명히 생겨난 다고 말합니다. 그는 책임, 곧 대리를 완전히 회피할 수 있는 인간은 존재하지 않으며, 고독한 사람조차도 대리적으로 살아가는데, 이는 그 또한 전적으로 인간과 인류를 대리하면서 살아가기 때문이라고 말합니다. 그는 자신에 대한 책임조차도 인간과 인류에 대한 책임이고, 심지어는 예수 그리스도조차도 혼인과 가족과 직업의 특별한 책임을 지시지 않으셨지만 책임의 영역에서 벗어난 것은 결코 아니라고 말합니다. 그는 우리의 생명이신 예수 그리스도는 인간이 되신 하나님의 아들로서 우리를 대신하여 사셨기 때문에, 모든 인간적인 삶은 그를 통해 본질적으로 대리적인 삶이었으며, 그리스도는 자신의 완전성에 도달하기를 원하셨던 개인이 아니셨으며, 자신 안에서 모든 인간의 자아(Ich)를 받으셨던 분으로서 사셨으며, 그의 전 삶, 행동 그리고 고난이 대리였다고 말합니다.

본회퍼에 따르면 예수님은 자신의 인간적 실존을 구성하는 이러한 진정한 대리 행위 속에서 오직 책임적인 존재이셨으며 생명이기 때문에 그분은 모든 생명을 대리합니다. 사람들이 그분을 거부하든 말든, 그분이 생명을 가져오든 죽음을 가져오든 그분은 언제나 대리적인 분이셨습니다. 선하든 악하든 아버지는 언제나 아버지인 것처럼 말입니다. 대리와 책임은 오직 다른 사람들에게 자신의 생명을 완전히 내어줄 때에만 존재하며, 오직 자신을 버리는 자만이 책임적으로 살아가며, 책임은 대리적인 삶과 행위로서 본질적으로 인간과 인간의 관계입니다.[30] 그는 이런 맥락에서 그동안 한국 교회에서 특히 많은 논란을 일으켰던 상황 윤리를 옹호하는 말을 하고 있습니다. "책임적 인간은 그의 구체적 현실성 속에서 살아가는 구체적인 이웃을 지향하며, 그의 처신은 처음부터, 그리고 영원히, 다시 말하면, 원리적으로 고정되어 있지 않고, 주어진 상황과 더불어 생겨난다."[31]

본회퍼는 책임적으로 행동하는 자는 현실의 모든 저항을 광란적으로 돌파할 수 있는 절대로 타당한 원리를 가지고 있지 않으며, 주어진 상황에서 반드시 필요한 것, 곧 "계명으로 명령된 것"을 붙잡고 행하려고 노력하며, "한 절대적 선"을 실현하는 것이 아니라, 도리어 상대적으로 더 악한 것보다는 상대적으로 더 선한 것을 선택하고, "절대적 선"이 바로 가장 악한 것이 될 수 있다는 사실을 깨닫는 것으로 만족하는 겸손한 사람이 되어야 한다고 말합니다. 그는 책임적 인간은 현실에 낯선 법칙을 강요할 필요가 없고 오히려 책임적 인간의 행위는 진정한 의미에서 "현실 적합성"이라고 말합니다.[32]

우리는 본회퍼가 여기서 상황 윤리로 절대윤리를 대체한다는 말이나, 상황마다 자기에게 유리한 쪽으로 결정하라는

---

30 *Ethik*, 257ff.
31 *Ethik*, 260.
32 *Ethik*, 260.

말을 하지 않고 있으며, 단지 인간이 원치 않게 직면하는 애매한 구체적인 상황이 있을 때, 그때 그리스도의 유익을 생각하며 상대적인 선을 선택하라는 것으로 받아들여집니다. 하지만 그의 이 말은 성경이 말하는 십계명과 같은 절대윤리를 무너뜨릴 수 있는 위험성을 가지고 있음이 분명합니다.

현실적합성의 윤리

이런 맥락에 따라 본회퍼는 그의 윤리학에서 매우 중요한 용어인 "현실적합성"에 대해 언급합니다. 그는 우선 현실적합성에 대한 두 가지 오해를 지적합니다. 그는 현실적합성이라는 말이 더 강한 압력에 항복하고 성공을 원리적으로 정당화하며 그때그때의 기회를 현실에 적합한 것으로 선택했던 생각으로, 곧 니체의 말대로, 사실 앞에서 굴종하는 생각으로 오해되었다고 말하면서, 현실적합성이 이렇게 된다면 책임이 아니라 무책임이 될 것이라 말합니다. 그는 사실 앞에서 굴종하는 행위와 꼭 마찬가지로, 더 높은 이념적 현실의 이름으로 사실을 원리적으로 거부하고 배척하는 행위 역시, 현실적합성의 진정한 의미를 충족하지 못한다고 지적하고 두 극단은 사실의 본질과 똑같이 동떨어진 것이라 말합니다.[33]

---

33 *Ethik*, 260-261.

그는 현실을 긍정해야 하는 것은 하나님께서 인간의 몸을 취하셨고 인간의 세상을 자신과 화해시키셨기 때문이지 그 반대가 아니며, 하나님께서 인간을 취하시고 인간이 되신 까닭은 인간과 그의 현실이 하나님의 긍정을 받을 가치를 가졌기 때문이 아니라, 도리어 인간과 그의 현실이 신적인 "아니오"에 합당했기 때문이라고 말합니다. 그러므로 친히 하나님께서 인간의 몸을 취하셔서 인간의 본질 자체 위에 내려진 하나님의 부정의 저주를 친히 짊어지시고 고난 당하심으로써 하나님은 인간을 받아들이고 긍정하셨고, 그의 이러한 행위나 현실적 존재 및 예수 그리스도로부터 현실은 이제 자신의 긍정과 부정을 얻고 자신의 권리와 그 한계를 얻습니다.[34] 그는 이러한 긍정과 부정은 현실과 낯선 세계, 혹은 기회주의자들이나 이상주의자들의 프로그램으로부터 오지 않고, 그리스도 안에서 일어났던 하나님과 세계의 화해의 현실로부터 온다고 말합니다. 그는 현실적인 분이신 예수 그리스도 안에서 전체 현실을 받아들이면서 요약하고 있고, 또한 전체 현실은 그를 근원, 본질과 목적으로 가지기 때문에 단지 그 안에서만 그리고 그로부터만 현실에 적합한 행동이 가능합니다. 바로 이로부터 **"그리스도에게 적합한 행동이 현실에 적합한 행동"**이라는 명제가 생겨나며 이 명제는 어떤 이념적 요구가

---

34 *Ethik*, 262.

아니라 현실 자체의 인식으로부터 생겨난 진술이라고 말합니다. 그는 예수 그리스도는 현실적인 분으로서 현실적인 모든 것의 근원과 본질과 목적이심으로 그 자신이 현실적인 것의 주님이시오 전체라고 분명히 말합니다.[35]

본회퍼에 따르면 그리스도를 향한 적합한 행동은 현실에서도 적합한 행동입니다. 그런 행동은 세상을 세상답게 만들고 세상을 세상으로 인정하고 세상이 예수 그리스도 안에서 하나님의 사랑과 심판을 받았고 화해되었다는 사실을 결코 간과하지 않기 때문이라 말합니다. 그는 "세상적 원리"와 "기독교적 원리"는 대립되지 않으므로, 그리스도와 세상을 하나의 원리 개념 아래 저울질하고 이런 방식으로 세상 안에서 기독교적 행동을 원리적으로 가능하게 하려 하는 시도는 그리스도 안에서 하나님과 화해된 세상을 파괴하는 결과를 낳을 것이라 경고합니다. 이런 시도는 한편으로는 자율성 이론, 다른 한편으로는 열광주의라는 세속주의의 형태 속에서 그리스도 안에서 하나님과 화해된 세계의 파괴로 이어지기 때문에 모든 비극의 원천이 되고 그리스도인의 삶과 행동의 일치성을 파괴하는 영원한 갈등으로 이끄는 원인이 됩니다.[36]

본회퍼에 따르면 "세상"은 예수 그리스도 안에서, 그리고 그분을 통해 우리에게 주어진 구체적인 책임의 영역이지 자

---

35 *Ethik*, 262-263.
36 *Ethik*, 263-264.

신의 체계를 이끌어낼 수 있는 그 어떤 보편적인 개념이 아니며, 우리 인간의 생각을 실현하는 영역이 아니라 예수 그리스도를 통해 우리에게 주어진 구체적인 책임의 영역입니다. 그러므로 현실에 적합하게 사는 자는 세상을 마주보며 서 있지 않으며, 세상 안에서 그 자체로서 선하거나 악한, 혹은 선과 악이 혼합된 하나의 원리를 보고 이런 원리에 따라 행동하지 않습니다. 도리어 제한된 책임 속에서 살고 행동하면서 세상의 본질이 때마다 새롭게 열리게 합니다.[37] 그리스도인은 "비정상적 필연성"에 따라 행동해야 하는데, 이러한 비정상적인 필연성은 책임적 인간의 자유에 기대고 있습니다. 그는 책임적 인간이 자신을 숨길 수 있는 법칙은 존재하지 않고, 따라서 이러한 필연성 앞에서 책임적 인간에게 이런저런 결단을 강요할 수 있는 법칙도 존재하지 않으며, 오히려 이러한 상황 앞에서는 오직 모든 법칙의 완전한 포기만이 가능하다고 말합니다.[38] 여기서 자유로운 결단의 모험은 위기가 계명을 파괴한다는 지식, 아니 공개적 자백과도 결부되며, 여기서 법칙을 파괴하는 이러한 행위는 곧 법칙의 효력을 인정하는 행위와 결부됩니다. 만약 그렇게 되면, 결국 모든 법칙을 포기하는 이러한 행위는 자신의 결단과 행위를 전적으로 오직 하나님의 역사적 섭리에 맡길 수밖에 없다고 말합니다.

---

37 *Ethik*, 266-267.
38 *Ethik*, 274.

본회퍼에 따르면 책임적 행동의 구조는 죄책을 수용할 준비와 자유를 포함하고 있으며, 만약 우리가 다시금 모든 책임성의 근원에 주목한다면, 죄책의 수용을 어떻게 이해해야 하는지를 분명하게 알게 됩니다. 예수 그리스도는 새로운 윤리 이념을 선포하거나 실현하거나 스스로 선한 존재가 되려고 하시지 않았고, 오직 현실적 인간을 향한 사랑만을 중요하게 생각하셨습니다. 그렇기 때문에 그분은 죄인들의 공동체 안으로 들어가서 그들의 죄책을 감당하실 수 있었습니다.[39]

책임과 양심의 관계

본회퍼는 모든 책임적 대리행위는 무죄한 죄인인 예수 그리스도 안에 근거해 있으므로, 책임적으로 행동하는 자가 모두 죄인인 까닭은 예수 그리스도가 모든 인간의 죄책을 감당하셨기 때문이라고 말합니다. 그는 죄가 없는 자가, 자신을 비우며 사랑하는 자가 죄인이 된다는 사실은, 예수 그리스도로 말미암아 책임적 행동의 본질에 속하게 되었다고 말합니다. 하지만 이 모든 주장에 반박할 수 없이 탁월한 하나의 저항이 존재하는데 그것은 양심이라는 높은 법정입니다. 그는 양심은 다른 선을 위해 자신의 순수성을 거부하며, 다른 사

---

39 *Ethik*, 275.

람을 위해 죄인이 되기를 거부하기 때문인데,[40] 이러한 자연적 양심은 그것이 아무리 엄격한 양심이어도 예수 그리스도 안에서 해방된 양심을 통해, 곧 예수 그리스도 안에서 나 자신과 일치되기를 요구하는 양심의 부름을 통해 극복됩니다.

본회퍼는 율법이 아니라 살아계신 하나님 그리고 예수 그리스도 안에서 나를 만나는 살아있는 인간이 나의 양심의 근원과 목표라고 말합니다. 그는 예수님이 하나님과 인간 때문에 율법을 파괴하신 분이 되셨고, 하나님과 인간을 향한 사랑 안에서 안식일 법을 거룩하게 하기 위해 이 법을 파괴했으며, 하나님과 이웃을 섬기도록 양심을 해방하신 분이시고, 인간이 인간적인 죄책의 교제 안으로 들어가는 바로 그곳에서도 양심의 해방자가 되셨다고 말합니다. 그는 율법으로부터 해방된 양심은 다른 사람들을 위해 낯선 죄책 속으로 들어가는 것을 부끄러워하지 않고, 바로 그렇게 함으로써 양심은 자신의 순결을 입증할 것이라 말합니다. 그는 해방된 양심은 율법에 매인 양심처럼 불안하지 않고 이웃들과 그들의 구체적인 곤경을 위해 마음을 활짝 연다고 말합니다.[41] 그는 여기서 칸트가 인용한 "집에 침입한 도적의 예"를 인용하면서 칸트의 의무 윤리를 정면으로 비판합니다.

---

40 *Ethik*, 276.
41 *Ethik*, 278-279.

만약 나의 집에 뛰어든 살인자가 추격하고 있는 내 친구가 내 집 안으로 숨어들지 않았는지를 물었을 때, 정직하게 그렇다고 대답해야 한다는 괴상한 결론을 칸트가 진실성의 원리로부터 도출한다면, 여기서는 방자한 교만으로부터 발전한 양심의 자기 정당화가 책임적 행동을 방해한 셈이다. 만약 책임이 하나님과 이웃의 요구에 대한 전적이고 현실에 적합한 인간의 응답이라면, 여기서는 원리에 매인 양심의 응답의 부분의 성격이 선명하게 드러난다. 나의 친구를 위해서 진실성의 원리를 어기는 잘못을 범하지 않으려는 행위, 나의 친구를 위해서 용감히 거짓말하지 않으려는 행위—왜냐하면 거짓의 내용을 억지로 해명하려는 모든 시도는 다시금 자신이 옳다고 주장하는 양심에서 나오기 때문이다—곧 이웃 사랑 때문에 죄책을 짊어 지지 않으려는 행위는 현실에 근거해 있는 나의 책임성과 충돌한다. 여기서도 오직 그리스도에게만 매어 있는 양심의 결백은 바로 죄책을 책임적으로 받아들이는 행위 속에서 가장 잘 입증된다.[42]

본회퍼는 책임적 행동에서 항상 요구되는 죄책의 수용은 두 가지 관점에서 양심을 통해 제약된다고 말합니다. 첫째, 그는 그리스도 안에서 해방된 양심도 역시 본질적으로 자기 자신과 일치하기를 요구하는 부름이며, 책임 수용이 이러한 일

---

42 *Ethik*, 280.

치를 파괴해서는 안 된다고 말합니다. 그는 자신을 바치는 희생적인 봉사는 책임 수용을 불가능하게 만드는 자기 파괴 및 자기 부정과 혼동되어서는 안 되며, 책임적 행동과 결부된 죄책 수용의 범위는 인간이 자기 자신과 얼마나 일치하는가에 따라, 곧 그가 감당할 수 있는 능력에 따라 구체적인 한계를 가진다고 말합니다.[43] 둘째, 그는 예수 그리스도 안에서 해방된 양심도 역시 책임적 행동을 율법 앞에 세우며 율법을 지킴으로써 인간은 예수 그리스도 안에 정초한 자기 자신과의 일치를 보존하게 되며, 율법 경시는 무책임을 초래할 따름이라고 말합니다.

하지만 그는 궁극적 존재는 율법이 아니라 그리스도라는 사실을 강조하면서, 그렇기 때문에 양심과 구체적 책임이 서로 갈등을 빚을 때 그리스도를 위해 자유로운 결단을 내려야 한다고 말합니다. 그리고 이것은 영원한 갈등을 의미하는 것이 아니라 궁극적 일치의 획득을 의미합니다. 이는 구체적 책임의 근원과 본질과 목표는 참으로 양심의 주님이신 예수 그리스도이기 때문입니다. 그는 이처럼 책임은 양심으로 인하여 속박되지만, 양심은 책임으로 말미암아 해방되며, 책임적 인간은 죄가 없는 자로서 죄책을 지는 자가 된다고 말하든지 오직 자유로운 양심의 인간만이 책임을 질 수 있다고 말하든

---

43 *Ethik*, 281-282.

지, 이 둘은 동일한 말이라고 주장합니다. 그는 "책임 속에서 죄책을 친히 감당하는 자—책임적 인간은 결코 이를 회피할 수 없다—는 죄책을 자신에게 돌리지, 다른 사람에게 돌리지 않는다. 그리고 그는 다른 사람을 대변하며 그들에 대한 책임을 진다"고 말합니다.[44]

본회퍼의 윤리학에 대한 평가

본회퍼의 윤리를 살펴보면, 첫째, 그가 무엇보다 관념론에 대해 비판하고 있음을 볼 수 있습니다. 그는 관념론이 그리스도성, 역사성, 현실성, 구체성, 인격을 고려하지 않으므로 잘못되었다는 점을 강조하면서 그리스도인의 윤리를 다룰 때도 그리스도 중심적으로 역사와 지금의 구체적 현실과 구체적 상황을 중시하고 타자의 인격을 고려하면서 다루어야 한다고 말합니다. 하지만 그는 선악 개념까지도 관념론의 테두리에서 보지 말았어야 했습니다. 선악 개념은 하나님께서 자연인의 양심 속에 심어주었고, 또한 십계명에 명시한 하나님의 법이기 때문에 현실 적합성이나 구체적 상황을 뛰어넘어서 어느 때나 적용되어야 합니다. 저는 도리어 그가 먼저 절대윤리의 원리를 적용하되 기독성, 역사성, 현실성, 인격을 고려하면

---

44 *Ethik*, 281-283.

서 적용하도록 유도했어야 했다고 봅니다.

둘째, 그는 자유주의적인 교회가 윤리를 기독교적 도덕사회를 이루기 위한 수단으로 만들고 있다고 비판하고 있습니다. 이 점에서는 그의 비판이 매우 적절하다고 봅니다.

셋째, 그는 윤리를 그리스도와 그의 복음의 선포와 관계시키고 있습니다. 그래서 우리는 그의 길-예비 윤리를 "선포 윤리"라고 부를 수 있습니다. 즉 우리가 비그리스도인들에게 선포를 듣게 하고 그 선포가 그들에게 효력 있게 받아들여지도록 하기 위해서는 우리 자신이 하나님 앞에서 회개하고 그리스도의 인격으로 변화되어지고 그리스도의 모습이 나타나야 합니다. 그가 길-예비의 윤리를 말하면서도, 궁극 이전의 것들을 복음을 듣게 해야 할 목적으로 준비해야 한다는 생각 때문에 펼치고 있다는 점은 매우 인상적인 점입니다.

하지만 넷째, 선악에 대한 이해, 현실적합성, 상황 윤리 등의 개념들의 사용으로 인해 그가 기존의 교회에 많은 오해를 불러일으키고 있고 많은 신앙인들을 혼란 속에 몰아넣었음을 부정할 수 없습니다.

이 장에 바로 이어서 다룰『저항과 복종』에 나오는 비종교적 해석 역시 이런 맥락에서 봐야 이해할 수 있습니다.

6.
저항과 복종

본회퍼의 윤리학의 내용들 중에서 신학자들이나 목회자들, 성도들과 그의 책을 읽는 수많은 독자들을 당혹케 하는 말은 "하나님 앞에서, 하나님 없이, 하나님과 함께"라는 표현인데, 그가 1944년 7월 16일에 그의 친구 베트게에게 보낸 편지에서 한 말입니다.

> 우리와 함께 하신 하나님은 우리를 떠나버린 하나님이시다! 작업가설(Arbeitshypothese)이라는 하나님 없이 우리를 세상에서 살도록 하시는 하나님은 우리가 지속적으로 그 앞에 서 있는 하나님이시다. 우리는 하나님 앞에서(vor Gott) 하나님과 함께(mit Gott) 하나님 없이(ohne Gott) 산다.[1]

---

1 *Widerstand und Ergebung*, DBW, 533-534.

그의 이 말은 지금까지 여러 가지 의미로 해석되었으나 아직도 만족스런 해석은 없습니다. 로빈슨(John A.T. Robinson: *Honest to God*)이나 하비 콕스(Harvey Cox; *The Secular City*) 등이 이 개념들을 기독교 개념들의 소멸화나 기독교 신앙의 윤리화로 해석하면서, 소위 세속화 신학의 마그나 카르타(Magna Carta)로 만들었지만, 학계에서는 큰 지지를 받지는 못합니다.[2] 하지만 우리가 우선적으로 알고 있어야 할 기본적인 사실은 그의 이 말들은 그가 감옥에서 몇 개월 동안에 걸친 신학적 숙고 끝에 나온 잠정적 결론이라는 것입니다. 클리포드는 본회퍼가 자신의 가족들과 친구들에게만 했던 말로서 일반화시켜서는 안 된다고까지 말합니다.[3] 그러므로 우리는 이 말을 그의 신학적 사유의 최종적 결론인 것처럼 여겨서는 안 되며, 이 말들도 옥중 서신들의 앞뒤 맥락을 고려하면서 자세히 살펴보아야 합니다.

본회퍼의 소위 비종교적 해석에 대한 사고는 「1944년 4월 30일자 편지」에서 시작됩니다. 그는 베트게에게 자신이 하나의 신학 사상에 골몰하고 있는데, 그가 자신의 사상을 들으면 자신의 사상에 놀라움을 금치 못할 것이며 아마 근심까지 할 것이라 말하며, 그 당시 자신이 골똘하던 문제가 어떤 문제였는지에 대해 다음과 같이 적고 있습니다. "나를 끊임없이

---

2 고재길, 본회퍼에게 듣다, 179-180.
3 Clifford, *Freiheit zur MitMitmenschlichkeit*, 255.

움직이도록 만드는 것은 도대체 오늘날 우리에게 기독교가 무엇이며, 또는 그리스도가 누구인가라는 물음이다. 신학적 말이든 신앙적 말이든지 간에 말들을 통해서 전달할 수 있는 시대는 지나가고 있다. 똑같이 내면성이나 양심의 시대, 즉 종교 일반의 시대도 지나가고 있다. 우리는 완전히 비종교적 시대(religionlose Zeit)를 맞이하고 있다. 즉 간단하게 말하면, 사람들은 더 이상 이전처럼 종교적일 수 없다."[4]

그는 인간이 실제로 철저하게 비종교적이 될 때, 지금까지의 기독교는 그 기초를 상실하게 될 것이며, 단지 "최후의 기사들"이나 지적으로 불성실한 소수의 사람들에게만 "종교적으로" 접근할 수 있을 뿐이라고 말합니다. 그는 기독교의 서구적 모습을 완전한 비종교성의 전(前) 단계로 판단해야 한다면, 우리와 우리 교회에는 어떤 상황이 벌어질 것이며, 어떻게 그리스도는 비종교인의 주님도 될 수 있으며, 과연 비종교적 그리스도인이 존재할 수 있을지 묻습니다.[5] 그는 비종교적인 세계 속에서 전체로서의 교회, 개체 교회, 설교, 예배의식, 기독교적 삶이란 무엇을 말하며, 우리는 종교 없이 하나님에 관해 말할 수 있으며, "세상적으로"(weltlich) 하나님에 관해 말할 수 있으며, "비종교적-세상적으로" 그리스도인이 될 수 있으며, 우리는 자신을 종교적으로 특권자로 이해하지 않고, 오히려

---

4 *Widerstand und Ergebung*, 402-403.

5 *Widerstand und Ergebung*, 403-404.

전적으로 세상에 속한자로서 "에클레시아"(ekklesia), 즉 부름을 받은 자들이 될 수 있는지에 대한 질문을 던집니다.[6] 그는 오늘날 종교가 구원의 조건이 될 수 없다고 말하면서, 종교적 인간보다 비종교적 인간 편에 서고 싶은데, 그것도 전적으로 선교하려는 의도가 아니라 차라리 "형제적으로" 서고 싶다고까지 말합니다. 종교적인 인간들이 인간적인 인식이 끝나고 인간적인 힘들이 실패할 때 하나님에 대해 말하는데, 이것은 그들이 해결할 수 없는 문제들을 거짓으로 해결하려 하거나 인간적인 좌절 속에서 의지할 곳을 찾을 때 나타나며, 이런 하나님은 정말로 항상 해결사 하나님(Deus ex machina)입니다.[7] 그러면서 그는 그가 비종교적인 시대에 자신이 믿고 싶은 하나님에 대해 다음과 같이 말합니다.

> 나는 한계에서가 아니라 중심에서, 약함 속에서가 아니라 강함 속에서, 인간의 죽음과 죄책에서가 아니라 삶과 선 안에서 하나님을 말하고 싶다. 한계에서는 침묵하는 것이, 해결할 수 없는 것은 미해결로 남겨 두는 것이 나에게 더 좋게 보인다. 부활신앙은 죽음의 문제의 "해결"이 아니다. 하나님의 "피안성"(Jenseits)이 우리 인식 능력의 피안성은 아니지 않는가! 인식 이론의 초월은 하나님의 초월과는 아무런 상관도 없다. 하나님은 우리의 삶 한가

---

6 *Widerstand und Ergebung*, 404-405.
7 *Widerstand und Ergebung*, 406-407.

운데서 피안적으로 계신다. 교회는 인간의 능력이 실패한 곳, 한계에 있지 않고, 마을 한 가운데에 있다. 이것이 구약성경적이며, 이런 의미에서 우리는 신약성경을 너무 구약성경으로부터 읽지 않고 있다.[8]

우리는 이 편지를 통해 그가 말하는 비종교적 해석이 어떤 해석이 될지 암시를 받을 수 있습니다. 전통적으로 믿어왔던 해결사로서의 신은 성인이 된 세계에서 그의 수명이 끝났다는 것입니다. 그는 하지만 이런 비종교적인 세계에서 교회와 신앙은 어떤 의미를 가질 수 있는지를 묻고, 교회는 인간의 한계를 이용해서 존재하는 것이 아니라 인간의 강점들을 통해 이 세상 속에서 존재할 수 있다고 말합니다. 말하자면 성숙한 세계에서 교회는 인간이 아무리 해결하려 해도 해결할 수 없는 죽음의 문제들을 가지고 사람들을 위협하면서 존재해서는 안 되며, 인간적인 것들과 세상적인 것들을 인정하고 그것들의 의미를 말해주어서 신에게로 가까이 가도록 유도해야 한다는 것입니다.

「1944년 5월 5일자 편시」에서도 "비종교성"에 대한 생각을 말하면서 불트만의 신약의 탈신화화(Entmythologisierung) 이론을 비판합니다. 정통교회 진영에서의 비판과는 달리 불트

---

8 *Widerstand und Ergebung*, 407-408.

만이 그의 탈신화화 프로그램을 좀 더 급진적으로 밀고 나가지 못했다고 비판합니다. 그는 불트만이 문제시했던 기적, 승천 등과 같은 "신화론적 개념들"뿐만 아니라 "종교적" 개념들 전반이 문제라고 말하면서 불트만이 생각했던 것처럼 하나님과 기적을 서로 분리할 수 없으며 이 둘을 "종교 없음"(nicht-religiös)으로 해석하고 선포할 수 있어야 한다고 말합니다. 그는 종교적으로 해석한다는 것은 형이상학적으로 말하는 것일 뿐만 아니라 개인주의적으로 말하는 것이라 말합니다. 이런 식으로 말하는 것은 성경적 메시지도 아니고 오늘의 인간에게도 맞지 않고, 영혼의 구원을 개인적으로 다루는 것은 이미 사라진 구시대의 유물이며, 구약성경은 영혼 구원에 대한 물음이 존재하지 않는다고까지 말합니다.

그는 지상에서의 정의와 하나님 나라가 모든 것의 중심인데, 중요한 것은 피안의 세계가 아니라 창조되고, 유지되고, 율법에 사로 잡혀 있고, 화해되어 있고, 갱신된 이 세상을 초월해 있는 것이 복음 안에서는 이 세상을 위해서 존재하고자 한다고 말합니다. 바르트가 종교 비판을 시작한 최초의 신학자이고 그때문에 교회가 종교를 대신하게 되었지만 세상은 독자적이 되고 자신을 의지하게 되었는데, 그는 이 점이 잘못되었다고 지적하면서 참회, 신앙, 칭의, 중생, 성화 등의 개념들을 구약성경과 요한복음 1:1-14의 의미로, 어떻게 하면 "세상적으로" 재해석할 수 있는지를 심사숙고하고 있다고 말합니다.9 그는 개인구원, 피안으로의 구원을 말하던 교회의 시대는 끝났다고 보았습니다. 세상 사람들은 여기에 대해 두려워하지도 관심도 없으므로 그는 이 세상을 그대로 인정하면서 세상에 하나님을 소개할 새로운 방법을 계속하여 모색해야 한다고 주장합니다.

「1944년 5월 29일자 편지」에서도 그는 비종교적 해석에 대한 그의 생각을 계속 발전시키고 있습니다. 그는 인식의 한계가 계속 밀려나면서 하나님도 계속 밀려나게 된다고 주장합니다. 본회퍼에 따르면 하나님은 우리의 인식에서 발견해야지, 인식하지 못하는 것에서 찾아서는 안 되고, 하나님은 해결되지 않은 물음이 아니라 해결된 물음 안에서 우리가 붙잡히기를 원하시며, 그것은 하나님과 학문적 인식에 관한 관계뿐만 아니라 죽음, 고난, 죄책과 같은 일반적인 인간의 물음에도 해당됩니다. 그는 이러한 문제들에 있어서도 하나님을 전적으로 도외시할 수 있는 인간의 대답들이 존재하는 것이 오늘날의 실정이며, 인간들은 사실상, 어느 시대에도 그랬지만, 하나님 없이 이러한 문제들을 처리했으며 기독교만이 그 문제들에 대한 해결책을 가지고 있다고 말하는 것은 틀린 말이라고 말합니다. 그는 이러한 해결책에 관한 한 오히려 기독교적 대답은 다른 가능한 해결책들과 마찬가지로 확실하지도

---

9 *Widerstand und Ergebung*, 414-415.

않고 혹은 확실하지도 않고 혹은 확실하다해도 마찬가지라고 말합니다.[10]

그는 하나님은 해결사가 아니므로, 우리의 가능성의 한계에서가 아니라 삶의 한 가운데서, 죽음 속에서가 아니라 삶 속에서, 고난 속에서가 아니라 건강과 능력 안에서, 죄 가운데서가 아니라 행동 속에서 인식하기를 바란다고 말합니다. 여기에 대한 근거는 예수 그리스도 안에 있는 하나님의 계시 안에 있습니다. 예수 그리스도는 삶의 중심이며, 결코 우리의 해결되지 않은 문제들에 답하기 위해 "오신 것"이 아니며, 어떤 문제도 삶의 중심에서 생기는 것이며 대답도 마찬가지입니다.[11] 그는 「1944년 7월 8일자 편지」에서도, 자신이 의도하는 것은 인간이 하나님을 어떤 은밀한 장소에서 비밀스럽게 만나는 것이 아니라 세계와 인간의 성인됨을 그대로 인정하고, 또한 인간을 그 세상성으로 인해 "혐오하지 않으며", 그를 가장 강한 곳에서 하나님과 대면하게 하고, 모든 종류의 승려풍의 목회를 포기하고, 심리치료나 실존철학을 하나님의 길을 예비하는 것으로 보지 않는 것이라 말합니다.[12]

그의 이러한 사고의 여정은 「1944년 7월 16일의 편지」에 요약되어 있으며 여기서 그동안 그의 옥중서신과 관계해서 가장

---

10 *Widerstand und Ergebung*, 454-455.

11 *Widerstand und Ergebung*, 455.

12 *Widerstand und Ergebung*, 511.

중요한 "하나님 앞에서, 하나님 없이, 하나님과 함께"라는 표현이 등장합니다. 그는 이 말을 하기 전에 인간과 세계의 자율성에 대해 서술합니다. 그는 자신이 비종교적 해석에서 전제로 삼는 것은 세계가 자율적 세계가 되었다는 것이며, 역사적인 것에 대해 말하자면, 세계의 자율성에 이르게 된 것은 하나의 거대한 발전이었으며 철학적 도정의 결론도 마찬가지라고 말합니다. 그는 데카르트의 이신론(理神論)은 세계를 하나님의 간섭 없이도 잘 돌아가는 장치라고 생각하고, 스피노자의 범신론(汎神論)은 자연을 신으로 부르며, 칸트는 근본에 있어서 이신론자였고 피히테와 헤겔은 범신론자였다고 말하면서, 어디에서나 인간과 세계의 자율성이 목표였다고 주장합니다. 그는 무한한 세계라는 명제는, 어떠한 형태로도, "만일 신이 존재하지 않는다면"이라는 가설에 기초하고 있다고 말합니다. 그는 도덕적·정치적·자연과학적 작업가설로서의 하나님은 폐기되었고 극복되었으며, 철학적이고 종교적 작업가설로서의 하나님도 마찬가지라고 말합니다. 그는 이러한 작업가설을 거두어들이는 것, 즉 가능한 한 완전히 배제하는 것은 지적 성실성의 문제라고 말합니다.[13] 바로 이런 맥락에서 앞에서 언급했던 말이 등장합니다.

---

13 *Widerstand und Ergebung*, 526-532.

하나님께서 주어지지 않는다 해도 우리는 세상에서 살아야 한다는 것을 인식하지 않고는 우리는 성실해질 수 없다. 그리고 바로 이것을 우리는 하나님 앞에서 인식하게 된다. 하나님 자신이 우리로 하여금 이러한 인식을 갖도록 만든다. 따라서 우리의 성인됨(Mündigwerden)이 우리로 하여금 하나님 앞에서 우리의 상태를 참되게 인식하도록 만든다. 하나님은 우리가 하나님 없이 삶이 끝나버린 자들로 살아야만 한다는 것을 인식시켜 주신다. 우리와 함께 하신 하나님은 우리를 떠나버린 하나님이시다! 작업가설(Hypothese)이라는 하나님 없이 우리를 세상에서 살도록 하시는 하나님은 우리가 지속적으로 그 앞에 서 있는 하나님이시다. 우리는 하나님 앞에서(vor Gott) 하나님과 함께(mit Gott) 하나님 없이(ohne Gott) 산다.[14]

본회퍼에 따르면 하나님은 자신을 세상에서 십자가로 추방하시고 세상에서 무력하고 약하며, 오직 그렇기 때문에 그는 우리와 함께 계시며 우리를 도우십니다. 그는 계속해서 그리스도가 그의 전능하심의 힘이 아니라 그의 약함과 수난의 힘으로 도우신다는 것이 마태복음 8:17에서 분명히 드러나며 바로 이것이 기독교가 다른 종교와의 차이점이라 말합니다. 인간의 종교성은 인간이 곤궁에 빠졌을 때 인간에게 세상에

---

14 *Widerstand und Ergebung*, DBW, 533-534.

존재하는 하나님, 즉 해결사 신의 능력에 의지하는 법을 가르치는 반면, 성경은 인간에게 하나님의 무력함과 수난을 지시하고 있습니다. 오직 고난당하는 하나님만이 도울 수 있으며, 이러한 전제하에서만 앞서 말한 성인이 된 세계를 지향해 나가는 발전 과정이 그릇된 신 관념을 제거하고, 이 세상에서 그의 무력함을 통해 능력과 공간을 획득하시는 성경의 하나님을 볼 수 있는 눈을 열어준다고 할 수 있으며 여기서 "세상적 해석"이 시작되어야 합니다.[15]

「7월 18일자 편지」에서 비종교적 해석에 대한 문제를 계속 다루고 있습니다. 본회퍼는 "그리스도인들은 하나님께서 고난을 받을 때 하나님과 함께 한다"는 이것이 그리스도인들을 이방인들과 구별하는 것이며, 이것은 종교적 인간이 하나님께 기대하는 모든 것으로부터 돌아서는 것이라 말합니다. 그는 인간은 하나님을 상실한 세계에서 하나님의 고난에 동참하도록 부름 받으며, 진정으로 하나님을 상실한 세계 속에 살아야 하며, 자신의 무신성을 종교적으로 숨기고 은폐시켜서는 안 되며, 인간은 "세상석으로" 살아야 하며 바로 그렇게 함으로써 하나님의 고난에 동참하며, 인간은 "세상적으로 살도록" 허락받았다고 말합니다. 그는 인간은 잘못된 종교적 속박들과 장애들로부터 해방되었으므로, 그리스도인으로 산다는

---

15 *Widerstand und Ergebung*, DBW, 534-535.

것은 특정한 방식의 종교인이 되는 것이 아니라, 즉 그것은 어떤 방법에 근거해서 자신으로부터 뭔가를(회개한 죄인, 참회한 자, 또는 성자 등) 만들어 내는 것이 아니라, 그리스도인이 된다는 것은 인간 존재가 되는 것이라 말합니다. 그는 그리스도는 우리 안에서 특별한 인간 유형(Menschentypus)이 아니라 인간을 만드시며, 종교적 행위가 그리스도인을 만드는 것이 아니라 세상적인 삶에서 하나님의 고난에 동참하는 것이 그리스도인을 만든다고 주장합니다.[16]

본회퍼는 "그들 모두에게 유일하게 공통되는 것은 그리스도를 통해서 하나님의 고난에 동참했다는 것이고, 이것이 '그들의' 신앙이므로, 여기서 종교적 방법은 아무것도 아니며, 종교적 행위"는 항상 뭔가 부분적인 것이고, '신앙'은 항상 전체적인 것, 즉 삶의 행위이며, 예수님은 새로운 종교를 향해 부르지 않았고 삶을 향해서 불렀다"고 말합니다. 그는 하나님을 "비종교적으로" 말하려는 사람은 세계의 무신성을 어떻게든 숨기려 들지 말고, 오히려 바로 밝히고, 그리고 오직 그렇게 함으로써 놀라운 빛이 세상을 비추게 하는 방식으로 하나님에 대해 말해야 한다고 말합니다. 그는 성숙한 세계일수록 무신성이 강하지만, 그러나 바로 그렇기 때문에 성숙하지 못한 세계보다 하나님께 더 가깝다고 말합니다.[17] 하지만 그는 자신이

---

16 *Widerstand und Ergebung*, 535-536.
17 *Widerstand und Ergebung*, 537.

당시에 계속 생각하고 있던 비종교적 해석이 매우 어렵다고 솔직히 토로하고 있습니다. "용서해주게, 이 모든 것은 매우 어렵고 표현도 적절하지 않다는 것을 잘 알고 있네."[18] 이 말은 그 자신도 아직 이 개념을 명쾌하게 정리하지 못했다는 말이 됩니다. 따라서 독자인 우리들은 그의 말을 더더욱 해석하기가 쉽지 않습니다. 그러나 그가 무엇을 전달하려 했는지에 대해서는 대충은 파악할 수 있다고 생각됩니다.

본회퍼는 이 비종교적 해석을 통해서 무엇을 원했을까요? 기독교를 완전히 버린 것일까요? 무신론자가 된 것일까요? 아닙니다. 이 말은 그 자신이 직접 언급했듯이 불트만의 비신화화와 연결되어서 해석되어야 합니다. 불트만이 그의 비신화화 프로그램을 통해 신약성경이 현대인들에게 어떻게 해석되어야 하느냐에 관심을 가졌던 것처럼, 그의 비종교적 해석 역시 같은 맥락에서 볼 수 있습니다. 그는 새로운 시대에 만물이 인과 현상으로 설명되면서 하나님의 기적도 믿지 않으려는 현대인들에게, 더 나아가서는 하나님까지도 믿지 않으려는 비종교적인 시대에, 어떻게 하면 기독교 복음을 받아들이게 할 수 있는지에 대해 관심을 갖습니다.[19]

그는 하나님께서 더 이상 해결사가 될 수 없는 시대에 기

---

18 *Widerstand und Ergebung*, 537.

19 Gerhard Ebeling, Die "nicht-religiöse Interpretation biblischer Begriffe", Wort und Glaube, Mohr Siebeck 1960, 90-160.

적에 관계된 성경 본문들을 문자 그대로 받아들일 수 없다고 말합니다. 기적의 진정한 목적은 하나님의 용서의 기적을 믿도록 하기 위함이라고 말한 불트만의 길을 그도 따라갑니다. 하나님은 그리스도인이 기적을 바라는 자들이 아니라 이웃에게 용서의 복음으로 나아가 그들을 죄와 죽음의 두려움에서 해방시켜주고 이를 통해 하나님의 저편을 이 세상 안에서 경험하며 살도록 하기 위함이라는 것입니다.

그러므로 우리는 본회퍼가 비종교적 해석을 통해 기존의 기독교를 뒤엎어 버리는 새로운 혁명적 기독교를 창안하려고 한 것이 아니라는 점에 주목해야 합니다. 불트만이 실존론적 해석을 주장했다면, 그는 비종교적인 사람들 중심적 해석 혹은 타자 중심적 해석을 시도했다고 말할 수 있습니다. 그리고 그의 비종교적 해석은 그의 사유의 과정이었지 완성된 그의 생각은 아니었습니다.

하지만 그의 비종교적 해석에 대한 이러한 넓은 이해에도 불구하고, 칸첸바흐가 적절히 지적한 대로, 그가 "비종교적 해석이라는 개념을 사용해서 단지 재앙만을 야기시키고, 혼란만 증대시킬 수 있었다"고 말하지 않을 수 없습니다.[20] 실제로 그의 신학은 그의 기대와는 달리 신죽음의 신학과 같은 무신 신학으로 이해되었고 수많은 사람들이 교회를 떠나

---

20 Kantzenbach, *Programm der Theologie*, 253.

게 만드는 계기를 제공했기 때문입니다. 그에게 또 한 가지 아쉬운 점은 그가 이천년 기독교 정통신학의 유산을 너무 과소평가했다는 점입니다. 그는 인간과 세계와 구원에 대한 전통적인 입장들이 시대를 초월하여 어느 시대에도 적용될 수 있는 보편적 진리를 말하고 있다는 사실을 너무 쉽게 포기하고 있다고 말할 수밖에 없습니다. 말하자면 그의 입장과는 달리, 그가 살던 20세기에도 신약성경이 기록된 시대처럼, 여전히 성숙한 세계도 아니고 성숙한 인간이 살고 있는 것이 아니라는 것입니다. 그는 비종교인들도 죄와 죽음의 현실에 휩싸여서 구원의 희망을 찾고 있으며, 여전히 십자가와 부활의 복음을 그리고 매일의 삶 속에서 우리의 삶을 기적으로 새롭게 창조하시는 하나님을 필요로 하고 있다는 사실을 과소평가하고 있습니다.

7.
본회퍼 신학에 대한 평가

지금까지 그의 주요 저술들을 중심으로 본회퍼의 신학을 살펴보았습니다. 이런 연구에 기초하여 지금까지 그에 관해 자주 얘기되던 몇 가지 주요 쟁점을 생각해보고자 합니다. 그전에 저는 그의 신학에 대해 자주 제기되고 있는 질문들에 대해 저의 답변을 주고 싶습니다.[1]

첫째, 본회퍼가 예수 그리스도의 대리행위를 인간에게까지 과잉일반화하고 있는 것은 아닌가라는 질문이 있습니다. 확실히 그는 그리스도의 대리행위를 전통적인 입장을 따르면서 우리 죄를 위한 대리로 이해하고 있습니다. 하지만 그는 우리가 다른 사람의 죄를 짊어진다고 말하면서 타자를 위한 대리행위도 주장합니다. 이는 개혁주의 신학의 입장에서 볼 때

---

1 고재길, 『본회퍼에게 듣다』, 258-270.

받아들일 수 없습니다. 왜냐하면 우리는 타자를 위해 중보기도를 할 수 있지만 그들의 죄를 대신 짊어지는 대리 행위는 할 수 없기 때문입니다.

둘째, 본회퍼의 현실적합성의 윤리에서 윤리적 행위의 궁극적 기준이 무엇인지에 대한 질문이 있습니다. 즉 본회퍼는 자신의 기준을 하나님의 기준으로 맞추고 있는 것은 아니냐는 질문입니다. 확실히 그의 글에서는 자신이 미리 정해 놓은 윤리적 행위를 궁극적 기준으로 여기는 경향이 있습니다. 그 역시 십계명을 기준으로 말하고는 있지만, 앞의 네 계명의 하나님 사랑 부분을 거의 생각하지 않고, 뒤의 이웃 사랑 부분만을 지나치게 강조하여, 타자를 위한 고난 받는 삶만을 윤리적 기준으로 만드는 경향이 있습니다.

셋째, 본회퍼의 윤리에서 말하는 구체성이 무엇인지에 대한 질문도 있습니다. 그는 그리스도인이 구체적 상황에서 구체적 행위를 해야 한다고 말하는데, 사실 그의 구체적 행위라는 것이 모호합니다. 전통적인 신학에서는 그리스도인은 구체적 상황에서도 보편적 윤리인 십계명에 대해 순종하며 양심에 따라 행해야 한다고 가르치는 반면, 본회퍼는 구체적 상황에 따라 십계명과 양심을 거슬러 행동할 수 있다고 얘기하기 때문입니다.

넷째, 본회퍼가 궁극 이전의 영역과 궁극적인 영역을 구별하는데, 이것은 결국 유사 루터주의 자들이 범한 오류를 반복하고 있는 것은 아닌가라는 질문이 있습니다. 본회퍼는 유사 루터주의의 교회와 국가의 영역 구분을 반대합니다. 하지만 그가 궁극이전의 영역과 용서를 선포하는 궁극의 영역 구분도 사실은 구분은 구분입니다. 그리고 구분은 인간의 죄성과 악의 실재 때문에 생겨난 것이므로 구분을 없애는 것은 매우 이상적이지 현실적이지 않습니다.

다섯째, 본회퍼의 상황주의적 현실적합성의 윤리는 나치 상황을 고려할 때는 이해할 수 있지만, 그때와는 다른 상황 속에서 있는 사람들이 받아들이기에는 어려운 윤리인 것 같다고 생각합니다. 본회퍼의 현실 적합성의 윤리가 그 시대에만 해당하고 지금의 시대에는 해당하지 않는다고 말해서는 안 됩니다. 다만 그의 현실 적합성의 윤리가 하나님께서 세우신 십계명과 같은 보편적 법칙을 무시하면서 행해지는 윤리가 되어서는 안 된다는 것입니다.

여섯째, 본회퍼의 윤리 이론은 관념론적인 것 같다는 질문이 있습니다. 확실히 본회퍼는 독일 관념론을 심하게 비판했지만, 자신 역시 관념론에 빠지고 있다는 사실을 보지 못했습니다. 그는 그리스도의 십자가에서 하나님과 세상은 서로 화해되었다고 주장했는데, 실제 현실을 제대로 이해하지 못하고 있지 않느냐는 비판을 빠져 나올 수 없습니다. 현실을 볼 때, 그리스도가 십자가를 지시고 부활한 후에도 여전히 이 세상은 하나님과 그를 섬기는 교회를 대적하고 있습니다.

이런 질문들에서 언급이 되지 않은 그의 신학이 가진 다른 문제점들도 있습니다. 그는 그리스도의 고난과 그리스도인의 고난을 명확히 구분하지 않았고, 인간의 자유의지에 대한 강조에 비해 은혜의 중요성에 대한 언급이 너무 적습니다. 이런 점에서 그는 그의 책들에서 자유주의 신학을 비판했고 신정통주의 신학을 더 따라갔지만, 그가 처음 신학을 시작했을 때 강하게 영향을 받았던 자유주의 신학의 영향 속에서 그의 신학을 펼쳤다고 볼 수도 있습니다. 그는 자유주의가 그리스도보다 그의 윤리적 가르침을 강조했다고 비판했지만, 그 역시 복음을 너무 윤리 중심적으로 이해하여, 그가 청년 시절에 크게 영향을 받았던 하르낙의 가르침을 크게 뛰어 넘지 못하고 있습니다. 그 역시 자유주의자들과 같이 원죄, 대속, 영원한 심판 등과 같은 전통적인 신학이 전하고 있는 핵심 내용들 역시 강조하지 않고 있습니다.

또한 우리가 그의 비종교적 해석에서 보았듯이, 그는 현대 사회에서의 기적의 가능성에 대해 너무 쉽게 포기합니다. 이는 그의 신학이 창조주 하나님에 대해서 보다 그리스도 중심적으로 치우치면서 자연스럽게 생긴 문제점이라고 말할 수 있습니다. 하나님은 그리스도를 통해 우리의 죄와 약점을 담당해주실 뿐만 아니라 그때나 지금이나 창조주시고 전능하신 하나님이십니다. 하나님은 죄를 용서하는 기적, 약한 인간들과 함께 있음을 통해 위로를 창출하는 기적뿐만 아니라 인간의 현실을 완전히 바꿀 수 있는, 따라서 히틀러 정권을 완전히 끝낼 수 있는 전능하신 하나님이십니다. 역사의 문제를 해결할 수 없는 채로 두시는 분이 아니라 해결하실 있고 죽음의 역사를 생명의 역사로 바꿀 수 있는 분이십니다.

마지막으로 꼭 생각해 볼 문제가 있습니다. 과연 본회퍼는 정치 신학자였을까요? 그의 자서전을 읽어보면 그는 늘 정치적 행동을 했고 마지막에는 히틀러 암살 계획에 가담하다 처형 당했으니 그렇게 말할 수 있을 것입니다. 하지만 그의 저술들을 보면 그를 정치 신학자라고 부르기 쉽지 않습니다. 우리는 본회퍼의 사상이 매우 급진적이었다는 판단에 동의할 수 있습니다. 예를 들면, 형성윤리, 상황 윤리, 현실적합성의 윤리 개념 등은 전통적 윤리학을 비판하는 개념임과 동시에 매우 급진적인 윤리 이론들입니다. 하지만 우리는 그의 책에서 그의 급진적 정치사상을 표현해주고 있는 대목을 찾기가 쉽지 않습니다. 그는 히틀러에게 저항했지만, 그에게 저항할 근거를 제공하는 가르침들, 예를 들면 불의한 정권에 대한 저항권을 정확히 제시하고 있는 글은 매우 희소하여 클리포드조차도 그의 히틀러 암살 가담이 "Sonderfall"(예외적인 경우), "Extremfall"(극단적인 경우)라고 말할 정도입니다.[2] 그의 글들 속에는 현 정권이 악하니 교회가 정치에 참여해서

---
2 Cifford, *Freiheit zur Mitmenschlichkeit*, 280ff. 고재길, 『본회퍼에게 듣다』, 170: "본회퍼는 저항권의 개념에 대해 직접적으로 언급한 적은 없다."

데모나 무력 행동을 통해 악한 정권을 무너뜨려야 한다는 얘기는 거의 나타나지 않습니다. 자주 인용되는 미친 운전사 비유의 정확한 내용은 본회퍼와 함께 수감생활을 했던 라트미랄(Gaetano Latrimal)이라는 이탈리아 장교가 라이프홀츠(Gerhard Leibholz)에게 보낸 편지에 나오는 한 대목일 뿐입니다. "만약 쿠담 거리(베를린의 한 거리: 필자 주)에서 한 미친 사람이 그의 자동차를 인도를 넘어 운전한다면, 저는 목사로서 죽은 자들을 위해 장례를 치른다거나 희생자들과 관련된 이들에게 위로를 하는 일만을 하지는 않을 것입니다. 만약 제가 이와 같은 상황에 처해 있다면, 저는 그 차위로 뛰어올라 그 운전대에서 그 운전자를 끌어내려야만 하지 않겠습니까?"3

그러면 그는 히틀러 정권에 대해 침묵하고 어떤 정치적 행동도 하지 않았습니까? 아닙니다. 그는 자신의 신학에 근거해 자신의 방법으로 저항했으며, 무엇보다 자신의 시대의 문제를 해결하기 위해서 교회의 정체성을 찾으려는 노력부터 시작합니다. 특히 신약이 기록될 당시처럼 모든 상황이 간단하지가 않고 복잡해진 현대에, 그리스도인들은 어떻게 성경, 교회, 사회를 이해하고 윤리적 행동을 할 것인지에 대해 해답을 찾으려 합니다. 그는 인간은 본래 사회성을 가지고 창조되었

---

3 Gaetano Latrimal, Brief an G. Leibholz vom 6. März 1946, in: Dietrich Bonhoeffer Jahrbuch 1, Gütersloh 2003, 30. 김성호, 『디트리히 본회퍼의 타자를 위한 교회』, 348에서 재인용.

고, 교회 역시 사회성을 가지도록 창조되었으므로, 교회는 교인 상호간의 교통뿐만 아니라 이 세계와의 사회적 관계를 가지고 있다고 말합니다. 그는 교회가 가진 이러한 사회성 때문에 교회는 사회에서 억압하는 정치 집단들과 억압당하는 유대인들을 비롯한 약자들을 위해서 행동하는 교회가 되어야 한다는 점을 강조합니다. 자주 인용되는 "유대인을 위해 외치는 사람만이 그레고리우스 찬가를 부를 수 있다"[4]는 말도 이런 이웃 사랑에서 그가 한 말입니다.

그는 이런 맥락에서 그리스도에 대해 특별히 강조합니다. 즉 그리스도인들에게 행동을 명령하는 분도 그리스도이시고 행동의 방식을 가르치는 분도 그리스도가 되어야 한다는 것입니다. 그리스도는 그리스도인들의 교회 생활뿐만 아니라 사회생활의 표준이 되어야 하며, 그리스도인은 다른 목적이 아니라 오직 그리스도께서 그렇게 명령했으므로 순종해야 하며, 그리스도는 사회적 약자들을 위해 실존하므로 그리스도인도 그들을 위해 실존해야 한다는 것입니다. 그리스도가 그들의 죄를 담당하고 죽으셨던 것처럼 그리스도인들도 그들의 죄를 담당해야 한다는 것입니다. 그런데 그리스도는 그의 강한 모습이 아니라 약한 모습으로 악의 세력을 정복했듯이, 그리스도인도 타자를 위해 약해지고 무력해지고 버림받고 죽임

---

4 Bethge, *Dietrich Bonhoeffer*, 685.

을 당하면서, 먼저 약한 자들을 구원하고, 그다음 강한 자들을 약하고 무력해지게 만들어 그들도 구원해야 한다는 것입니다. 그가 말한 사회 윤리는 철저히 약자 중심의 사회 윤리이고, 정치 윤리 역시 약자의 편에 서서 그들과 함께 살고 그들을 위로함으로써 강자를 무력화시켜 강자 역시 구원하는 방법입니다.

본회퍼의 신학은 강점들을 가지고 있음과 동시에 적지 않은 약점도 가지고 있습니다. 마지막으로 그가 정통 기독교가 말하는 소망의 지평에 대해서도 너무 적게 언급했다는 점을 말씀드리고 싶습니다. 오늘날 자주 언급되는 빅데이터를 조사해보면 그의 신학에는 소망이라는 말이 너무 적게 나옵니다. 이는 그의 신학이 너무 현재적·윤리적 신학이고, 종말론적 구원론적 신학이 아니기 때문입니다. 그는 억압으로 인한 고통스러운 현실에 처해 있던 신자들에게 종말론적 소망을 선포하며 현재의 고난을 이겨 나가도록 격려해야 했습니다. 이어서 다를 몰트만은 바로 그의 신학의 이 약점을 정확히 간파했습니다. 그래서 그는 하나님을 소망의 하나님으로 노래했습니다. 이는 무엇보다 그가 전쟁 포로로 포로수용소에 갇혔지만 극적으로 구출된 자기 체험에서 나올 수도 있었을 것입니다.

2부

위르겐 몰트만

(1926-)

Jürgen Moltmann

1.
서문

몰트만(Jürgen Moltmann)은 1926년 독일의 함부르크 근처 부헨캄프(Buchenkampf)에서 태어났습니다. 그는 신실한 그리스도인 가정에서 태어나지 않았고 학창 시절에는 인문학을 더 가까이 접하며 성장했습니다. 고등학교 시절까지 수학이나 화학 등에서 비범함을 드러내어 이 쪽으로 그의 장래 계획을 세우고자 했습니다. 하지만 그에게 인생의 터닝 포인트가 찾아왔습니다. 그는 제2차 세계대전에 독일군의 병사로 참여했다가 1945년 벨기에에서 영국군의 포로로 잡히고 1948년까지 전쟁 포로로서 수용소 생활을 하게 되었습니다. 이 기간에 인생의 위기를 겪게 되면서 그리스도인으로 회심합니다.

그는 자서전에서 그때 일을 다음과 같이 적고 있습니다. "내가 굴욕감으로부터 새로운 희망으로 전환하게 된 것은 두 가지 경험 때문이다. 하나는 스코틀랜드의 노동자들과 그 가족들의 인간적인 만남이고, 다른 하나는 성경이다."[1] 그는 어느 군목이 건네준 성경, 특히 시편 39편의 탄원시가 그를 강하게 사로잡았고, "내가 잠잠하여 선한 말도 말하지 아니하니 나의 근심이 심하도다. 나의 일생이 주 앞에는 없는 것 같사오니…"라는 말씀이 자기 영혼에 들어왔으며, 자신의 영혼을 하나님께로 인도했다고 말합니다. 그는 그 당시의 자신의 삶을 다음과 같이 적고 있습니다.

> 내게 갑작스러운 깨달음이 일어났던 것이 아니다. 하지만 나는 저녁마다 이 말씀으로 되돌아갔다. 그리고 마가복음을 맥락을 짚어 가던 나는 수난의 이야기를 읽게 되었다. "나의 하나님 어찌 나를 버리셨나이까?"라고 부르짖는 예수의 죽음의 외침을 들었을 때, 나는 다음과 같은 사실을 점점 더 확신하게 되었다. 너를 완전히 이해하며, 너와 함께 하나님을 향해 외치며, 너와 똑같이 버림을 받았다고 느꼈던 한 사람이 존재한다. 나는 시련에 처해지고 버림을 받았던 예수를 이해하기 시작했다. 왜냐하면 그가 나를 이해하고 있다고 느끼게 되었기 때문이다. 그는 고난 속에 있는 하나님의 형제요, 나와 함께 이 어두운 골짜기를 걸어가는 길동무요, 나의 고난을 지고 가는 친구이다. 나는 다시 용기를 되찾았다. "아무런 억압이 없는 하나님의 넓은 공간" 안에서 일어날 부활을 향

---

1 위르겐 몰트만, 『몰트만 자서전』, 이신건 외 2인 옮김, 대한기독교서회, 2017, 52-53.

한 희망이 나를 서서히, 하지만 더 확실하게 사로잡았다. 그리스도에 대한 이러한 신앙도 갑자기, 하룻밤 사이에 일어난 것은 아니다. 하지만 이것은 내게 점점 더 중요한 것이 되었다. 나는 수난의 이야기를 읽고 또 읽었다. 특히 마가복음에 나오는 이야기를 즐겨 읽었다.[2]

그는 이렇게 회심하고 나서 1946년 영국의 포로수용소에서 독일 고등학교 졸업 시험인 아비투어(Abitur)를 마치고, 그의 꿈이었던 교사가 아닌 목사가 되기로 결심합니다. 1947년에는 수용소 내에서 운영하는 신학교에서 공부하게 됩니다. 그는 1948년 수용소 생활을 끝내고 고국으로 돌아온 후, 괴팅겐 대학교 신학부에서 공부합니다(1948-1952). 이때 이반트(H. J. Iwand)로부터 청년 루터의 신학을 감명 깊게 배웠고, 조직신학자 베버(Otto Weber)로부터 학문적·인격적으로 많은 도전을 받았으며, 또한 예레미야스(Joachim Jeremias)와 보른캄(Günter Bornkamm)에게서 신약학을 배웠습니다. 객원 교수였던 변증법 신학의 대부였던 바르트로부터도 많은 영향을 받습니다. 몰트만은 특히 처음에 바르트의 광팬이 되어서 그를 집중적으로 연구했지만 시간이 흐른 뒤에는 바르트가 실재의 역사적 성격과 신학의 종말론적인 성격을 무시했다는 점

---

2 『몰트만 자서전』, 53-54.

에서 그의 신학을 비판했습니다.

몰트만은 1953년 신학 박사학위를 받았고 그해에 독일 브레멘 바서호스트(Bremen-Wasserhorst)에서 목사직과 교육대학의 교목 직책을 맡아 개혁파 교회인 브레멘의 블록란트(Blockland)에서 1958년까지 시무합니다. 그러다가 1958년 고백교회에서 세운 부퍼탈 신학교(Wuppertal kirchliche Hochschule) 교수로 초빙을 받아 1964년까지 가르치면서 신학적 커리어를 쌓아갑니다. 그는 거기에서 판넨베르크를 만나 그와 심도 있는 신학적 교제를 나누었습니다. 두 사람은 신학적 방향이 서로 일치했습니다. 둘은 바르트를 비롯한 변증법 신학이 신학에서 역사의 지평을 없앴다는 점에 동의했지만 나중에는 서로를 비판하게 됩니다. 판넨베르크는 "역사로서의 계시"(Offenbarung als Geschichte)를 말했던 반면, 몰트만은 "약속으로서의 계시"(Offenbarung als Verheißung)를 주장했기 때문입니다.

몰트만은 1961년에 비엔나(Wien) 대학으로 부름을 받았다가, 다시 1964년에 당시 서독의 수도였던 본(Bonn) 대학에서 짐깐 가르치다가, 1967년 튀빙겐에 있는 에버하르트-칼스 대학교(Eberhard-Karls Universität) 개신교 신학부 조직신학 교수로 부름을 받아 명예교수로서 지금까지 가르치고 있습니다. 그는 특히 남아메리카, 아시아, 한국 등 제3세계의 신학들에 큰 관심을 보였고, 한국의 안병무 민중신학에도 큰 관심을 보였으며, 한국 학생들도 여러 명을 지도했는데, 김명룡 교수(장신대), 김균진 교수(연세대), 이신건 교수(서울신대) 등이 그의 제자들입니다. 몰트만은 그의 한국 제자들을 통해 다른 독일 신학자들에 비해 한국에서 굉장히 유명한 신학자로 떠오르게 되었습니다. 그의 제자들이 그의 책들을 많이 번역했으며 한국의 여러 학술 행사에 자주 초청을 받았기 때문입니다. 그의 제자들은 마침내 2017년에 『몰트만 전집』(대한기독교서회, 2017)을 간행했습니다.

그의 대표적인 저서를 보면 『희망의 신학』(1964), 『십자가에 달리신 하나님』(1972), 『성령의 능력 안에 있는 교회』(1975)입니다. 이 세 권의 책은 그의 신학의 결정체로서, 신학자 보캠이 "셋이 한 쌍을 이루는 저서"(a trilogy)라고 하면서, 나머지 저서들에서는 이 전체에 기여하는 부분들로서의 신학을 개진시켰다고 평했습니다. 몰트만 역시 이 주장에 대해 동의하면서 "하나의 초점을 겨냥하면서 신학 전체"를 펼쳤으며 나머지 저서들은 각각 신학 전체에 대한 기여라고 했습니다. 이 외에도 『삼위일체와 하나님 나라』(1980), 『정치 신학』(1984) 『창조세계 안에 계신 하나님』(1985) 『예수 그리스도의 길』(1989), 『생명의 영: 보편적인 긍정』(1991), 그리고 『오시는 하나님』(1995) 등을 집필했고 이 책들은 한국어로 번역이 되어 있습니다.

저는 이 많은 책들 중에서 특히 세 책에 대해, 즉 『희망의 신학』(1964), 『십자가에 달리신 하나님』(1972), 『정치 신학』(1984)을 통해서 그의 신학의 핵심 사상을 살펴보고자 합니다. 이 세 권의 책들 속에 그의 신학의 핵심 사상이 충분히 소개되어 있다고 생각이 되기 때문입니다. 먼저 『희망의 신학』(1964)에 대해 탐구하려고 합니다. 이 책은 그 이후의 저술들의 모체이며, 이 책에서 말한 내용들을 보완하고자 그 이후 글들을 썼다고 평가될 정도입니다. 그는 이 책에 자신의 모든 것을 쏟아부었습니다.

2.
희망의 신학

몰트만은 자신이 이 희망의 신학이라는 책에서 무슨 말을 하게 될지를 서문에서 요약적으로 전달합니다. 그러므로 서문은 이 책과 그가 전개할 신학을 이해하는 데 아주 좋은 길잡이이므로 주목해서 살펴보아야 합니다.

서문: 희망에 대한 묵상

기독교는 본래 종말론적인 종교였다
몰트만은 사람들이 종말론(Eschatologie)을 "마지막 것들에 대한 가르침", 혹은 "마지막에 대한 가르침", "그리스도께서 재림하실 때 일어날 일들에 대한 가르침"으로 오해했고, 또한 이 사건들을 마지막 날로 연기하면서, 이 사건들이 종말 이편의 역사 속에서 가지는 그것들의 지시하고 세우고 비판하는 의미를 잃어버린다고 비판합니다. 그는 초대 기독교는 본래 종말론적 기독교였는데, 기독교가 로마의 국가 종교를 따르는 조직으로 되면서 종말론과 지금 우리가 살고 있는 역사에 대한 그것의 활성화하고 혁명화시키고 그리고 비판적인 영향을 광신적인 종파들과 혁명적인 그룹들에 넘겨주게 되었다고 비판합니다.[1] 그러면서 "기대하는 것과 그것에 의하여 움직여진 소망을 포괄하는 기독교의 소망에 관한 가르침"이라고 종말론을 새롭게 정의합니다.[2] 그는 기독교는 철저히 종말론적이고 결코 부록에서만 종말론이 아니며, 기독교는 소망이고 전망이고 앞을 향한 방향세우기이고, 그때문에 역시 현재의 출발이고 변화이며, 종말론은 기독교에 관한 어떤 것이 아니라, 도리어 전적으로 기독교 신앙의 매개물(Medium)이고, 그 안에서 모든 것이 조율되는 소리(Ton)이고 기대된 새 날의 황혼의 색이라고 말합니다.

몰트만은 기독교가 종말론을 지향하고 있다는 것은, 모든 기독교적 선포, 모든 기독교적 실존 그리고 온 교회의 성격이고, 여기서 말해지는 하나님은 결코 세계 내적이거나 세계 외적인 하나님이 아니라 "소망의 하나님"(롬 15:13)이시고, "올바른 신학은 그러므로 그 신학의 미래의 목적으로부터 생각되

---

[1] Jürgen Moltmann, *Theologie der Hoffnung: Untersuchungen zur Begründung und zu den Konsequenzen einer christlichen Eschatologie*, Chr, Kaiser Verlag München, 1966, 11.

[2] *Theologie der Hoffnung*, 11-12.

어야 하며, 종말론은 미래 목적의 끝이 아니라 도리어 그것의 시작이다"라고 강변합니다.[3] 기독교 종말론은 미래 전반에 대해 말하지 않으며 하나의 정해진 역사적 현실로부터 시작하고, 그것들의 미래를, 그 현실의 미래 가능성을 그리고 미래 권한을 알려주며, 예수 그리스도와 그의 미래에 대해 말하며, 예수님의 부활의 현실을 인식하고 부활하신 분의 미래를 선포하므로, 기독교 종말론을 위해서 예수 그리스도의 인격과 역사 속에서 미래에 관한 모든 진술들의 근거는 종말론적이고 유토피아적인 정신들을 시험하는 시금석입니다.

우리는 몰트만의 글 속에서 앞서 살펴보았던 본회퍼의 기독론을 비판적으로 극복하려는 숨은 의도를 보게 됩니다. 그는 모든 그리스도 서술들은 단지 그가 "누구였고 누구인지"만을 말하지 않으며, 도리어 그가 "누구가 될 것이며 그로부터 무엇이 기대될 수 있는지"에 대한 진술들을 포함합니다. 약속의 소망 문장들은 미래를 선취(先取; Vorgreifen)하며 약속들 속에서 숨겨진 미래가 이미 알려지고 깨어나진 소망을 통해 현재 속으로 영향력을 행사한다고 말합니다. 그는 본회퍼가 그리스도의 과거와 현재만 말했지 미래에 대해서는 말하지 않았다는 점을 지적하고 이를 보완하려 합니다. 그는 약속의 소망을 말하는 문장들은 현재의 경험될 수 있는 현실에

---

3 *Theologie der Hoffnung*, 12.

대한 모순 속으로 밀고 들어와야 하며 그것들은 경험들로부터 귀결되는 것이 아닙니다. 도리어 새로운 경험들의 가능성을 위한 전제 조건이며 그런 문장들은 지금 있는 현실이 아니라 다가오는 현실을 밝게 하기를 원한다고 말합니다.[4] 기독교는 십자가와 부활의 모순에 직면합니다. 기독교의 소망은 부활의 소망이며 그 진리를 부활 안에서 조망하는 것입니다. 그는 보증된 죄에 대한 의(義), 죽음에 대한 삶, 고난에 대한 영광, 분열에 대한 평화 등이 모순 속에서 미래에 입증될 것이며 이런 주장은 종교개혁자 칼빈에 전거(典據)를 두고 있는데 칼빈이 이런 모순을 매우 잘 인식했다고 말합니다. "소망은 이런 모순 속에서 소망의 힘을 입증해야만 한다. 그러므로 종말론도 먼 곳으로 방황하지 말아야 하며, 그것의 소망 문장들을 고난, 악 그리고 죽음이 경험되는 현재에 대한 모순 속에서 작성해야만 한다."[5]

신앙과 소망은 불가분의 관계에 있다

몰트만은 약속의 말씀이 경험될 수 있는 고난과 죽음의 현실에 대한 모순 속에서 신앙은 소망을 받침대로 삼아야 하며, 칼빈의 말처럼 "서둘러 이 세계를 넘어서야 한다"고 말합니다. 그는 칼빈이 이 말을 세계 도피적인 의미에서가 아니라 미래

---

4 *Theologie der Hoffnung*, 13.
5 *Theologie der Hoffnung*, 14.

추구적 의미로 말했다고 주장하면서, 신앙이란 한계를 뛰어넘고 초월하며 출애굽 가운데 서는 것을 의미한다고 말합니다. 몰트만에 따르면 신앙은 인간을 그리스도에게 묶는 것입니다. 소망은 이런 신앙에게 그리스도의 포괄하는 미래를 열어줌으로써 결코 찢어질 수 없는 신앙의 동반자가 되며, 신앙의 확신에 의하여 하나님께서 약속하신 것들에 대한 기대 외에 어떤 기대도 갖지 않는 것입니다. 신앙은 하나님께서 참이시라는 것을 확신하고 소망은 그가 제때에 그의 진리를 나타내신다는 사실을 기대하며 그가 우리의 아버지라는 사실을 확신하는 것입니다. 소망은 그가 우리에게 항상 아버지로서 자신을 입증하신다는 사실을 기대합니다. 신앙은 영생이 우리에게 주어져 있다는 사실을 확신하고 소망은 그것이 언젠가 드러나게 될 것이라는 사실을 기대하며 신앙은 소망이 서있는 토대이고 소망은 신앙을 먹이고 지탱합니다.[6]

그는 자신의 이런 생각이 "소망은 신앙을 갱신시키고 생기 있게 한다. 그리고 소망은 신앙이 끝까지 바라기 위해 지속적으로 강해져 자신을 높이도록 배려한다"[7]는 칼빈의 말과 맥을 같이 한다고 주장합니다. 몰트만에 따르면 기독교 신앙에서 신앙은 "먼저"(Prius)이고 소망은 "우선"(Primat)입니다. 신앙이 가져다주는 그리스도 인식 없이는 소망은 텅 빈 공중으

---

6 *Theologie der Hoffnung*, 15-16.
7 Calvin, *Institutio III*, 2, 42.

로 향하는 유토피아가 되고, 반대로 소망이 없이는 신앙은 실족하고 작은 신앙 혹은 죽은 신앙으로 됩니다. 인간은 신앙을 통해 참된 삶의 궤도 위에 서지만 소망만이 그를 이러한 궤도 위를 걸어가도록 지탱합니다. 그리스도에 대한 신앙이 소망을 확신으로 만드는 것처럼 소망은 그리스도에 대한 신앙을 넓히고 신앙을 살아 움직이게 만듭니다.

몰트만에 따르면 "신앙한다"는 것은 십자가에 못 박히신 분의 부활을 통해 뚫어진 선취(先取)될 수 있는 소망 안에서 한계를 뛰어넘는 것입니다. 이러한 신앙은 세계 도피나 단념이나 도주와는 아무런 관계를 가질 수 없습니다. 그러므로 신앙은 자신을 소망으로 펼치는 곳에서 "조용하게"가 아니라 "불안하게" 만들며, "인내하게"가 아니라 "인내하지 못하게" 만들며, 불안한 마음을 달래는 것이 아니라 스스로 인간 안에 있는 이런 불안한 마음입니다. 그리스도를 소망하는 자는 주어진 현실에 더 이상 만족할 수 없고, 도리어 주어진 현실에서 고난 받기 시작하고 그것과 다투기 시작합니다. 하나님과의 평화는 세상과의 불화를 의미하는데, 이는 약속된 미래의 가시는 모든 성취되지 않은 현재의 육체 속에서 무자비하게 파헤치기 때문입니다.[8] 그는 이렇게 신앙과 소망과의 관계를 설명하고 나서 절망의 문제를 다룹니다.

---

8 *Theologie der Hoffnung*, 16-17.

절망하는 것은 죄다

몰트만은 죄를 정통신학과 다르게 정의합니다. 죄를 원죄와 자범죄로 나누지 않고 십계명을 어기는 것이나 교만이나 불신과 불순종 등을 죄라고 말하지 않습니다. 그는 소망을 가지지 않는 것이 죄라고 말합니다. 소망과 관계해서 어떤 사람들은 마치 소망을 이미 가진 것처럼 생각하는 뻔뻔스러움을 가지고 있고, 어떤 사람들은 소망을 가지지 못한다는 생각으로 절망에 빠져 있다고 비판합니다.[9] 하지만 소망의 신학에 대한 이러한 이의(異意) 제기는 뻔뻔스러움이나 절망으로부터는 나오지 않는데, 이는 인간 실존의 이 두 근본 태도는 소망을 전제하기 때문입니다. 그는 소망에 대한 강한 이의제기는 겸손하게 현재에 동의하는 종교로부터 나온다고 말하면서, 키르케고르, 니체 등이 기다림으로서의 소망을 없앴다고 비판합니다.

몰트만은 이들의 생각이 대개 희랍의 철학자 파리메니데스(Parimenides)로 거슬러 올라간다고 말하면서 그의 하나님과 기독교의 하나님을 대조합니다. 파르메니데스의 하나님은 그기 영원한 하나의 완선한 손재이기 때문에 생각될 수 있으나 반대로 비존재, 과거적이고 미래적인 것은 생각될 수 없으며, 이렇게 하나님께서 지금의 영원을 바라봄 속에서는 운동

---

9 *Theologie der Hoffnung*, 21ff.

과 변천, 역사와 미래는 생각될 수 없고 역사를 의미 깊게 경험하게 하는 것을 불가능하게 만들며 도리어 역사의 의미 깊은 부정만을 가능하게 합니다. 그는 이러한 존재의 로고스가 역사의 권세로부터 영원한 현재로 해방시키고 고양시킨다고 비판합니다. 몰트만은 "기독교적 소망의 명백한 속임수에 대한 투쟁 속에서 이러한 파리메니데스의 하나님 개념이 기독교 신학 속으로 깊이 밀고 들어왔다"고 주장하면서 키르케고르 역시 이런 파리메니데스의 입장을 근본적으로 극복하지 못했다고 말합니다. 그는 키르케고르가 급진적인 죄성에 대한 기독교적 통찰을 통해 희랍적인 시간성의 이해를 수정했지만, 로고스와 독사(영광) 사이의 희랍적인 차이를 역설로 고양시키고 있다는 점에서 영원한 현재의 현현의 수정 그 이상의 것이 놓여 있지 않다고 비판합니다.[10] 이런 맥락에서 자신이 말하는 소망의 하나님께서 어떤 분이신지에 대해 말합니다. "그것은 소망의 하나님이 아니다. 왜냐하면 소망의 하나님은 그가 그의 미래, 인간과 세계의 미래를 약속하면서 인간들을 아직 없는 역사 속으로 보내면서 현존하기 때문이다. 부활과 출애굽의 하나님은 영원한 현재가 아니라 도리어 그는 그의 현존과 근접을 미래로의 그가 보내는 미래를 따르는 자에게 약속하신다."[11]

---

10 *Theologie der Hoffnung*, 24.
11 *Theologie der Hoffnung*, 25.

몰트만은 신약의 지금(Jetzt)과 오늘(Heute)은 파리메니데스가 말하는 존재의 영원한 현존의 지금과 다르다고 말합니다. 그것은 약속된 미래의 새것이 떠오르고 비추는 하나의 "지금"이고 하나의 "갑작스러움"이고, 이런 의미에서 "종말론적인 오늘"이라고 불릴 수 있기 때문입니다. 그는 "파루시"(*Parusie*)는 희랍인들에게는 하나님의 현존의 총체 개념, 존재의 현존의 총체 개념이었지만, 신약에서 말하는 "그리스도의 파루시"는 단지 기대 범주 속에서 파악될 수 있으며, 그리스도의 현존이 아니라 그리스도의 강림을 의미했습니다. 시간을 정적 상태로 가져가는 그의 영원한 현존이 아니라 시간 속에서 삶을 열어주는 강림절 노래가 말하는 것처럼 그의 미래인데, 이는 시간의 삶은 소망이기 때문입니다. 몰트만은 신자는 삶의 대낮 속으로가 아니라 새 날의 새벽 속에서 세워지며, 낮 속으로 들어가 살지 않고, 도리어 날을 넘어서서 무로부터 창조하고 죽은 자를 깨우는 자의 약속들에 의하여 올 것들의 기대 속에서 산다고 말합니다. 십자가에 못 박히신 자에 대한 복음의 약속들 속에서 하나님과 그리스도의 다가오는 재림의 현존은 시간으로부터 사라지는 것이나 시간을 정지상태로 데려가는 것이 아니라, 도리어 시간을 열고 역사를 움직이는데, 이는 이러한 현존은 비존재로 인한 고난으로부터의 차단이 아니라 기억과 소망 속에서 비존재를 수용하고 받아들이는 것이기 때문입니다.[12] 그는 그리스도인의 삶을 "기대 속에서 사는 삶"으로 규정하면서 이 장을 끝맺습니다.

"기대는 사람을 선하게 만든다. 왜냐하면 인간은 기대하면서 그의 완전한 현존을 받아들일 수 있고, 기쁨을 기쁨 속에서 뿐만 아니라 고난 속에서도, 그리고 행복을 행복 속에서 뿐만 아니라 고통 속에서 발견할 수 있다. 이렇게 소망은 행복과 고통을 통과하여 나간다. 왜냐하면 소망은 사라져 가는 자, 죽어 가는 자, 죽은 자를 위해서도 미래를 하나님의 약속에 의지하여 볼 수 있기 때문이다."[13]

우리는 지금까지 그가 기독교 종말론을 어떻게 이해하고 있는지 그 윤곽을 살펴보았습니다. 그는 이제 기존의 여러 종류의 종말론들이 가지는 문제점들을 지적하면서 왜 종말론을 새롭게 쓰는지 그 이유를 말합니다.

기존의 종말론 비판

몰트만은 1장 "종말론과 계시"(Eschatologie und Offenbarung)에서 본격적으로 기존 종말론 신학들을 열거하면서 그런 신학들이 종말을 말하고 있지만 실제로는 종말론 신학이 아니라고 비판합니다.

---

12 *Theologie der Hoffnung*, 26.
13 *Theologie der Hoffnung*, 27.

19세기와 20세기의 종말론 신학에 대한 평가와 비판

몰트만은 먼저 바이스(Johannes Weiß)와 슈바이처(Albert Schweitzer)의 철저 종말론(Konsequente Eschatologie)을 비판합니다. 19세기가 끝나갈 무렵에 요하네스 바이스와 슈바이처는 예수의 메시지와 실존을 위해서, 그리고 원시 기독교를 위해서 종말론이 중심적 의미를 갖는다는 것을 발견했습니다. 그는 이것은 분명히 근대 개신교 신학에서 가장 의미심장한 사건 중의 하나였지만, 이른바 그들의 철저한 종말론은 실제로는 전혀 철저하지 않았으며 그래서 지금까지도 독특한 그림자를 드리우고 있다고 말하면서 이 신학의 주창자들을 비판합니다.[14] 그는 슈바이처도 19세기의 자유주의적 예수 이해와는 달리 예수와 그의 메시지의 이질성을 발견했지만,[15] "종말론을 가져오는 대신에 그것을 멸절시켰다"고 비판합니다. 그는 슈바이처가 자신의 원래의 계획과는 달리, 역사의 종말론적 방향 설정 대신, 똑같은 것의 영원한 회귀를 상징하는 역사의 바퀴를 등장시키고 이천 년 동안 파루시아가 일어나지 않았다는 사실을 경험했기 때문에 이제는 종말론이 불가능하다는 주장을 하게 되었다고 아쉬워합니다.[16]

그는 이런 흐름에서 변증법 신학(Dialektische Theologie)도

---

14 *Theologie der Hoffnung*, 31.
15 *Theologie der Hoffnung*, 32.
16 *Theologie der Hoffnung*, 33.

이들과 같은 길을 걸었다고 비판합니다. 몰트만은 바르트가 "전적으로 완전히 그리고 부단히 종말론이 아닌 기독교는 전적으로 완전히 그리고 부단히 그리스도와 아무런 상관이 없다"[17]라고 말했지만, 그럼에도 바르트는 예견할 수 없이 내달리는 역사가 종말론적 미래의 희망을 위기에 빠뜨리는 것이 아니라 그와는 정반대로 초월적으로 돌입하는 종말이 인간의 모든 역사를 궁극적 위기에 빠뜨린다고 비판합니다. 이는 사실상 슈바이처처럼 종말에 대한 희망을 폐기하는 것이라고 말합니다. 그는 바르트가 종말을 이렇게 이해함으로써 "종말은 초월적 영원, 모든 시간의 초월적 의미로 변하며, 종말은 역사의 모든 시간과 가까우면서도 동시에 그와 멀기도 하다"[18]고 말합니다. 그는 바르트뿐만 아니라 불트만 그리고 알트하우스 역시 바르트와 같이 종말론적 희망을 없앴다고 비판합니다.[19]

그는 폰 라트(Von Rad)와 오스카 쿨만(Oscar Cullmann) 등의 구원사학파도 이들과 다르지 않다고 말하면서 이들도 비판합니다. 구원사적 역사 이해의 틀 속에 있는 기독교 종말론에서는 종말론은 단지 마지막 역사와 종결짓는 역사일 뿐이고, 초월론적 종말론에서는 종말은 초월적인 "영원의 현재"를

---

17 Der Römerbrief, 2. Aufl., 1922, 298.
18 *Theologie der Hoffnung*, 33.
19 *Theologie der Hoffnung*, 34.

의미하며, 실존론적으로 해석된 종말론에서는 종말이 케리그마를 듣고 결단하는 순간(Kairos)으로 이해된다고 지적합니다. 하지만 기독교 종말론이 여전히 이러한 사고 형식의 범주적 틀을 뛰어넘지 못하는 상태에 있지만, 60년 전에 이루어진 원시 기독교의 종말론적인 메시지의 발견에 신학과 교회의 실존을 위해 하나의 적합한 이해와 귀결들이 따라야만 한다면, 앞서 말한 여러 종말론들의 신학적 사고를 뛰어넘는 것은 피할 수 없는 과제라고 말합니다.

그는 위에서 언급한 이런 종류의 종말론들이 거의 대부분이 헬라 정신의 사고 형태라는 전제에서 출발합니다. "하지만 지금도 여전히 종말론의 고유한 언어를 덮고 있는 이러한 사고 형식들은 온통 헬라 정신의 사고 형식들인데, 이 헬라 정신은 로고스 안에서 존재의 영원한 현재의 현현을 경험하며, 바로 그 안에서 진리를 발견한다."[20] 그는 근대가 칸트적으로 사고하는 곳에서는 기본적으로 이러한 진리 개념을 지향하고 있는 반면, 기독교적 종말론의 고유한 언어는 헬라적인 로고스가 아니라 이스라엘의 언어와 희망, 경험에 영향을 준 약속이라고 말합니다. 그리고 영원한 현재를 드러내는 로고스 안에서가 아니라 희망을 근거 지워주는 약속의 말씀 안에서 이스라엘은 하나님을 발견했고, 바로 이 약속의 말씀 안에서

---

20 *Theologie der Hoffnung*, 34.

역사는 전적으로 다르게, 그리고 열린 방식으로 경험되었다고 강변합니다.

몰트만에 따르면 학문으로서의 종말론은 헬라적 의미로나 근대의 경험 학문의 의미로도 가능하지 않으며, 그것은 오직 희망의 지식으로서만, 바로 그런 한에서 역사에 대한 지식과 진리의 역사성에 대한 지식으로서 가능합니다. 종말론적 메시지를 이해하려면, 구약성경과 신약성경에서 약속이 무엇을 의미하는지, 그리고 더 넓은 의미에서 약속을 통해 규정되어 있는 말, 사고, 희망이 하나님과 진리, 역사와 인간됨을 어떻게 경험하는지에 대해 이해와 솔직함을 얻는 것이 필수적입니다. 또한 이스라엘의 약속 신앙이 삶의 모든 영역에서 주변 세계의 에피파니(顯現) 종교들과 전개했던 끊임없는 논쟁에 주목할 필요가 있는데, 이는 바로 이 논쟁 속에서 이스라엘의 약속 신앙은 자신의 고유한 진리를 드러냈기 때문입니다.[21] 그는 마지막으로 기독교적 종말론은 "약속의 언어 안에 있는 기독교적 종말론이 될 때, 기독교적 진리의 발전을 위한 결정적인 열쇠가 될 것이다"라고 말합니다.[22] 기존의 종말론에 대해 이렇게 개관적인 비판을 한 후에 본격적으로 일부 영향력 있는 학자들의 종말론을 집중적으로 비판합니다.

---

21 *Theologie der Hoffnung*, 34-35.
22 *Theologie der Hoffnung*, 35.

바르트의 종말론 비판

몰트만은 바르트의 "하나님의 초월적 주체성의 신학"(Die Theologie der transzendentalen Subjektivität Gottes)이 희망의 지평을 없앴다고 비판합니다. 그는 바르트의 이 신학이 자유주의 신학자 빌헬름 헤르만(Wilhelm Herrmann)의 자기 계시(Sich-Offenbarung) 개념에서 큰 영향을 받았다는 전제로부터 출발한다고 보며, 헤르만의 다음의 말이 하나님의 초월적 주체성의 신학을 출발시켰다고 보며 인용합니다. "하나님께서 우리에게 활동하심으로써 자신을 우리 자신에게 계시하심을 통해서가 아닌 다른 어떤 방법으로도 우리는 하나님을 인식할 수 없다."[23] 그는 헤르만이 하나님의 계시는 가르침을 주는 것도 감정을 격앙시키는 것도 아니고, 객관적으로 설명될 수도 없지만 그것은 인간의 고유한 자아에게서, 즉 당사자가 경험하는 순간에 저항할 수 없는 어둠속에서 객관화할 수 없는 주체성 안에서 경험될 수 있으며, 그러므로 자신에게 활동하시는 하나님의 계시는 근거를 지울 수 없고 유추될 수도 없으며 어느 누구도 설명할 수는 없지만 각자가 체험할 수 있는 체험된 삶처럼 자기 자신 안에 근거가 지워져 있다고 요약합니다. 그리고 헤르만의 신학을 대변하는 핵심 용어로서 인간학적 의미를 지닌 "자신"(Selbst)보다 더 특징적인 것은 없다고

---

23 *Theologie der Hoffnung*, 44; W. Herrmann, Gottes Offenbarung an uns, 1908, 76.

말합니다.

몰트만은 바르트가 헤르만의 토대 위에서 그의 신학을 착수하고 진행시키고 있다고 말합니다. 즉 바르트는 헤르만적인 자기 자신(Selbst)속에서 생각된 "인간의 주관성"을 "하나님의 주관성"으로 대체하고,[24] 신학을 종교적인 체험 안에서가 아니라 자증(自證; Autopistie), 즉 기독교 진리의 "자신 안에 근거 지워짐 속에" 근거시키고 있다는 것입니다. 헤르만은 자기 자신(Selbst) 개념을 칸트주의로부터 물려받아, 계시는 객관적으로 설명할 수 없다는 것, 계시를 이론적인 이성 앞에서 증명할 수 없다는 것을 자명한 사실로 받아들였고, 하나님을 객관화할 수 없다는 것과 각자의 실존 혹은 각자의 "자아"를 객관화할 수 없다는 것을 하나의 동일한 비밀로 보았습니다. 또한 하나님을 설명할 수 없다는 것과 은혜로 사는 삶을 설명할 수 없다는 것은 하나로 얽혀 있으므로 하나님 인식은 "종교적 체험"의 저항할 수 없는 표현이라고 주장했습니다. 하지만 바르트는 헤르만의 "하나님 자신이 객관적으로 어떤 존재인지를 말할 수 없으며, 오직 그분이 우리 자신에게 행하시는 것만을 알 따름이다"라는 주장을 자신의 신학적 입장에서 "하나님은 우주로부터도, 인간 실존의 심연으로부터도 증명될 수 없으며, 하나님은 오직 자기 자신을 통해 자신을 증명

---

24 *Theologie der Hoffnung*, 45.

하시며, 그분의 계시는 하나님 자신에 의해 성취되는 하나님 증명"이라고 주장했습니다.[25]

몰트만에 따르면 헤르만의 하나님 인식이 "종교적 체험의 방어 없는 표현"이었다면 바르트는 하나님의 자기 계시는 똑같은 방어 없음 속에서 "하나님께서 말씀하셨다"(Deus dixit)는 선포 속에 서 있습니다.[26] 몰트만에 따르면 바르트는 하나님의 자기 계시를 "근거가 지워질 수 없고, 그러므로 파괴되어질 수 없고, 입증될 수 없고, 그러므로 반박되어질 수 없고, 자기 자신을 근거지우며 입증하는 계시"라고 말합니다. 그의 이 말은 하나님께서 자신을 계시하시는 사건은 인간 편에서 아무 작용도 할 수 없고 할 필요도 없다는 뜻입니다. 하나님께서 계시하시면 인간은 그때 비로소 하나님을 알 수 있고 또 하나님을 알게 되면서 자기 자신도 알게 됩니다. 헤르만이 하나님의 계시가 일어나는 장소가 내 자신에게(Selbst) 있다는 사실을 강조했다면, 바르트는 자기 자신이 하나님을 알게 된 것은 하나님께서 하나님 자신을 내 자신에게 알려주었기 때문에 그 결과로서 내가 내 자신을 알게 되는 것이라는 말입니다. 헤르만에게 악센트가 내 자신에게 있다면, 바르트에게는 악센트가 하나님 자신에게 있는 것입니다.

---

25 *Theologie der Hoffnung*, 46-47; Barth, *das christliche Verstandnis der Offenbarung*, 7.
26 *Theologie der Hoffnung*, 47.

하지만 바르트는 헤르만의 "신학적 인격주의"의 길을 계속 가지 않았고, 자기 계시의 사상을 삼위일체론과 연결짓고, 하나님의 통치의 선포와 결합시켰습니다. 하나님께서 "자신을"(Selbst) 계시하신다는 사실은 그가 자신을 "하나님과 주로서"(als Gott und Herr) 계시하신다는 것을 의미합니다. 따라서 자기 계시는 동료 인간적인 나(Ich)-너(Du)의 관계의 유비에 따라 하나님의 인격적 자기 연결을 의미하지 않는다고 몰트만은 말합니다.[27] 또한 바르트가 "나는 도래하는 하나님 나라의 피안성은 진지하게 여겼지만 하나님 나라의 도래 그 자체는 진지하게 여기지 못했다"고 말하면서, 그의 변증법적 신학 시절의 초월적 종말론의 입장을 수정했다는 점을 언급합니다. 그에 따라 그의 계시 이해도 수정되어야 한다고 말합니다.[28] "만약 하나님의 자기 계시 개념이 이러한 초월적 종말론의 영향을 받았다면 계시 이해도 당연히 그에 걸맞게 수정되어야 하지 않겠는가? 그렇다면 '하나님의 자기 계시'가 마치 '하나님의 순수한 현재', '시간 속의 하나님의 영원한 현재', '미래가 없는 현재'를 의미하는 듯한 인상이 계속 남아 있어도 좋겠는가? 사람들이 부활의 역사는 종말론적인 것을 말하지 않는다고 말해도 좋겠는가?"[29]

---

27 *Theologie der Hoffnung*, 48.
28 *Hoffnung der Theologie*, 49: KD I, 2, 125ff.
29 *Theologie der Hoffnung*, 50.

몰트만은 바르트식으로 종말론을 이해하면, "그리스도의 부활 사건은 그 자체로서 이미 종말론적 성취가 될 것이며, 자신을 넘어서 아직도 오지 않는 것, 희망 할 수 있고 바랄 수 있는 것을 지시하지 못할 것이다"고 말하면서 그의 입장을 비판합니다. 그는 계시의 근원과 하나님 자신에 대해 반성하면서, 하나님의 자기 계시로서의 그리스도 계시를 이해하면, 계시를 통해서 지시되는 미래와 그 목적에 대한 물음에 대답을 제공할 것이라 말하는 바르트의 반성적 입장도 비판합니다. 이런 반성으로는 부활한 자의 계시를 근거로 예수 그리스도의 미래를 말하는 것이 거의 불가능해지기 때문입니다.

몰트만은 바르트의 자기 계시의 사상이 파리메니데스의 하나님을 나타내는 표현으로 뒤바뀌지 않으려면 사도신경의 셋째 항목에 나타난 약속의 말씀을 향해 열려 있어야 하고, 그리스도의 계시 안에서 약속된 미래의 구속이 그리스도 안에서 이루어진 화해의 부록이 되거나 단지 화해를 인식시켜 주는 것이 되어서는 안 된다고 말합다. 그것은 화해의 참된 목표와 그 전정한 경향성을 약속하고 그와 함께 아직 오지 않은, 아직 성취되지 않은, 그리고 아직 실현되지 않은 그 미래를 약속하는 식으로 되어야 합니다. 그는 이렇게 될 때에만 바르트가 말한 바 "하나님께서 말씀하셨다"는 하나님의 말씀이 영원한 현존의 벌거벗겨진 자기 증명이 아니라 도리어 다가오는 미래의 약속과 연결되고 약속을 수여할 것이며, 그러면 이러한 계시를 통해 약속 안에서 역사가 앞을 향해 열려 있다는 새로운 지각이 주어질 것이라 말합니다. 모든 시대는 똑같이 직접적으로 하나님에게로 영원 앞에서 똑같이 유효하게 지각될 것이 아니고, 도리어 모든 시대들은 약속된 종말로부터 규정된 과정 속에서 지각될 것입니다. 그는 마지막으로 "그리스도의 부활 안에서 나타난 하나님의 계시는 자기 자신 안에서 종말론적 차이를 포함한다면, 하나님의 자기 계시는 기대와 기억의 범주 안에서, 확신과 위험, 약속과 회개의 범주 안에서 역사를 열어준다"고 말하며 바르트를 비판합니다.[30]

불트만의 종말론 비판

불트만의 "인간의 초월적 주체성의 신학"(Die Theologie der transzendentalen Subjektivität des Menschen)도 희망의 지평을 없애버렸다고 몰트만은 비판합니다. 그는 불트만의 신학도 헤르만의 자기 자신(Selbst) 개념으로부터 출발한다고 봅니다. 헤르만의 기본 명제들 중에서 불트만의 신학에서 가장 강하게 나타나는 것은 하나님과 그분의 행동에 관한 모든 진술들의 배타적인 실존 관계 내지 자기 자신 관계입니다. 그는 불트만이 신학의 대상은 하나님이라고 말하지만 "신학은 인간에 관해 말하면서 하나님에 관해 말한다"라는 문장을 덧붙이면

---

30 *Theologie der Hoffnung*, 50.

서 하나님에 관한 말은 자신의 실존과의 연관 속에서만 말해질 수 있다고 규정합니다.[31]

불트만은 본질적으로 인간은 하나님 안에서만 자기 자신을 얻고, 그가 자기 자신을 얻는 곳에서만 하나님을 얻으며, 그 자신의 실존에 대한 물음 속에서만 하나님에 관한 물음은 의미를 가진다고 말했습니다. 몰트만은 불트만이 이런 식으로 말함으로써 인식되고 설명되며 객관적으로 입증할 수 있는 사물들과 역사의 활동 연관을 차단시켰다는 점을 지적합니다.[32] 그는 불트만이 성경의 진술들이 실존으로부터 그리고 실존 속으로 말하기 때문에 그것들은 객관적인 자연 과학과 역사 과학의 법정 앞에서 자신을 변명할 필요가 없다고 주장하고 있는 점을 상기시킵니다. 불트만의 이러한 실존주의적 해석과 탈신화화(Entmythologisierung) 구상은 실존에 대한 질문과 함께 제기되는 하나님에 관한 질문에 의해 제기되었으며, 그러므로 이 해석의 목적은 신화적 대상이나 학문적 대상을 객관적으로 이해하려는 데 있지 않으므로 문제가 있다고 보는 것입니다.[33] 몰트만은 불트만이 헤르만을 계승하여 하나님과 자기 자신의 상호관계를 유지하고 인간의 본래성과 자기 자신됨의 연관을 말하므로, 하나님의 행동과 그의 계시

---

31 *Theologie der Hoffnung*, 51.

32 *Theologie der Hoffnung*, 52.

33 *Theologie der Hoffnung*, 53-54.

될 수 있음과 그의 미래는 입증될 수 없고, 도리어 모든 상응하는 진술들이 인간이 자기 자신에게로 옴에서 비객관화되면서 수정되었다고 말합니다. 결국 세계와 역사로부터의 신존재-증명 대신에 도리어 실존적 신 존재 증명이 등장합니다.[34]

몰트만은 불트만의 이런 실존적 해석을 통해 종말론은 역사의 목적으로서 그것의 의미를 잃어버렸고 단지 개별적인 존재의 목적으로서 이해되었으며, 세계의 과정을 위해서 마지막 일들에 대한 가르침을 제공하는 것이 아니라 도리어 종말의 로고스는 역사로부터의 해방의 권세, 그리고 실존의 비세계성의 권세가 된다고 비판합니다.[35] 그는 세계와 역사, 사회와의 관계를 통해 결정되지 않은 인간의 자기 이해를 어떻게 생각할 수 있겠느냐고 말하면서, 세계 이해와 자기 이해의 상관관계 안에서 하나님 인식을 전개하는 것이야말로 신학의 임무라고 강변합니다. 또한 더 나아가 불트만의 계시 이해에 대해서도 비판합니다. 그는 불트만의 초월적 주체성의 범주적 틀은 그의 계시 이해도 지배한다고 말합니다. 하나님의 계시에서 중요한 것은 인간이 자기 자신에게로 옴, 즉 인간의 참된 자기 이해입니다. 계시는 어떠한 세계관적 지식을 전달하지 않으며 단지 말을 거는 행위가 될 뿐입니다.

불트만에게 계시에 대한 주도적 질문은 인간적 실존 자체

---

34 *Theologie der Hoffnung*, 54.
35 *Theologie der Hoffnung*, 53-54.

에 대한 물음이기 때문에 계시는 본래성 속에서, 확신 안에서, 그리고 자기 자신과의 동일성 안에서의 자기 이해가 되며, 그리고 계시의 현실적 사건은 스스로 종말의 현존이 됩니다. 이에 대해 몰트만은 선포와 신앙의 순간 속에서 존재는 인간의 본래적 존재 안에 있기 때문이라고 말합니다. 몰트만에 따르면 본래적 존재는 피조성의 의미에서 인간적 근원성을 다시 세우는 것이고, 종말론의 의미에서 궁극성의 획득을 의미하며, 둘은 말씀과 신앙을 통해 정해진 역사성 안에서 성취됩니다. 그는 계시의 순간 속에서 창조와 구속은 함께 떨어지게 되고, 계시되어지는 것은 무엇이나 계시가 일어나도록 하는 사건과 동일하게 된다고 말하며 불트만을 비판합니다.[36]

몰트만은 불트만의 해석학에서 가장 중요한 개념인 전이해(Vorverständnis)에 대해서도 비판합니다. 그는 인간으로 하여금 계시에 대해 질문하게 하는 전이해가 왜 오직 "자기 자신에 관해 알지 못하는 지식"이어야만 하고, 세계에 관한 지식이어서는 안 되는지 묻습니다. 인간에게 언제나 빛이 되어 주었던 그 말씀이 왜 당연히 우주론적 이론이나 신학적 이론이 아니고 창조주를 깨닫는 가운데서 주어지는 자기 자신의 이해이며, 왜 계시는 세계관을 주지 않고 새로운 자기 이해를 주는가라고 반문합니다. 그는 이런 맥락에서 불트만이 당연

---

36 *Theologie der Hoffnung*, 57-58.

하고 자명한 것을 선택하는 것은 결코 당연한 것이 아니며, 오히려 그것은 특정한 세계관과 특정한 역사 이해와 시간 분석을 정확히 묘사한다고 주장합니다. 그는 불트만의 신학이 하이데거의 철학에서 영향을 받았음을 간접적으로 암시하고 있습니다. 불트만이 선택한 세계관에 따르면, 인간은 사회적·육체적·역사적으로 세계와 관련성을 맺는 가운데서 그 스스로에게 문제가 되었으며, 외부 세계와 분리되고 객관적인 것을 반성함으로써 자신의 본래적인 자아를 획득하지만 세계관과 자기 이해는 동일한 지평 위에 있습니다.

하지만 몰트만에 따르면 이 세계관과 자기 이해의 둘의 관계에서, 하나는 다른 것을 전제하고 있으며 서로 떨어질 수 없고 연결되어 있습니다. 세계 속으로 자기를 포기함(Entäußerung)을 통해서만 인간은 자기 자신을 경험하며 그의 객관화 없이는 어떠한 자기 경험도 불가능하다고 보며, 인간의 자기 이해는 사회적이고 객관적이고 역사적으로 중재됩니다. 말하자면, 그는 직접적인 자의식 그리고 비변증법적인 자기 자신과의 동일성은 인간에게는 불가능하다고 말합니다.[37] 또한 만약 세계 자체가 전혀 열려 있지 않고 닫혀 있는 집이라면, 인간의 개방성에 관해 말할 근거가 사라지게 되며, 만약 몰트만 자신이 주장하는 우주론적 종말론이 없다면 인간의

---

37 *Theologie der Hoffnung*, 58-59.

종말론적 실존에 관해서도 말할 수 없다고 말하면서 불트만의 인간적 초월적 주관성의 신학을 비판합니다.[38]

구원사학파의 종말론 비판

몰트만은 "구원사적 종말론과 점진적 계시"(Heilsgeschichtliche Eschatologie und progressive Offenbarung) 개념도 비판합니다. 그는 폰 라트와 오스카 쿨만이 주장하는 구원사적인 종말론 역시 미래의 희망을 약속하는 종말론이 아니라고 말합니다. 그는 이런 구원사적 종말론이 언제부터 시작되었으며 어떻게 발전되어 왔는지에 대해 다음과 같이 요약합니다.

> 하나님의 계시를 "점진적인 계시"로 이해하는 오래된 사상은 계시를 역사적으로 생각하고 세계의 역사를 계시로 생각하려는 의도에 의해 이끌리고 있다. 이러한 표상들은 후기 계약신학(J. Coccejus), 초기 경건주의적 역사신학, 즉 17, 18세기의 이른바, "예언자적", "구원 경륜적" 신학에서 유래한다. 여기서 성경은 정통주의적, 초자연주의적, 교리적 계시 이해와는 정반대로 역사의 책으로, 세계사 속에서 일어나는 하나님의 행동에 대한 거룩한 주석으로 읽혀졌다. 계시에 대한 이 새로운 역사적 이해는 종교개혁 시대 이후의 종말론적 천년왕국설(Chiliasmus)의 부흥에 근거

---

38 *Theologie der Hoffnung*, 59-60.

하고 있다. 이것은 역사에 대한 의미를 불러 일으켰던 새로운 종말론적 사고의 출발점이 되었다. 그래서 그리스도 안에 있는 계시는 전진하는 "하나님 나라"의 한 과도적 단계로서 역사적으로 간주되었으며, 최종적이면서도 그 자신을 넘어서는 미래적 날짜로 이해되었다.

구원사학파의 입장에 따르면 하나님의 계시는 "영원한 순간"이 아니고, 그 안에서 비치는 종말도 "영원한 미래"가 아니며, 도리어 그리스도의 계시는 하나님 왕국의 최종적이고 결정적인 분기점(Peozeβ moment)이고, 하나님 왕국의 전 역사(前歷史)는 타락에 있지만, 창조와 더불어 이미 시작되고 있고, 그 출발점은 창세기 3:15의 원복음 또는 창세기 1:28의 하나님의 형상의 약속일 수도 있다고 몰트만은 말합니다.[39] 이 신학이 말하는 종말의 역사는 역사적·인식론적으로 그리스도의 계시를 넘어서고, 이와 함께 그리스도의 계시는 더 높은 질서에 속하는 계시의 역사에 종속되며, 그 점진성은 구원이 미리 결정된 구원 경륜에 따라서 단계적으로 착착 진행되어 간다는 사상으로 표현됩니다. 그는 이러한 구원사적 "경륜" 신학은 분명히 17-18세기의 자연과학적 이신론과 상당히 유사합니다. 모든 면에서 계몽주의 시대의 경건한 자식이므로

---

39 *Theologie der Hoffnung*, 61.

그것은 경건주의적 형태, 합리주의적 형태, 구원사적 형태, 역사 진보적 형태 등으로 나타날 수 있다고 말합니다.

몰트만은 궁극적으로 이 신학이 "예언자적"이라고 말합니다. 그것은 현재를 넘어서는 예언들과 과거의 사건들로부터 미래를 구상하고 해명하려고 하기 때문입니다. 그는 이 신학이 역사적인 하나님의 계시 안에서 미래의 내적 경향성과 그 종말론적 지평을 질문하려고 노력한다는 점에서는 분명 옳지만, 구원사의 종말론적 점진성을 십자가와 부활로부터 경험하려고 노력하지 않고 다른 "시대의 표징들"로부터, 즉 묵시사상적으로 해석된 교회의 타락과 세상의 노쇠(老衰) 혹은 낙관주의적으로 해석된 문화의 진보로부터 경험하려고 애쓴다는 점을 비판합니다. 몰트만에 따르면 구원사학파 입장은 계시가 역사의 술어가 되었고 "역사"는 이신론적으로 하나님을 대신하게 되었다는 인식으로부터 출발하는데, 이 신학이 주목받은 이유는 신학적·세속적으로 "근대"의 탄생과 결부되어 있고 묵시사상적 희망과 사고의 새로운 부흥에 있습니다. 하지만 이것은 역사로부터의 역사적·신학적 신-증명에 기초하고 있는 우주론적, 세계사적 묵시사상입니다.[40] 그는 구원사적 신학의 본래의 관심은 거룩한 역사를 메타 역사적으로 파악하기보다는 도리어 계시의 세계사적 종말론적 지평을 입증

---

40 *Theologie der Hoffnung*, 61-62.

하는 데 있었다고 결론을 내립니다.⁴¹

판넨베르크와 보편사학파의 종말론 비판

몰트만은 하나님의 간접적 자기 계시로서의 "역사"(Geschichte als indirekte Selbstoffenbarung Gottes)를 말하는 보편사학파의 종말론도 비판합니다. 사실 판넨베르크는 몰트만의 희망의 신학을 지지한다고 말할 정도였습니다. 하지만 몰트만은 판넨베르크가 헤겔의 입장을 수용하고 있다고 말하면서 그를 비판합니다.⁴² 그는 "사건들은 하나님의 행동으로서 하나님 자신을 드러내며, 하나님 자신에 관한 그 무엇을 간접적으로 전달한다"⁴³는 판넨베르크의 말을 인용합니다. 판넨베르크가 하나님의 행동으로 여겨지는 각자의 사건은 하나님의 존재를 단지 부분적으로만 드러내기 때문에, 역사 전체가 계시로 이해되는 곳에서만 비로소 영광의 하나님의 완전한 자기 계시와 같은 그런 계시가 가능해진다고 이해합니다. 결국 그는 판넨베르크가 하나님의 완전한 계시는 계시하는 역사의 처음에 일어나지 않고 그 종말에 일어난다는 주장을 비판하는 것입니다.⁴⁴ 몰트만은 판넨베르크의 주장이 후기 유대교적 묵시사

---

41 *Theologie der Hoffnung*, 63ff.
42 *Theologie der Hoffnung*, 67-68: Pannenberg, *Offenbarung als Geschichte*, 15.
43 Pannenberg, *Offenbarung als Geschichte*, 17.
44 Rendtorff, ThLZ, 836, Pannenberg, *Offenbarung als Geschichte*, 95.

상가들의 주장과 비슷하다고 말합니다. 즉 이들은 죽은 자들의 보편적인 부활 가운데서 역사의 종말을 기이한 환상 중에 미리 내다보았으므로, 나사렛 예수의 (부활의) "운명" 가운데서 역사의 종말은 앞질러 일어났으며 그의 부활과 함께 다른 모든 사람에게는 아직도 일어나지 않은 사건이 그에게서 이미 일어났다고 말하고 있기 때문입니다. 그러면서 그는 만약 그의 부활이 보편적인 종말의 "선취"(先取; Verwegereignung), "예기"(豫期; Antifazion), "서장"(序場; Prolepse)이라면 그의 운명 안에서 하나님 자신이 모든 인간의 하나님으로서 간접적으로 계시된 셈이라고 말합니다.

몰트만은 이 신학이 헬라의 우주 신학(Kosmostheologie)을 확장한 것으로 설명할 수 있다고 말합니다. 몰트만에 따르면 판넨베르크는 우주 신학처럼 우주의 현실로부터 하나의 신적 원리(아르케)를 추론하고, 그래서 일종의 우주론적 일신론을 증명했던 우주론적 신존재 증명 대신, 똑같은 역추론 방식으로 역사로서의 현실의 통일성으로부터 역사의 하나님을 추론하는 역사의 신학을 등장시켰습니다. 다만 동일한 것의 영원한 회귀를 동해 균형과 조화 속에서 신성을 드러내는 닫혀진 우주 대신에 목적론적 경향을 지니고 미래를 향해 열려 있는 우주가 등장하게 한다는 점에서만 다르다고 비판합니다.[45] 몰

---

45 *Theologie der Hoffnung*, 68.

트만은 헬라의 우주 신학을 능가하면서도 여전히 "현실 전체"에서 보편사적 종말론을 입증하려는 그와 그의 동료들의 신학이 "역사는 약속과 성취 사이에 팽팽히 걸쳐 있는 사건"이라는 구약성경의 근본 인식을 근본적으로 포기하는 것이며, 그들의 신학은 오직 한 가지 주장, 즉 현실은 아직 종말에 이르지 않았기 때문에 전체적으로 개관할 수가 없다는 주장 때문에 종말론적인 특징을 지닐 뿐이라고 비판합니다. 하지만 이로써 구약 성경의 하나님은 에피파니의 하나님(*Theos epiphanes*)이 될 우려가 있으며, 이 하나님은 현실 전체의 완성 속에서 비로소 그것을 드러낼 것이고, 세계는 언젠가 신현(Theophanie), 즉 전체성 속에서 하나님의 간접적인 자기 계시가 될 것인데, 이 일은 아직 이루어지지 않았기 때문에 현실은 미래를 향해 열려 있고 세계와 하나님에 관한 모든 인식은 종말론적 잠정성을 지니게 된다고 말하며 비판합니다.[46]

몰트만은 판넨베르크의 보편사 신학이 종말론을 말하지만 종말론적 긴장을 가지고 현실을 살아가지는 못하게 한다고 비판하면서, 그리스도인은 미래의 종말을 기다리면서도 지금 여기서 하나님 나라를 실현시키는 일에 최선을 다해야 한다고 주장합니다. 그는 다음 장에 나오는 계시의 종말론에서 자신의 입장을 좀 더 명확하게 정리하고 있습니다.

---

46 *Theologie der Hoffnung*, 69.

몰트만의 계시의 종말론

몰트만은 바르트와 불트만 그리고 구원사학파와 판넨베르크의 종말론을 차례로 비판한 후에 종말론에 대한 자신의 생각을 전합니다. 그는 먼저 부활한 그리스도의 계시가 갖는 참된 의미가 무엇인지에 대해 요약적으로 제시합니다.

> 부활한 그리스도의 계시는 영원한 현재의 나타남(Epiphanie)이 아니라, 계시를 약속된 진리의 미래의 드러남(Apokalypsis)으로 이해하도록 요구한다. 약속 안에서 명백해질 수 있는 이러한 진리의 미래를 바라보면서, 인간은 역사를 가능성들과 위험성들 안에 있는 역사로 경험한다. 바로 여기서 현실을 신성의 형상으로 고정화하려는 시도는 무너지고 만다.[47]

몰트만에 따르면 기독교 신학이 계시에 대해 말할 때는 그것이 부활한 자의 부활 현현의 토대 위에서 "부활한 자와 십자가에 못박힌 자의 동일성을 인식하게 될 때"입니다. 부활하신 자의 부활 현현들과 계시들은 그의 미래의 영광과 통치의 전시(前示)와 약속으로써 명백히 이해됩니다. 그는 무한한 모순 속에 있는 이러한 동일성은 신학적으로 동일시함의 사건, 즉 하나님의 신실의 행위로서 이해되며 이런 토대 위에

---

47 *Theologie der Hoffnung*, 74-75.

아직도 지체되고 있는 예수 그리스도의 미래의 약속이 서 있으며, 신앙은 하나님께 버림받은 세계와 죽음의 시험을 통해서 지탱하고 있는 소망의 이런 토대 위에 서 있다고 말합니다. 계시는 이런 사건에서 기존의 인간과 세계의 현실을 밝혀주는 성격을 갖지 않으며, 도리어 여기서 구성적으로 그리고 근본적으로 약속의 성격을 지니며 종말론적인 성격을 지닙니다.[48]

몰트만은 계시가 약속과 종말론적인 성격을 가진다는 자신의 입장을 바르트와 판넨베르크의 입장과 차별화합니다. "약속"은 인간과 그가 관여하는 현실을 진리와 일치하는 소리로 이끌어가는 "말씀 사건"과는 근본적으로 다르고, 또한 현실을 보편사로 인식하는 종말론적 통찰과도 다릅니다. 약속은 아직 없는 진리의 미래로부터 현실을 선포하지 않으며, 도리어 지금 앞에 놓인 주어진 현실을 마주하고 이해하는 데 특별한 부적응 아래 있습니다. 현실적으로 가능한 것을 역사의 앞 공간에서 미리 붙잡을 뿐만 아니라 이것을 밝게 해주며, 그와 함께 도리어 실제로 가능한 것, 그리고 그와 함께 미래적인 것이 철저히 하나님의 약속의 말씀으로부터 생겨나서 현실 가능적인 것과 현실 불가능한 것을 넘어섭니다.[49]

몰트만에 따르면 그리스도의 부활 안에 놓여 있는 약속

---

48 *Theologie der Hoffnung*, 75.
49 *Theologie der Hoffnung*, 75-76.

은 "무로부터의 새 창조"로서, 그리고 "죽은 자들의 부활"로서, "하나님 나라와 그분의 의"로서 말해지는 바로 그런 사건 속에서 약속에 적합하고 완전히 일치하는 현실을 발견하게 합니다. 그러므로 하나님의 신성의 계시는 전적으로 약속의 실제적인 성취에 달려 있습니다. 이는 마치 거꾸로 약속의 성취가 하나님의 신실하심과 하나님 되심 속에 그것의 현실성과 가능성의 근거를 가지고 있는 것과 같습니다. 몰트만은 약속의 일차적 기능은 현존하는 세계나 인간됨의 현실을 해명하고 해석하고 입증하는 것에 있지 않고, 완전한 이해 속에서 그 현실 안에서 인간의 합의를 끌어내는 것에도 있지 않으며, 오히려 약속은 현존하는 현실과의 갈등 속에서 세계와 인간에게 그리스도의 미래로 나아가는 그 자신의 과정을 열어준다고 말합니다. 약속으로 인식되고 희망 속에서 파악되는 계시는 파송과 희망의 책임에 의해 현실의 갈등에서 야기되는 고난을 받아들이고 약속된 미래 속으로 탈출함으로 성취되는 놀이 공간을 열어줍니다. 하나님을 계시하는 약속의 사건은 오직 세계의 현실 전체와 인간 존재 자체의 문제성 안에서 그리고 오직 그 문제성을 통해서만 드러날 수 있습니다.[50]

몰트만은 여기서 "정반대 아래에 숨겨짐"을 강조하는 루터의 십자가 신학을 역사에 적용시켜 "역사적 십자가 신학"을

---

[50] *Theologie der Hoffnung*, 76.

말합니다. 그는 부활하신 자의 미래의 계시는 그의 현현들 안에 "숨겨져" 있으며, 또한 부활하신 자는 숨겨진 주님이요, 숨겨진 구세주이시고, 신자들의 삶은 희망을 통해 그리스도와 함께 하나님 안에 숨겨져 있다고 말합니다. 그렇지만 이 은폐성은 미래의 드러남을 지향하고 그것을 목표하며 그것을 향해 질주하는 은폐성입니다. 그리스도의 미래는 한 숨겨진 자의 계시일 뿐만이 아니라 한 약속된 자의 성취이므로, 그는 부활하신 그리스도의 현현 속에서 이루어진 계시가 단지 가리워졌다고 말할 것이 아니라 종결되지 않았다고 말할 수 있으며 아직 있지 않은 현실과 관계될 수 있다고 말합니다. 그것은 아직 이루어지 않았고 아직 일어나지 않았으며 아직 나타나지 않았지만, 그의 부활 속에서 약속되었고 보증되었으며 실로 그의 부활과 함께 필연적인 것으로 정해졌습니다. 그것은 바로 죽음의 종말과 만물이 생명과 공의를 얻는 가운데서 하나님께서 모든 것 안에서 모든 것이 되는 새로운 창조입니다. 그는 이와 마찬가지로 피조물들의 기다림 역시 부활한 자의 미래와 결합되어 있다고 말합니다.[51]

몰트만은 약속의 사건 가운데서 일어나는 이러한 하나님의 계시는 항상 인간의 세계 경험과 실존 경험을 바라보면서 그리고 그것과 논쟁하는 가운데서만 진술될 수 있으므로,

---

51 *Theologie der Hoffnung*, 77-78.

앞에서 설명한 실존으로부터의 신-증명이나 현실 전체로부터의 신-증명의 틀 안에서 계시를 이해하는 것은 바로 이 사실 안에서 정당성을 얻는다고 말합니다. 그는 만약 하나님께서 인간의 자기 경험과 세계 경험을 바라보면서 진술되지 않는다면 신학은 고립 지역(Ghetto)안으로 빠져들게 될 것이며, 인간이 살아가는 현실은 무신성에 떨어지고 말 것이라고 경고합니다.[52] 몰트만에 따르면 약속 가운데에서 하나님의 이러한 계시를 경험하는 인간은 자신의 동일성을 발견할 뿐만 아니라 동시에 자신의 미래와의 차이도 발견하며 자기 자신에게 이르게 됩니다. 비록 희망 속이지만, 이는 그가 아직 모순과 죽음으로부터 벗어나지 못하기 때문입니다. 약속된 생명으로 가는 길을 발견했으나 아직 이루어지지 않은 그리스도의 미래 안에 숨어서 신앙하는 자는 본질적으로 희망하는 자가 됩니다. 자신의 미래를 그리스도의 미래에 걸은 자는 여전히 약속 아래 있으며 전적으로 오직 부활한 자가 만드는 과정의 결과에 달려 있습니다.[53]

몰트만에 따르면 이렇게 신앙하는 자는 희망 안에서는(*in spe*) 자기 자신과 조화를 이루지만 실제로는(*in re*) 자기 자신과 조화를 이루지 못하며, 약속을 신뢰하는 바로 그 사람은 자기 자신이 수수께끼 또는 열린 문제가 되며 자신에게 감추

---

52 *Theologie der Hoffnung*, 79.
53 *Theologie der Hoffnung*, 80.

어진 인간(*homo absconditus*)이 됩니다. 또한 약속의 흔적 위에서 자기 자신을 찾아 나서게 되며 자기 자신이 하나님의 미래에 대해 열려 있는 질문이 됩니다. 그러므로 희망하는 바로 그 사람은 자기 자신 안에서 조화와 중심을 발견하지 못하고, 루터가 말하듯이 "자신 밖에서 하나님 앞에 설 수 있는 능력"으로 자기 자신 밖에 서 있게 됩니다. 그는 여기서도 루터의 십자가 신학을 차용하면서 신자가 직면하는 십자가의 현실을 약속의 희망과 관계를 시키고 있습니다.

몰트만에 따르면 약속의 사건은 아직 그를 동일성의 고향으로 인도하지 않으며, 오히려 그것은 그를 희망과 파송과 비움의 긴장과 차이 안으로 몰고 갑니다. 만약 계시가 약속으로 주어진다면, 부정적인 것을 희망할 명분을 그에게 주는 것이 아니라 오히려 고통과 인내, 그리고 헤겔이 말한 "부정적인 것의 엄청난 힘"을 그에게 열어 놓은 것이며, 또한 그로 하여금 예수님을 죽은 자들 가운데서 살리고 죽은 자들을 살리는 영 안에서 사랑과 비움의 고통을 기꺼이 짊어지게 하는 것입니다. 이런 삶은 성령의 도움으로만 가능합니다. 성령 안에서의 삶은 죽음을 두려워하고 파멸을 완전히 피하는 삶이 아니라 그것을 참고 그속에서 자신을 지키는 것이고, 영의 힘은 오직 자신을 비울 수 있을 만큼 크며, 영은 오직 자신을 널리 확장하고 자신을 희생할 용기가 있을 만큼 깊습니다.[54] 몰트만에 따르면 희망은 현실이 스스로 역사적으로 흘러내림 속에 있을 때, 그리고 역사적인 현실이 하나의 열려진 가능성의 앞 공간을 보여줄 때에만 의미에 가득 찬 현존재를 위한 기회가 옵니다. 기독교의 희망은 세계가 이러한 소망을 바라고 있는 자를 위해 변경될 수 있고 이러한 소망이 바라는 것을 위해 열려 있을 때에만 의미에 가득 찬 희망이 될 수 있으며, 진리의 약속된 미래로부터 세계는 역사로서 경험될 수 있습니다. 그리스도의 부활의 약속 사건의 종말론적 의미는 기억과 기대 속에서 역사를 위한 의미를 열어줍니다. 그러므로 세계를 자신 속에 폐쇄된 하나의 질서 혹은 신적 진리를 자신 안에 숨기고 자신으로부터 보여주는 하나의 우주로서 이해하는 모든 입장은 부서지고 종말론적인 "아직 아님" 속으로 이전됩니다.[55]

몰트만에 따르면 신학이 인간의 현실과 또 인간과 관련을 맺고 있는 세계의 현실에서 그 자신의 진리를 입증하려면 "인간 실존의 문제성"과 동시에 "현실 전체의 문제성"을 수용해야 하며 약속 사건을 통해 열려지는 인간과 세계의 종말론적 문제성 안으로 이를 포괄하여야 합니다. "죽음의 위협을 받음"과 "허무에 굴복함", 이것은 보편적인 실존 경험과 세계 경

---

54 *Theologie der Hoffnung*, 81.
55 *Theologie der Hoffnung*, 82.

험이고, "희망을 바라 봄", 이것은 분명히 신학이 이 문제를 수용하고 약속된 하나님의 미래를 향해 세우는 방식입니다.[56]

여기서 몰트만과 판넨베르크의 종말론의 차이점을 살펴보겠습니다. 몰트만은 미래가 성경에 약속되어 있다고 봅니다. 물론 그 약속의 내용은 유대묵시론자들이 말하는 바처럼 악인의 처벌과 의인의 구원이 아니라, 위에서 말한 바처럼 "무로부터의 새 창조", "죽은 자들의 부활", "하나님 나라와 그분의 의" 그대로입니다. 교회는 이런 약속을 선포하고 약속을 바라보며 약속의 성취를 위해 고난을 당합니다. 교회는 약속을 붙잡지 못하게 만드는 세력들과 적극적으로 투쟁해야 합니다. 하지만 판넨베르크의 보편사 신학에서는 미래가 약속되어 있지 않습니다. 예수 그리스도의 부활에서 미래의 소망이 선취되었지만 우리는 그 미래가 어떤 미래인지를 모릅니다. 다만 하나님은 그의 미래를 역사적인 사건들 속에서 암시해준다고 말합니다. 결국 약속은 역사 안에서 이루어지고 새 역사가 없는 것입니다. 현재는 역사의 미완성에서 역사의 완성으로 가고 있는 과정일 뿐입니다.

우리는 지금까지 몰트만이 기존의 여러 종말론적 입장의 약점을 분석한 내용과 대안을 요약적으로 살펴봤습니다. 이제부터는 그의 주장에서 가장 중요한 문제라고 할 수 있는 약

---

56 *Theologie der Hoffnung*, 83-84.

속과 역사가 어떤 관계를 가지는지 살펴보겠습니다.

약속과 역사는 어떤 관계를 갖고 있는가

몰트만은 이 책의 2장에서 자신이 강조하는 약속이 역사와는 구체적으로 어떤 관계를 가지는지에 대해 말해주고자 합니다. 그는 약속과 역사는 불가분의 관계에 있음에 대해 말하며, 종말의 희망의 약속은 현재의 고난의 역사 안에서 그것을 통해서 이루어져간다는 사실을 강조합니다.

에피파니 종교와 약속 신앙

몰트만은 현현 종교와 약속 신앙을 구분하면서 기독교는 현현 종교가 아니라 약속 종교임을 특별히 강조합니다. 그는 다신론적으로 다수의 지방 신들이 경배되었든, 범신론적으로 모든 장소와 시간이 신들로 가득하다고 생각되었든, 보이지 않는 신적인 기원을 갖는 세계가 중간 실체들의 단계를 거쳐서 나타나든, 지역의 현존하는 신(*Theos epiphan*)으로 등장하거나 교사들과 기적을 행하는 자들이 신적인 인간(*theios aner*)으로 등장하든, 신과 절대자, 영원하고 근원적인 자가 스스로 나타났다고 생각되든, 본질적인 차이는 전혀 없다고 말하면서 이와 같은 것들은 에피파니 신을 경배하는 종교의 발전과 승화일 뿐이라고 말합니다.

헬라의 종교철학과 동양의 종교 철학의 자연신학은 이와 같은 에피파니 종교를 전제로, 그리고 영원한 기반으로 삼고 있지만,57 이스라엘의 종교는 이런 현현 종교와 근본적으로 다릅니다. 이스라엘은 야웨의 나타남을 내용적으로 장소와 시간의 성별화로 이해한 경우가 매우 희박하며, 하나님의 나타남을 하나님의 약속과 직접 결부되었고, 설령 야웨가 이스라엘에게 나타났다고 하더라도 그분이 출현한 장소와 시간을 예배의 장소로 삼는 것은 분명히 일차적인 관심이 아니었습니다.58 몰트만에 따르면 야웨의 이스라엘 백성들에게 나타남은 항상 하나님의 약속과 관계되어 있으며, 이스라엘은 야웨의 나타남 속에서 그것들의 의미 내용 속에서 그런 장소나 시간을 결코 신성시하지 않았으며, 도리어 하나님의 나타나심을 하나님의 약속의 말씀과 직접 연결시킵니다. 하나님께서 정해진 상황에서 정해진 인간에게 자신을 드러내시는 것은 약속 때문입니다. 현현의 의미는 그 현현 자체에 있는 것이 아니라 약속이 지시하는 미래 안에 있으며 계시는 계시의 약속 내용으로부터 이해했다고 말합니다.

몰트만에 따르면 야웨의 계시는 명백히 위협받고 있는 현재를 그의 영원으로 가리도록 돕지 않으며, 도리어 약속을 듣는 자들로 하여금 자신들을 둘러싸고 있는 현실과 부조화되

---

57 *Theologie der Hoffnung*, 88.
58 *Theologie der Hoffnung*, 89.

게 만듭니다. 이는 그들이 소망과 출발 안에서 약속된 새로운 미래를 향해 발을 뻗치게 되기 때문입니다. 에피파니 종교의 신화적·주술적 제의들이 거룩한 원 사건과의 재결합을 통해 역사의 끔찍함을 멸절할 의미를 가지면서 그것들의 경향성에 있어서 반(反)역사적이 된다면, 약속하시는 하나님은 약속 사건 가운데서 무엇보다 미래의 범주 속에 있는 역사를 위한 의미를 열어주므로 역사화를 가능하게 합니다.[59] 약속은 희망하는 사람의 의식을 모든 경험과 역사를 초월하는 아직 아님 상태(noch nicht) 속에 두므로, 희망하는 사람은 길을 인도하는 약속의 별 안에서 현실을 신성하게 고정된 질서로 경험하는 것이 아니라 아직 보이지 않는 새로운 지평을 향해 전진하고 탈출하는 역사로 경험합니다.[60]

약속의 말씀과 역사경험

몰트만에 따르면 구약성경의 약속의 특별한 성격은 약속이 이스라엘의 역사를 거치는 동안 실망이나 성취로 말미암아 폐기되기는커녕 오히려 이스라엘의 경험적 사건을 통해 언제나 새롭게, 그리고 더 폭넓게 해석되었다는 사실에서 찾을 수 있습니다. 그는 우리가 확장되고 확대되는 약속의 역사를 이해하기를 바란다면, 그리고 약속이 역사에 비해 항상 더 큰

---

59 *Theologie der Hoffnung*, 89-90.
60 *Theologie der Hoffnung*, 91.

가치를 지니게 되는 이유가 무엇인지를 묻는다면, 다시금 추상적인 약속과 성취의 도식을 버려야 하며, 이런 과정을 다음과 같이 신학적으로 해석해야 한다고 말합니다. 약속이 더 많은 가치를 지니게 되고 약속이 역사를 넘어서 항상 확장되는 이유는 그 어떤 역사적 현실 속에서도 소진되지 않는 약속의 하나님의 무궁무진장함에 있으며, 그 하나님은 자신과 완전히 일치하는 현실 안에서 비로소 안식하십니다.[61]

몰트만에 따르면 하나님의 약속의 별 아래서 현실은 "역사"로서 경험되고 회상되고 기대할 수 있으며, 그것의 놀이 공간은 약속을 통해 열려지고 채워지고 계시되고 형성됩니다. 이스라엘은 이러한 약속의 방랑 지평들 안에서 살았고 그것들의 긴장 영역 안에서 현실을 경험했습니다.[62] 이스라엘에게 역사로서의 현실 경험은 하나님께서 그들에게 약속하셔서 가능했고, 이스라엘은 하나님의 계시가 거듭되면서 그분의 약속을 이해할 수 있었습니다. 하지만 그런 체험들이 기억되고 기대된 약속들의 지평 안에서 경험된 것들은 참으로 "역사적 경험들"로서 체험됩니다. 이런 체험들은 우연성, 개별성, 상대성이 아니라 앞을 향해 지시하는 무폐쇄성과 잠정성의 성격을 가집니다. 이것들이 약속과 소망의 지평 안에서 역사적 체험들로서 경험되는 한, 그 자체로 아직 오지 않은 것, 아

---

61 *Theologie der Hoffnung*, 92-95.
62 *Theologie der Hoffnung*, 95.

직 보상되지 않은 것, 그리고 아직 실현되지 않은 어떤 것을 지시하게 됩니다.[63]

몰트만은 이스라엘이 자신의 실존 근거로 돌리는 약속들은 역사적 변혁을 넘어서서 자신을 하나의 연속으로 입증한다는 사실을 이스라엘의 역사 속에서 거듭해서 볼 수 있다고 말합니다. 이러한 약속의 연속 안에서 이스라엘은 그의 하나님의 신실하심을 알 수 있었습니다. 몰트만에 따르면 그 약속들은 자신을 실현하면서 사건들 속으로 들어가게 되지만, 어떤 사건 속에서도 결코 사라지지 않고 계속 넘쳐나며 미래를 가리키면서 머무르게 되는데, 다가오고 기대되며 사라지고 버려지는 현실은 역사로서 경험되는 것이지 언제나 회귀하는 영원한 우주적 실체로 경험되지 않습니다. 영원한 현재의 에피파니 속에서 경험되지 않고 약속된 미래의 계시와 성취에 대한 기대 속에서 경험됩니다. 그러므로 그는 현재 자체 역시 우리가 그것과 함께 그것 속에 머무를 수 있는 절대적인 것의 현재가 아니라 도리어 약속의 방랑 지평 안에서 목적을 향한 시간의 앞으로 나아가는 전선(Frontlinie)이라고 말합니다.[64] 몰트만은 약속이 역사 안에서 성취되는 것은 미래의 희망을 바라보도록 지시하는 역할을 한다는 생각을 계속 반복하고 있습니다.

---

63 *Theologie der Hoffnung*, 96.
64 *Theologie der Hoffnung*, 98.

계시와 하나님 인식

몰트만은 이제 계시와 하나님 인식의 문제, 즉 하나님은 과연 계시를 통해 자기 자신을 알리느냐의 문제를 다룹니다. 그는 "만약 하나님의 계시가 본질적으로 새롭고 역사적이고 종말론적인 미래의 지평을 열어주는 약속이라고 한다면, 하나님은 어떻게 인식될 수 있는가? 만약 선택과 계약, 약속과 파송이 단지 우연적으로만이 아니라 본질적으로 계시의 사건에 속한다고 한다면, 하나님의 계시는 어떻게 이해되어야 하는가?"[65]라는 질문을 던지고 대답합니다. 그는 특별히 계시가 하나님이 누구신지를 알리는 기능을 한다는 소위 "인격적 계시" 개념을 비판합니다.

몰트만은 하나님의 자기 계시에 대한 인격적 설명에는 약속의 신학적 의미와 분명히 모순되는 것처럼 보인다고 말합니다. 그에 따르면 야웨의 계시는 단지 약속의 역사의 시작에만 있지 않으며, 그래서 그분의 "이름" 안에서만 약속과 계명이 주어져 있는 것도 아니고, 야웨의 계시는 약속이 지시하고 계명이 인도하는 그 미래에도 있으며, 그때가 되면 단지 야웨의 인격적인 이름만이 아니라 그분의 거룩과 영광도 온 누리에 드러날 것입니다. 그리고 "나는 야웨이다"라고 하는 그 약속은 만물을 가득 채우는 "야웨의 영광" 안에서 성취될 것입니다

---

65 *Theologie der Hoffnung*, 101.

다. 약속을 구체적으로 선포하는 일은 만물을 통해 오직 홀로 존재하시는 거룩한 하나님에게 영광을 돌리는 일과 마찬가지가 되며, 야웨 자신이 "예언자들이 말하는 미래다"는 말은 신자가 참으로 기대하는 사건 속에서, 즉 만물을 가득 채우시는 그분의 영광과 평화, 공의 속에서 모든 피조물이 선하게 되고 바르게 될 것임을 의미할 수밖에 없습니다. 하지만 이것을 인격주의적 계시 개념으로나 초월론적 계시 개념으로 설명하기란 어렵다고 그런 계시 개념들을 비판합니다.[66]

몰트만에 따르면 하나님 인식은 초월하는 초자아(Über-Ich)와의 관계에서가 아니라, 또한 어두운 역사 경과와 관계에서가 아니라 하나님의 약속의 지평 안에서 하나님의 역사적 행동 안에서 완성됩니다. 하나님은 그의 신실하심의 비밀을 열어주는 한 그의 인격 비밀을 열어주는 그의 이름 안에서 자신을 계시하시며, 하나님의 이름은 하나의 약속의 이름으로서 이 이름은 그의 현재를 도상에서 약속하고 약속과 부르심 위에 세웁니다. 하나님의 이름과 하나님의 이름 안에서 약속들은 자기 설명 공식이 아니고 그것들은 하나님에 관해 어떤 것을 전달합니다. 이는 그가 자신을 그의 미래를 위해서 그것들 안에서 말하기 때문입니다. 그것들은 그가 어떤 분이 될지를 알려주며, 약속이 미래를 지시해주는 도상에 있을 것

---

66 *Theologie der Hoffnung*, 101ff.

이고 그곳에서 발견될 것을 알려줍니다.[67] 몰트만은 하나님의 계시와 이에 상응하는 하나님 인식은 항상 역사적 담론과 회상, 예언자적 기대와 결부되어 있으며, 양자는 단지 그분의 자기 계시의 전개만은 아니고, 그것은 분명히 그분의 신실함과 동일성, 유일성의 계시의 본질적인 요소라고 봅니다.[68] 더 나아가 약속의 역사, 즉 약속과 언약을 통해 열려지고 기대된 역사는 그의 약속들을 신실히 지키는 자에게 그리고 지키는 한에서 하나님의 신실하심을 계시한다고 말합니다.[69]

몰트만은 이런 자신의 주장과 함께 계속하여 신학적 인격주의(Ein theologisches Personalismus)를 비판합니다. 약속의 현실적 적합성이 약속을 주시는 분의 신뢰성과 신실함에 있지만, 만약 약속이 진정한 미래의 성취를 효과적으로 바라본다는 사실을 간과한다면, 이러한 설명은 추상적인 것이 되고, 말씀의 약속 성격을 제대로 파악하지 못하게 될 것입니다. 그는 이 말씀 속에서 하나님은 친히 약속을 주시며, "나-야웨"로서 인간을 향해 오신다는 사실을 모를 것이라 말합니다. 또한 신학적 인격주의는 약속이 지시하는 이 미래를 오직 하나님 "자신의" 인격적 미래로만 표현할 수 있을 따름이지만, 하나님의 약속에 대한 희망은 하나님 자신이나 하나님 전반을

---

67 *Theologie der Hoffnung*, 104-105.
68 *Theologie der Hoffnung*, 105.
69 *Theologie der Hoffnung*, 106.

바라보지 않고, 그의 미래의 신실함으로부터 약속된 것의 성취를 바라본다고 말합니다.

몰트만에 따르면 희망은 하나님의 신실함의 도래를 바라보며 하나님 자신의 오심으로부터 약속된 미래를 기대하며 그분을 간과하지 않지만, 만약 우리가 이 희망을 가장 순수한 하나님에 대한 가장 순수한 희망(*spes purissima in Deum purissimum*)이라 표현한다면, 이것은 구약 성경의 희망을 제대로 파악하지 못한 추상적 표현이 될 것입니다. 그는 만약 희망이 약속 위에 굳건히 서 있다면, 희망은 하나님의 오심으로부터 "이것과 저것"도 바라보며, 만물을 구원하시고 바로 세우시는 그분의 통치를 바라보며, "그분"을 단지 인격적으로만 바라보지 않고 땅 위에서 그분의 통치와 평화 및 공의가 이루어질 것도 사실적으로 바라본다고 말합니다. 그리고 만약 그렇지 않다면 희망 자체가 일종의 성취로 바뀔 것이며, 성취될 희망도 더는 존재하지 않게 될 것이라 말합니다.[70] 그는 약속 이해는 두 가지 요소, 즉 인격적 진리의 개념과 역사적-사실적 진리의 개념을 결합한다고 말합니다.[71]

우리는 몰트만의 이런 입장에 동의하기가 쉽지 않습니다. 왜냐하면 우리는 비록 미래에 약속이 성취되어 하나님 나라가 도래한다 하더라도 하나님 나라의 핵심 혹은 중심은 바로

---

70 *Theologie der Hoffnung*, 107.
71 *Theologie der Hoffnung*, 108.

하나님 자신이라고 믿고 있기 때문입니다. 몰트만은 인격주의를 비판하면서 도리어 하나님의 인격과 하나님께서 가져다주실 변형된 신세계와 분리시키는 오류를 범하고 있습니다. 몰트만은 "약속과 율법", 그리고 "예언자적 종말론에 나타난 약속"을 다룬 후에 묵시사상적 종말론에 나타난 우주의 역사화의 문제를 다룹니다.

묵시적 종말론에 나타난 우주의 역사화

몰트만에 따르면 후기 유대교의 묵시사상의 현상과 내용은 해석하기 어려운데, 그 이유는 그것이 예언자들의 메시지를 정당하게 발전시킨 것인가 아니면 예언자들의 약속 신앙으로부터 이탈한 것인지가 분명하지 않기 때문입니다.[72] 미래적 종말론적 관점이 예언자들과 묵시사상가들에게 공통적으로 나타나기도 하지만, 묵시사상은 종교적이고 결정론적인 역사 이해를 갖고 있어서 시대의 시간 결과는 처음부터 확정되어 있으며 역사는 연속적으로 야웨의 계획을 펼쳐 나가지만, 예언자들에게는 종말이 태초부터 확정되어 있다는 표상이 없다고 말한다는 점에서 양자는 차이가 있다고 말합니다. 묵시사상에서 역사적으로 행동하시는 하나님과 대립하는 것은 악

---

72 *Theologie der Hoffnung*, 120.

의 권세 아래 있는 세계이지만, 예언자들의 관심은 이스라엘과 이방 민족들에 있었습니다. 묵시사상은 선이 악을 이김으로써 창조 세계가 완성될 것을 기대하지 않고 선과 악의 분리를 기대하므로 그것은 "악의 세력 아래 있는 세계"가 다가오는 "공의의 세계"로 대치될 것을 기대하므로 예언자들에게는 아직 나타나지 않은 운명론적 이원론이 드러납니다. 더 나아가 몰트만에 따르면 묵시사상에서 심판은 하나님의 자유 안에서 회개를 통해 취소될 수 있고 되돌릴 수 있는 것으로가 아니라 변경될 수 없고 되돌릴 수 없는 운명으로 여겨지고 그 운명은 확정되어 있고 반드시 옵니다. 또한 예언자들은 이스라엘 백성의 한가운데 있고, 그래서 백성의 역사 안에 있지만, 묵시사상가들은 포로기 후의 야웨의 의로운 자들의 무리 안에 있다고 봅니다. 예언자들은 현재의 역사적 상황 안에서 매우 공개적인 입장을 취하면서 예언하고 이 입장으로부터 자신들의 역사적 전망을 펼쳐 보이지만, 묵시사상가들은 자신들의 역사적 입장을 숨깁니다.[73]

몰트만은 묵시사상에서는 "종말론적 역사의 우주적 해석"이 문제가 되는 것이 아니라 "우주의 종말론적 그리고 역사적 해석"이 중요하다고 말합니다.

---

73 *Theologie der Hoffnung*, 120-121.

그러므로 종말은 시초의 회귀가 아닐 수 있고, 소외된 현실과 죄 많은 세상으로부터 순수한 태초로 복귀하는 것이 아닐 수 있다. 오히려 종말은 모든 시초의 상태보다 더 멀리 나갈 수 있다. 그렇게 되면, 묵시사상에서 종말론은 우주론적 종말론이 되지 않을 것이며, 따라서 정지해버린 종말론이 되지 않을 것이다. 오히려 이와는 정반대로 우주론이 종말론적 우주론으로 바뀔 것이며, 우주는 역사적으로 종말의 과정 안에 포함될 것이다. 만일 우리가 신학적으로 단지 종말론에만 관심이 있고 우주론에는 전혀 관심이 없었다면, 이것은 묵시사상에서 종말론과 우주론 사이의 싸움의 다른 면이 될 것이다. 이런 사실이 지금까지 주목을 받지 못한 채로 머물렀다.[74]

몰트만에 따르면 이런 묵시사상의 종말관과 예언자들의 종말관은 차이가 있습니다. 예언자들의 메시지에서는 이스라엘의 역사의 소망이 세계 역사의 경험과 싸우며 이 싸움에서 세계 역사가 야웨의 종말론적 미래의 기능으로 이해되는 반면에, 묵시사상에서는 역사적 종말론이 우주론과 싸우며 우주를 이러한 싸움에서 묵시적 관점으로 시대의 역사적 과정을 이해하는 것으로 볼 수 있습니다. 그렇다면 묵시사상의 관점에서는 결코 역사의 소망을 통해 움직여지는 역사는 조용

---

74 *Theologie der Hoffnung*, 123.

한 상태로 옮겨지지 않을 것이고, 도리어 그것은 거꾸로 우주적으로 된 역사의 소망이 우주를 움직이게 할 것입니다. 이로 인해 당연히 이런 싸움에서 종말론은 중요한 손실을 당할 것이라고 하면서 그는 묵시사상의 종말론을 비판합니다.[75]

몰트만에 따르면 예언자들의 메시지 속에서 인간의 회심은, 묵시사상이 말하고 있는 온 우주의 회심 속에서 그것들의 상관관계를 가지며, 이방세계의 예언적 혁명은 만물의 우주적 혁명으로 확대됩니다. 하나님의 종의 종말론적 고난에 참여할 자는 단지 순교자만이 아니라 온 피조물이 종말의 고난에 참여하며, 고난은 우주적인 것이 되고 우주의 자족성을 파괴하며 그런 다음에는 "새 하늘과 새 땅"에서 종말론적 환희가 다시 울려 퍼질 것입니다. 그는 묵시사상이 종말론을 우주론적으로 사고하는 것은 사실이지만, 이것은 종말론의 종말이 아니라 종말론적 우주론, 혹은 종말론적 존재론의 시작이고, 바로 이를 위해 존재는 역사적인 것이 되며, 우주는 묵시적 과정을 향해 자신을 개방한다고 말합니다. 그는 이처럼 우주적·종말론적 미래의 범주 안에서 세계를 역사화한 것은 신학적으로 엄청나게 중요하지만, 이로 말미암아 종말론은 신학 전반의 우주적 지평으로 된다고 말합니다. 그는 만약 묵시사상이 없다면, 신학적 종말론은 인간들의 민족들의 역사 안

---

75 *Theologie der Hoffnung*, 123.

에, 혹은 개인의 실존 안에 머물러 있게 될 것이고, 신약성경도 역시 묵시사상의 우주의 넓이까지, 그리고 기존의 우주적 현실을 넘어서 광활하게 열어 놓았던 창문을 닫아 버리지 않았다고 말합니다.[76]

우리는 몰트만의 이러한 종말관에 대해 문제를 제기할 수 있습니다. 예언자들에게는 하나님의 약속은 모든 부류의 사람들에게가 아니라 한 부류의 사람들에게만, 즉 예수 그리스도를 믿는 사람들에게만 해당합니다. 또한 최후 심판에 대하서도 몰트만의 생각은 문제가 있습니다. 역사의 마지막이면 정말로 마지막이 되어야지 그는 하나님 나라가 역사 발전의 연장선상에 있는 것처럼 말하고 있습니다. 몰트만은 정확히 후천년설의 입장을 취하고 있습니다. 즉 부활에서 한번 하나님의 희망이 자신의 모습을 나타내었고, 세상의 종말에 더욱 분명한 모습을 드러낼 것이나, 거기가 끝이 아니라 그 이후에 계속 하나님 나라의 희망은 자신의 모습을 더욱 분명히 나타낼 것이라고 주장하기 때문입니다. 몰트만의 이론에 의하면, 최후 심판은 없고 하나님 나라는 심판 없이 영원히 지속됩니다. 이렇게 말한다면, 그는 우주의 영원성을 말한 헬라사상을 비판했지만, 결국은 이 입장을 지지하는 꼴이 되어 자가당착에 빠지게 됩니다.

---

76 *Theologie der Hoffnung*, 124.

예수 그리스도의 부활과 미래

복음은 구약 약속의 성취임과 동시에 하나님께서 가져오실 미래를 지시한다.

몰트만은 구약의 약속의 역사는 복음 안에서 그것을 지양하는 성취를 발견하지 않으며, 도리어 그것은 복음 안에서 자신의 미래를 발견한다고 말합니다. 이 말은 구원사학파의 약속 성취의 도식을 비판한 것입니다. 그는 복음이 구약의 하나님의 약속이 성취임과 동시에 복음 안에서 그 자신의 약속들의 역사의 미래와 확실성이 그에게 열려진다고 말합니다. 그는 복음 안에 약속의 구조들이 인식되지 않는다면 복음 자체가 이해될 수 없을 것이며, 만약 이 땅에서 이 시대에 복음이 그리스도의 미래의 약속이라는 사실을 분명히 하지 않는다면, 복음은 종말을 지시하는 힘을 잃어버릴 것이며, 영지주의의 계시 언어가 되거나 도덕 설교가 되고 말 것이라고 경고합니다. 그는 복음은 약속이고, 약속으로서 약속된 미래의 선수금(先手金)이라고 말합니다.[77] 그의 이 말들은 복음이 이스라엘을 구약 약속으로부터 떼어놓는 것이 아니라 도리어 구약 약속을 붙잡도록 하고 약속이 지시하는 미래를 바라보는 역할을 한다는 말입니다. 하지만 그는 여기서도 하나님께서 복음을 주시는 목적이 죄의 용서라는 사실은 전혀 언급하지 않

---

77 *Theologie der Hoffnung*, 133.

고 그리스도의 미래를 지시하는 기능만을 말하고 있습니다. 그것은 복음을 통한 하나님과 신자들이 가지는 현재의 복을 누림이 없이 미래만 바라보도록 하는 데 그칩니다.

몰트만은 바울과 아브라함이 어떤 관계를 가지고 있는지를 설명하면서 자신의 이런 주장을 더욱 강화합니다. 바울이 복음을 그리스도 사건 속에서 효력을 갖게 된 약속으로 선포하면서 바울 자신이 전파하는 복음을 아브라함의 전승된 약속을 새로운 역사 속으로 가져갔고, 약속은 복음 안에서 그것의 종말론적인 미래를 가지게 됩니다. 반면에 바울은 율법은 끝난 것으로 보았다고 몰트만은 평가합니다. 따라서 복음의 "새로움"(Das Neue)은 완전히 새로운 것이 아니며 그것은 바울의 새로움을 보여줍니다. 이는 복음이 율법과 죄와 죽음과 관련을 맺고 있는 옛 것에 대해, 그리고 인간됨에 대해 자신을 관철해서 이를 통해 옛 것을 옛 것으로 만들기 때문이고, 복음이 그의 종말론적인 새로움을 미리 선포되는 하나님의 약속 안에서 자신을 밝히 드러냄을 통해 보여주기 때문입니다. 몰트만에 따르면 율법과 복음의 역사는 과거에 관한 신학적인 문제를 향하지만 약속과 복음의 역사는 미래에 나타날 종말론적인 문제를 바라보고 있으므로, 복음이 이미 약속된 것과 관련성을 맺지 않는다면 복음은 종말론적인 미래와의 관련성도 상실할 것이고 영지주의적인 계시 언어로 변질될 위험에 빠질 것입니다. 또한 신앙이 복음 안에서 약속과 관련성을 맺지 않는다면 자신을 끌어가는 희망의 능력을 상실할 것이며 맹신적인 신앙으로 변질될 것이라 말합니다.[78]

몰트만은 그러므로 "이전에" 우리를 위해 쓰인 성경이 제공하는 것은 무엇이나 현재 바라는 것이 방향을 맞추는 가능성들과 미래성을 담아야 하며, 이전에 쓰인 것의 해석과 현재화는 그 속에서 약속하는 것, 열려 있는 것, 아직 성취되지 않는 것, 미래를 가리키는 것에 유념해야 한다고 말합니다. 그에 따르면 복음은 인간을 종말론적인 구원의 미래를 향해 세우기 때문에 이전에 주어지고 쓰인 약속을 전제하며, 그리스도의 미래와 함께 이전에 약속된 것의 미래도 현재화하고(롬 1:2), 복음은 이미 주어졌지만 아직은 성취되지 않은 약속과 결합되며, 이 약속을 자신 안으로 받아들입니다.

그는 이런 맥락에서 구원사학파를 비판합니다. 이것은 약속의 역사의 과정이며, 이전에 약속된 약속은 구원사적으로 해석되지 않으며, 또한 그것은 새로운 신앙론을 쓰기 위한 우연한 자극제로도 간주되지 않으며, 도리어 그것이 다시금 효력을 발휘하게 만들고, 이것과 함께 그 약속에 어떤 것이 일어나는데, 즉 신약이 그것을 이해하는 것처럼, 종말론적인 새로운 것, 바로 이 새로운 것이 그 약속과 함께 일어납니다.[79] 몰트만에 따르면 신자들은 아브라함의 약속을 기억해야 합니

---

78 *Theologie der Hoffnung*, 137-138.
79 *Theologie der Hoffnung*, 138-139.

다. 유대인과 이방인에게 그리스도에 관한 복음을 전해서 그들을 새로운 하나님의 백성으로 부르기 위해서입니다. 그는 이러한 기억이 복음의 선포를 위해서 필연적으로 덧붙여져야 한다고 말합니다. 우리는 과거의 약속을 복음을 통해 열려진 종말론적인 미래 속으로 끌어들이며 이 약속을 가지고 멀리 나아갑니다. 우리는 과거의 역사를 해석하지 않으며 역사 전체를 통해서는 해방되지 못하고, 오히려 약속되고 보증된 종말로부터 결정된 역사 속으로 들어갑니다. 이 역사로부터 현재의 미래만이 아니라 과거의 미래도 기대하게 됩니다.[80]

원시 기독교의 성취 열광주의와 십자가의 종말론

몰트만은 바울이 십자가와 부활을 말하면서 미래의 기대를 없애지 않았으며, 그리고 현재를 영광의 현실이 아닌 십자가의 현실로 파악했다는 점을 강조합니다. 그는 먼저 초대교회의 성취 열광주의를 비판합니다. 초대교회가 급격히 헬라화된 이유가 하나님의 약속이 이미 성취되었다는 성취 열광주의에 기인한다고 봅니다. 이로 인해 초대교회는 결국은 기독교의 종말론적 지평을 없애버렸다고 비판합니다.

기독교의 급격한 헬라화와 또 헬라 사상의 급격한 기독교화는 하

---

80 *Theologie der Hoffnung*, 139.

나님 나라의 임박한 기대에 대한 실망 때문에 생겨난 것이 아니라, 기대하던 것들이 모두 성취되었다는 착각 때문에 생겨난 것이다. 묵시사상이 희망하던 모든 것이 이미 실현된 것처럼 보였기 때문에 하나님 나라의 임박한 도래와 그리스도의 재림은 무의미한 것이 되고 말았다.[81]

몰트만에 따르면 이처럼 영원의 현재화를 강조하는 현재적 종말론은 약속의 사건으로 이해되었던 예수님의 말씀과 행위, 그의 죽음과 부활을 신비한 드라마처럼 제의 속에서 성취될 수 있는 구속의 사건으로 만들었고, 성례전 사건을 통해 신성의 죽음과 부활에 참여할 수 있게 되었으며, 예수의 부활은 높이 들린 주님으로 등극한 사건으로서 성례전의 장엄한 재현 속에서 이미 일어나고 있습니다. 그래서 앞으로도 계속 재현될 수 있게 되었습니다. 그는 아직 성취되지 않았지만 약속되어 있는 그리스도의 통치의 계시(Apokalyptik)가 이처럼 그의 영원한 천상적 통치의 제의적 임재로 바뀌어 짐으로써, 이와 함께 그리스도의 십자가에 대한 신학적 인식도 퇴조하고 말았으며, 결국은 예수의 부활은 높이 들린 사건과 하늘 보좌에 등극한 사건으로 이해되었고, 그의 성육신과 결부되었다고 비판합니다.[82] 그리하여 역사는 그 종말론적 방향성

---

81 *Theologie der Hoffnung*, 142-143.
82 *Theologie der Hoffnung*, 143.

을 상실하고 말았고, 역사는 세계를 향해 다가오는 그리스도의 미래를 애타게 기다리는 고난과 희망의 영역이 아니라, 교회와 성례전을 통해 그리스도의 천상적 통치를 드러내는 영역이 되고 말았다고 비판합니다. 그래서 그분은 종말론적 "아직 아님"(noch nicht) 대신에 제의적 "단지 아직"(Nur noch)으로 변화했으며 이 제의적 임재는 그리스도 이후의 역사를 상징하게 되었습니다. 성례전적-구원론적 미래의 기대가 지상적-종말론적 미래의 기대를 대체되었고, 오고 있는 하나님 나라의 백성은 하늘로부터 구속을 받은 자들, 지나가는 시대의 백성은 이 세계에 속한 자들로 바뀌었으며, 십자가는 순교자의 삶을 완성하고 그가 하늘의 그리스도와 하나가 되게 하는 순교의 무시간적인 성례전으로 바뀌었다고 비판합니다.[83]

몰트만은 바울이 고린도 교회에 들어온 헬라주의적 열광주의를 비판하게 된 이유도 크게 두 가지라고 말합니다. 먼저 성취 열광주의에 대해서는 "종말론적 유보"를 말함으로써 아직 오지 않은 종말을 말했고, 이와 동시에 "십자가 신학"을 주장함으로써 이 십자가가 우리가 서 있는 이 땅을 떠나게 만드는 영광의 신학을 비판했다고 말합니다. 그는 불트만의 케리그마 신학이 바로 이런 점에서 헬라주의적 열광주의와 궤를 같이 하는데, 이는 헬라적인 현재적 종말론이 신화적 옷을 입

---

83 *Theologie der Hoffnung*, 144.

고 그의 실존적 해석으로 나타났기 때문입니다. 몰트만은 헬라주의에 대항한 바울의 논쟁은 그가 그리스도의 십자가의 의미를 새롭게 인식했음을 보여줄 뿐만 아니라, 또한 진정한 미래적 종말론을 새롭게 인식했음을 보여준 것이라 말합니다. 그는 바울의 종말론에 묵시사상의 종말론의 잔재가 남아 있었다 하더라도, 그가 후기 유대교의 묵시사상을 단순히 반복했다거나 그 잔재 요소를 붙들고 있었다는 것을 의미하지는 않으며, 그의 묵시사상은 십자가의 종말론으로 말미암아 생겨난 것이어서 모든 종말론적 성취 열광주의에 대항할 수밖에 없었던 것이라 말합니다.[84]

그는 바울이 자신의 신학을 종말론적 입장에서 전개하고 있다는 점을 강조합니다. 몰트만에 따르면 세례는 그리스도의 십자가 지심과 죽음의 그리스도 사건에 참여함을 중재합니다. 그리스도와의 교제는 십자가에 못 박히신 자와의 교제를 말합니다. 세례 받은 자는 만일 그의 죽음에 근거하여 세례를 받는다면, 그리스도와 함께 십자가에 못 박힌 것을 의미합니다. 세례 받은 자들은 제의적 완전 속에서 그와 함께 이미 부활하여 하늘로 올려지지 않았으며, 새로운 순종을 통해 희망의 공간에서 펼쳐지는 그리스도의 부활에 참여하고, 그리스도를 죽은 자로부터 부활시키셨던 성령의 능력 안에서

---

84 *Theologie der Hoffnung*, 145.

순종하면서 따름의 고난을 자신 위에 짊어집니다. 몰트만은 바로 그 점에서 미래의 영광을 기대할 수 있다고 말합니다. 그리스도는 부활했고 죽음을 벗어났지만, 그를 믿는 사람들은 아직 죽음을 벗어나지 못했으며 오직 희망을 통해서만 이 땅에서 부활의 생명에 참여할 수 있게 된다고 말합니다. 그들에게 부활은 희망 가운데서 그리고 약속으로 현존하고, 이것은 미래의 종말론적 현재이지, 영원한 제의적 현재가 분명 아닙니다.[85] 이에 따라 이 세상 안에서의 신자의 삶은 육체의 시험과 세계의 모순과 싸우는 삶이 될 것이며, 이런 싸움도 미래적·종말론적 차원에서 해석되어야 한다고 말합니다.

그러므로 몰트만은 육체의 시험과 세계의 모순이 영원의 역설적 현존의 표시로서 이해되서는 안 되며, 이것들은 도리어 그리스도의 왕국 속에서 다가오는 자유에 대한 물음과 부름으로 받아들입니다. 이것은 신자가 단지 그의 하늘의 자유를 보여주어야 할 과거의 영역이 아니라, 이 현실 안에서 교회는 전 피조물과 함께 그리스도의 미래 속에서 허무의 권세들로부터의 구속에 대해 탄식하고 그것들에 맞서서 인내하는 것(롬 8:18ff)을 의미합니다. 그는 바울의 새로운 순종에 대한 명령법(Imperativ)이 그리스도 안에 있는 새 존재의 직설법(Indikativ)을 드러내도록 소리치는 것으로 이해될 수 없고, 약

---

85 *Theologie der Hoffnung*, 146.

속된 미래 및 심판과 왕국을 위한 주님을 기대하는 미래에서의 종말론적인 전제로 이해된다고 말합니다.[86]

몰트만은 예수님의 부활과 더불어 모든 것이 일어나지 않았고 죽음의 지배도 아직 끝장나지 않았으며, 하나님에 대한 반항의 극복은 미래의 현실로 미루어져 있다고 봅니다. 바울은 이 미래의 현실에 대해 "하나님은 만유의 주가 되실 것입니다"(고전 15:28)라고 표현했습니다. 그리스도의 나라도 그 자체로서는 아직 하나님의 영원한 현재가 아니며, 오히려 그것은 종말론적 잠정성 안에서 하나님의 유일한 만물 통치에 기여할 것이고, 그러므로 모든 원수를 굴복시킬 그리스도의 미래의 세계 통치도 마지막으로 다시 한번 더 종말론적으로 능가될 수 있다고 봅니다.[87]

몰트만에 따르면 바울은 현재적 종말론과 미래적 종말론을 절충하려고 애쓰거나 묵시사상과 헬라 사상을 절충하는 일에도 관심을 기울이지 않았으며, 영원한 현재에 관한 헬라적 표상의 의미 내용을 미래화되고 여전히 지연되고 있는 종말에 적용합니다. 피조물을 하나님과의 조화로운 상태로 인도하는 포괄적인 구원의 진리, 만물에 대한 하나님의 의를 되찾아 주고 만물을 의롭게 하는 포괄적인 의, 만물을 놀랍도록 변모시키고 인간의 숨겨진 얼굴을 숨겨내는 하나님의 영광,

---

86   *Theologie der Hoffnung*, 146.
87   *Theologie der Hoffnung*, 147-148.

이 모든 것을 신앙이 십자가에 못박히신 자의 부활에 근거하여 미래의 희망의 지평 안에 세웁니다. 바울은 그리스도 안에서 보증되었던 약속이 성취될 때 하나님으로부터 나와서 하나님 안에 거하고, 하나님으로 돌아가는 만물은 충만한 구원에 이르게 된다고 말합니다. "영원한 현재"는 역사의 종말론적 미래의 목표이지 그 내적인 본질은 아닙니다. 그러므로 그는 창조가 이미 주어진 것과 현존하는 것이 아니라 그것의 미래와 부활이요 새로운 존재라고 분명히 말합니다.

그럼에도 몰트만에 따르면 하나님은 "저편의" 어딘가에 계시는 분이 아니라 오고 계시는 분으로서, 포괄하는 생명과 공의, 진리의 새로운 세계를 약속하시며 바로 이 약속과 함께 이 세계를 지속적으로 문제시하는 분입니다. 이렇게 오시는 하나님을 희망하는 사람은 이 세계는 아무것도 아니기 때문이 아니라 지금의 세계가 그가 기대하고 있는 세계가 아직 아니기 때문에 세계와 이 세계에 잡혀서 살아가는 인간됨을 문제시하면서 세계와 인간됨을 "역사적"으로 만듭니다. 그들의 운명은 약속된 미래에 달려 있고 바로 이 위기 안에 놓여 지기 때문입니다. 새로운 것이 약속되어지는 곳에 옛 것은 사라지고 능가될 수 있을 것이며 새로운 것이 희망되고 기대될 때 낡은 것은 버려지게 될 것이기 때문입니다.[88]

---

88 *Theologie der Hoffnung*, 148-149.

몰트만에 따르면 "역사"(Geschichte)는 역사의 끝으로부터 앞서 달리며 빛을 비추는 약속을 통해 일어나고 지각되어질 수 있는 것 속에서 생겨나며, 종말론은 역사의 바람에 날리는 모래 속에 가라앉지 않으며 도리어 역사를 비판과 희망을 통해 약동하게 하는 것입니다. 일반적인 허무함의 인상은, 이 허무는 뒤로 지탱될 수 없는 것을 향해 슬프게 쳐다보면서 생겨납니다. 그런데 사실은 역사와 아무런 관계가 없으며 역사적이라 할 때는 도리어 소망으로부터 출애굽으로부터 그리고 약속되어 있지만 아직 볼 수 없는 미래로부터 생겨나는 그런 허무함입니다. 그러므로 그리스도의 교회는 이 땅에서 영구한 도성을 가지고 있지 않은데, 이는 교회는 미래의 도성을 찾고 있으며, 그리스도의 수치를 짊어지기 위해 진영 밖으로 나가야 합니다.[89] 몰트만은 마지막으로 슈바이쳐가 말한 것처럼 역사가 종말론을 삼키지 않으며, 불트만이 말한 것처럼 종말론이 역사를 삼키지도 않는다고 강변합니다. 종말론은 아직 존재하지 않는 것에 대한 약속이고, 따라서 그것은 역사를 만들며, 종말을 고지하는 약속(*Promissio*) 그리고 그 안에서 종말이 고지되는 약속은 역사의 동력과 동기요, 역사의 충동과 고통이라고 말합니다.[90]

---

89 *Theologie der Hoffnung*, 149.
90 *Theologie der Hoffnung*, 150.

그리스도의 부활에 대한 역사적 질문과 역사적 연구의 문제점

몰트만은 그리스도의 부활은 세계와 그 역사 안에 있는 하나의 가능성이 아니라 세계와 실존, 역사 전체의 하나의 새로운 가능성이라고 말합니다. 그는 오직 세계가 하나님의 자유와 무로부터(ex nihilio) 우연한 창조로(contingentia mundi: 세계의 우연성) 이해되어질 수 있을 때에만, 그리스도의 부활은 새로운 창조(nova creatio)로 이해될 수 있을 것이라 말합니다. 그러므로 그리스도의 부활에 관한 말과 함께 언급되고 약속된 것을 바라볼 때, 근대의 학문적·기술적 세계가 말하는 합리적인 우주라는 것이 얼마나 비합리적인 것인가가 폭로되어야 하며, 그리스도의 부활은 세계사 속의 가능한 과정을 의미하는 것이 아니라 세계사와 함께 진행되는 종말론적인 과정입니다. 하지만 몰트만의 이러한 부활 이해는 이 역사와 또다른 종말론적인 역사가 있다는 말로 보게 하는 인상을 줍니다.[91]

몰트만에 따르면 신학적·종말론적으로 이해된 부활의 현실성으로부터 역사(Geschichte)에 관한 독자적인 개념, 그리고 역사에 관한 실사(實事; Historie)에 관한 독자적인 이해를 획득할 수 있는 가능성을 지닙니다. 부활의 신학은 기존의 역사 개념에 더는 끼워지지 않을 것이며, 오히려 기존의 역사 이해와 비교하고 논쟁하는 가운데서, 즉 역사를 그것의 마지막

---

91 *Theologie der Hoffnung*, 162-163.

가능성들과 소망들 속에서 그리고 그리스도가 죽은 자들 가운데서 부활했다는 전제 아래서 역사에 관한 새로운 이해를 획득하려고 시도해야 한다고 말합니다.

여기서 우리는 몰트만이 전제론적 논증을 하는 것처럼 보입니다. 그는 부활의 신학적 해석을 전제하면서, 기존의 일반 역사와 논증을 하여 그의 부활의 사실을 증명하려 하기 때문입니다. 몰트만에 따르면 부활 신앙의 지성(*intellectus fidei resurrectionis*)은 다른 역사 개념들과 대결하는 가운데서 전개되어야 합니다. 그것은 하나님과 역사, 자연을 "기독론적으로" 설명할 수 있는 능력을 주며, 우리가 알고 있는 역사 안에서 그리스도의 부활과 비교할만한 사건(Parallele)은 없습니다. 그래서 그것은 "역사를 만드는 사건"으로 간주될 수 있으며, 도리어 다른 모든 역사는 바로 이 그리스도의 부활 사건을 통해 조명하고 질문하면서 갱신됩니다. 몰트만은 이 사건을 선포하고 희망 중에서 이 사건에 관한 실사(Historie)를 점진적 방식으로 회상해야 한다고 봅니다. 희망 중에서 이 사건을 회상하는 행위로부터 세계사의 보편적 법칙이 유추되지는 않으며, 오히려 단 한번 일어난 이 사건을 회상함으로써 세계사 전체의 미래에 대한 희망이 회상된다고 말합니다.

몰트만은 자신의 이러한 부활 이해와 판넨베르크의 부활 이해가 다르다는 점을 다음의 문장들에서 암시하고 있습니다. 그는 그리스도의 부활은 항상 어디에서나 경험할 수 있는 것을 지시하는 유비(analogie)가 아니라 장차 만물에게 다가올 것을 지시하는 유비로 주어지며, 그렇다면 그리스도의 부활을 근거로 하여 장차 다가올 것을 기대함으로써 경험할 수 있는 모든 현실은 자신이 바라는 것을 아직 얻지 못한 현실로 바뀔 것이라 말합니다. 모든 현실적인 경험은 잠정적인 경험으로 바뀔 것이므로 부활의 신학은 세계사의 공통적 유사성의 핵심을 형이상학으로 고정하려는 모든 시도와 갈등을 겪을 것이며, 그래서 또한 이를 근거로 유비에 따라서 역사를 이해하려는 시도와도 갈등을 겪게 마련이라 말합니다.[92]

그는 부활의 신학이 종말론적 유비에 따라 미래적인 것의 서광과 선취(先取)로 전개되는 역사 이해를 기획해야 한다고 말합니다. 몰트만에 따르면 그리스도의 부활이 "역사적"(geschichtlich)이라고 일컬어질 수 있는 이유는 그것이 다른 범주들에 의해서도 언제나 해명될 수 있는 역사 속에서 일어났기 때문이 아니라, 그것이 우리가 살아갈 수 있고 또 살아가야할 역사를 세우기 때문입니다. 그것이 미래의 사건을 위해 길을 열어 놓는 한에서 그리스도의 부활이 역사적인 이유는 그것이 종말론적 미래를 열어놓기 때문입니다. 그는 이러한 주장은 "역사를 만드는 역사"의 다른 사건들, 충격적인 일이나 혁명을 배후에서 지원하는 다른 모든 역사 개념들과

---

92 *Theologie der Hoffnung*, 163.

논쟁하는 가운데서 입증되어야 한다고 말합니다.[93]

몰트만은 교회가 교회 자신이 살아가고 있는 사회와 진리에 대한 하나의 과정 속에 서 있는 것처럼, 신학 역시 교회의 파송에 참여하고 있으므로 신학은 역사 이해들과 역사적 세계관들을 갖고서 진리의 미래를 향한 과정 속에 있어야 하며, 그래서 예수의 부활의 현실성에 관한 논쟁에도 참여해야 한다고 말합니다. 그는 현대의 역사적 현실 개념과 논쟁하고 이를 해체하는 가운데서 예수 부활의 수수께끼와 같은 현실성을 이해하려고 노력할 때, 신학은 단지 까마득한 과거의 시시콜콜한 사항에 관해 논쟁하는 것만을 일삼지 않고, 오히려 이 현실성을 통해 역사적 사실을 확정하는 역사적 도구를 문제시해야 한다고 주장합니다.[94]

부활한 자의 선포 속에 있는 미래의 지평에 대한 종말론적 질문

몰트만은 부활 보고들에서의 경험과 판단은 명백하게 약속된 미래에 대한 기대와 희망, 질문의 확고한 종말론적 지평 안에 있다는 점을 강조합니다. 그는 "일으킴", "부활" 따위와 같은 표현들은 이미 회상과 희망의 모든 세계를 포괄하고 있고, 그러므로 부활의 보고들은 곧장 세계의 기원과 의미, 본질을 묻는 우주적 지평 안에 직접 서지 않는다고 말합니다. 더 나

---

93 *Theologie der Hoffnung*, 163-164.
94 *Theologie der Hoffnung*, 165.

아가 부활 사건을 세계관적 틀에서 보면 안 되고, 부활의 보고들은 곧장 인간적인 현존의 기원과 의미, 본질을 묻는 실존적 지평에 서지 않으며, 신성의 본질과 출현을 묻는 보편적·신학적 지평에 서지도 않는다고 말합니다. 그것들은 이러한 하나님의 약속에 따라 직접 이루어질 것에 대해, 예언자적 그리고 묵시적인 기대들, 소망들, 질문들이라는 특별한 지평에 서야 하며, 그러므로 부활의 현현 가운데서 빛나는 것은 무엇이나 이전에 약속된 것을 통해 설명되며, 이런 설명은 다시금 이런 현현들 가운데서 빛났던 그리스도의 미래를 예언자적으로 선포하는 방식과 종말론적으로 전망하는 방식으로 이루어지므로, 기독교적 종말론은 부활 경험으로부터 생겨났으며 기독교적 예언은 부활 신앙을 규정했다고 말합니다.[95]

그는 이런 주장을 통해 부활을 통해 의와 생명의 새 세계에 대한 예언들이 확인되었고, 이는 앞으로 약속된 미래를 보는 거울 역할도 해주고 있다고 보고 있으며, 부활은 하나님의 자기계시나 케리그마적-실존론적 구원과는 관계가 없다고 보고 있습니다. 하지만 기독교적 종말론은 이전에 약속된 것, 그리고 예수님 자신에 관해 이전에 약속되고 이전에 선포된 것을 회상하고 수용하면서 부활 경험을 해석하고 표현한 것입니다. 부활 현현들은 바로 이 종말론적 지평과 결합되어 있

---

95 *Theologie der Hoffnung*, 174.

는데, 이는 자신이 미리 제시하고 회상시키는 내용 안에서만 그러한 것이 아니라 그 스스로가 미리 설계하고 도전을 주는 내용 안에서도 그러하다고 말합니다.[96]

몰트만에 따르면 기독교적 종말론은 구약성경의 약속 신앙과도 예언자적 묵시사상적 종말론, 즉 구원사에서 주장하는 약속과 성취의 도식에서 그리스도에 관해 말하는 종말론과 다르며, "그리스도와 그의 미래"에 관해 말한다는 점에서도 다릅니다. 구약성경은 일반 역사와 관계해서 종말론적으로 예언하는 예언들의 성취에는 관심이 없고 오직 예수 그리스도와 그의 미래에 관해서만 관심을 가집니다. 기독교적 종말론은 객관적으로 나사렛 예수님의 인격과 그의 부활 사건과 관련을 맺고, 이 인격과 이 사건에 근거해 있는 미래에 관해 말하며, 거꾸로 역사의 일반적인 미래의 가능성을 탐구하지 않습니다. 그것은 또한 미래를 바라보는 인간 존재의 일반적인 가능성을 전개하지도 않으므로 기독교적 종말론은 종말론이 다루는 기독론이라는 점을 몰트만은 강변합니다.[97] 그는 비록 부활 현현 속에 나타난 "예수 그리스도의 계시"의 경험 방식과 전달 방식은 후기 유대교적 전통의 묵시사상적 표상과 희망을 받아들이지만 이 계시의 내용은 후기 유대교의 묵시사상의 틀을 깨뜨리고 있으므로, 하나님께서 보여주시

---

96 *Theologie der Hoffnung*, 174.
97 *Theologie der Hoffnung*, 174-175.

는 것은 역사의 과정이나 저 위에 있는 천상 세계의 비밀이나 장차 일어날 세계 심판의 시작이 아니라 이 세계를 위한 십자가에 달린 그리스도의 미래라고 말합니다. 기독교적 종말론 혹은 종말론적 기독론은 일반적인 묵시사상의 특별한 한 경우로 이해되어서는 안 되고 기독교화 된 묵시사상도 아니며, 비록 부활 보고와 원시 기독교의 부활 신학에서 묵시사상적 표상자료와 묵시사상적 희망과 연결되는 일이 일어난다고 해도, 이것은 분명히 절충주의적으로 일어난다고 말합니다.

몰트만은 이 부활 사건으로 과거의 특정한 사건이 생생하게 회상되고, 부활의 선포 속에서 일정 사건들이 함께 회상되며, 어떤 사건들은 탈락되기도 하며, 하나님의 종말론적 계시에 관한 특정한 표상들이 사용되기도 하지만, 후기 유대주의적인 묵시사상의 전 세계관이나 삶의 태도가 복구되지는 않는다고 말합니다. 그는 "죽은 자들로부터의 부활"은 하나님의 마지막 때의 계시의 종말론적 기대들에 속하기는 하지만 결코 철저하지도 그리고 결코 중심적으로도 속하지 않으며, 만약 예수님이 잠자는 자들의 첫 열매로 알려졌다면, 이것은 묵시사상의 틀을 벗어난 셈인데, 이는 한번 일어난 이 사건에서 죽은 자의 부활이 모든 사람을 위해 일어났다고 말하고 있기 때문이라고 말합니다. 그리고 이 부활은 묵시사상에서 주장하는 것처럼, 율법에 충실했던 자에게 일어난 것이 아니라 십자가에 달렸던 자에게 일어났음으로, 따라서 미래의 부활도 율법에 순종하는 사람이 기대할 수 있는 것이 아니라, 죄인임에도 불구하고 의롭다고 칭함을 받고 그리스도를 믿는 사람이 기대할 수 있다고 말합니다. 즉 예수님의 부활이 묵시사상과 다른 차원을 가지고 있다고 강조합니다. 그는 후기 유대교의 묵시사상에는 토라가 중심을 이루지만 이제는 그 대신에 그리스도의 인격과 십자가가 중심을 이루고, 율법 안에서의 삶 대신에 십자가에 못 박히신 자를 따름 속에서 기독교와의 교제가 등장하며, 세계 앞에서 의인들의 자기 유지 대신에 신자들을 세상에 보내신다는 사실을 강조합니다.[98]

몰트만에 따르면 기독교 종말론이 묵시사상적 표상 자료와 묵시사상적 기대를 수용하고 회상한다고 해서, 그리스도 사건의 일회성이 약화되는 것이 결코 아닙니다. 오히려 이전에 약속된 것을 회상함으로써 종말론적인 일회성(Ein für alle Mal)이 언급될 가능성이 주어진다고 말합니다. 기독교적 미래 희망은 단 한번 일어난 특정한 사건, 즉 예수 그리스도의 부활과 현현을 인식함으로써 생겨나지만, 이 사건에 대한 신학적 소망 지식은 이 사건이 기획하는 미래 지평을 측정하려고 노력할 때 알려질 수 있으므로, 그리스도의 부활을 인식한다는 것은 이 사건 안에서 이 세계를 향해 오시는 하나님의 미래와 이런 하나님과 그의 행동에서 발견되는 인간의 미래를

---

98 *Theologie der Hoffnung*, 175.

인식한다는 것을 의미합니다. 그는 이러한 인식이 일어날 때마다 언제나, 비록 비판적으로 변경되는 현재화를 겪지만, 구약성경의 약속의 사건도 역시 회상되게 된다고 말합니다.

몰트만에 따르면 그리스도의 무궁무진한 미래를 알려고 노력하는 기독교적 종말론은 부활의 사건을 묵시사상적·세계사적 틀 안에 세우지 않으며, 도리어 부활 사건의 내적인 경향성(Tendenz)과 부활하고 높이 들린 자로부터 참으로 기대할 수 있고 또 마땅히 기대해야 할 것에 대해 질문합니다. 그리스도의 사명과 그를 죽은 자들로부터 일으키신 하나님의 의도에 대해 질문하며, 이 사건의 내적인 경향으로서 모든 원수, 죽음까지도 굴복시킬 그분의 미래의 통치를 인식한다고 말합니다.[99] 또한 기독교적 종말론은 인간과 세계를 빛으로 데려가는 그리스도의 미래에 대해 말하며, 거꾸로 그리스도가 빛으로 데리고 가는 세계의 역사나 시간에 대해 말하지 않으며 그리스도가 그의 선한 의지를 빛으로 데려가는 인간들에 대해서는 말하지 않습니다. 그러므로 그는 부활 사건을 세계사적으로 묵시론적으로 정돈하는 것이나 그의 미래나 재림에 대해 날짜 매김은 철저히 배제되었고, 또한 기독교적 희망의 미래개방성의 영원화도 배제되어 있다고 말합니다.[100]

몰트만에 따르면 기독교적 종말론은 그리스도의 부활과

---

99 *Theologie der Hoffnung*, 176.
100 *Theologie der Hoffnung*, 176-177.

미래의 경향성에 관한 학문이며, 따라서 사명에 대한 실천적 지식으로 바로 넘어갑니다. 묵시사상적인 시간 계산이나 묵시사상적 종말의 운명신앙이나 희망의 윤리 둘 중 하나를 선택하는 것은 잘못이라고 말합니다. 그는 여기서도 판넨베르크를 중심으로 하는 보편사학파를 비판합니다. 즉 기독교적 종말론의 경험 내용은 세계사의 큰 사건들을 알리고 비교하고 시간적으로 배열하여 하나의 보편사적 묵시사상적인 시스템을 만들어서 생겨나는 그런 세계사가 아니라, 모든 민족들에 대한 세계사적 파송 아래 만들어지는 경험들이라고 말합니다. 기독교적 역사의식은 하나님의 역사 계획에 대한 신비한 지식 속에서 역사적 우주의 수천 년에 대해 의식하는 것이 아니라, 신적인 위임에 대한 지식 속에서 하나의 파송의식이며, 그러므로 이 구속받지 못한 세계의 모순에 대한 의식이고 기독교적 파송과 기독교적 희망이 서있는 십자가의 표식에 대한 의식이라고 말합니다. 그는 그리스도의 부활 현현들은 명백히 소명을 일으키므로, 그 부활의 현현들 속에서 예수 그리스도를 인식하는 것과 그의 사명과 미래를 인식하는 것은 동시적으로 일어나며, 그러므로 자기 인식과 자신의 소명과 그의 미래를 향한 사명을 인식하는 것도 동시적으로 일어난다고 말합니다.[101] 그리스도의 부활은 죽은 자들의 부활과

---

101 *Theologie der Hoffnung*, 177-178.

새로운 존재의 전체성 안에서 인식할 때까지는 여전히 불안한 약속입니다. 십자가에 달렸던 자의 부활을 인식할 때 항상 어디서나 인식할 수 있는 구원받지 못한 세계의 모순과 그로 인한 슬픔과 고난이 비로소 희망의 확신으로 변합니다. 몰트만은 그리스도의 부활이 부활로서 인식될 수 있는 지평은 약속의 지평이고, 그와 그의 통치의 미래 속으로 앞을 향한 파송의 지평이라 말합니다.

몰트만은 이런 맥락에서 참된 인간됨에 대해서도 논합니다. 참된 인간됨은 하나의 길과 하나의 약속과 하나의 미래가 열림으로써 주어지며, 이 길과 약속 그리고 미래 안에서 "진리"는 인간에게 다가오며 인간 자신도 진리에 이르게 됩니다. 그는 그리스도와의 사귐과 그리스도 안의 새로운 존재는 진정한 인간이 되는 길로 드러나며, 바로 그 안에서 참된 인간이 선포되며, 아직 은폐되어 있고 성취되지 않는 인간의 미래는 그 안에서 추구될 수 있다고 말합니다. 이것은 그리스도의 부활 사건 안에서 선포되는 하나님의 계시의 개방성에 의해 창조되고 열리고 유지되는 인간의 삶의 세계 개방성과 미래 개방성이며, 이와 같은 개방성 안에서 그리스도의 부활 사건은 자신을 넘어서 만물이 완성되는 종말을 지시합니다. 그는 그리스도인의 삶의 개방성이 보편적 인간의 개방성의 특별한 사례도 아니고 피조물이 경험하는 불안한 마음의 특별한 형태도 아니라고 말합니다. 역사적인 그리고 역사를 이끌어

가는 불안한 마음은 오히려 불안한 약속 때문에 일어납니다. 그는 그리스도의 부활은 죽은 자들의 부활과 새로운 존재의 전체성 안에서 인식할 때까지는 여전히 불안한 약속이며, 십자가에 달렸던 자의 부활을 인식할 때, 항상 어디서나 인식할 수 있는 구원 받지 못한 세계의 모순과 그로 인한 슬픔과 고난은 희망의 확신으로 변한다고 말합니다.

다른 한편으로 희망의 확신은 지상적이고 보편적인 것이 되므로, 모순 속에 있는 이 땅의 상황이나 육체적인 생활을 외면하고 교회의 예배 혹은 경건한 내면성 안으로 위축되는 모든 종류의 가현설(假現: Doketismus)은 십자가를 부인하는 행위라고 몰트만은 비판합니다. 그는 십자가와 부활로부터 탄생한 희망은 세계 속에 있는 허무와 모순, 고통의 요인들을 "한시적인 것"으로 바꾸어 놓으며, 이런 것들이 "허무"속에서 사라지도록 방치하지 않는다고 말합니다.[102]

부활하여 나타난 자와 십자가에 달리셨던 그리스도의 동일성

몰트만은 부활하여 나타난 그리스도와 십자가에 달리신 예수의 동일성에 대해 말합니다. 그는 바르트와 같은 신정통주의 쪽에서는 부활하여 나타난 그리스도만 중요하고 자유주의자들에게는 역사적 예수만이 중요하다는 점을 염두에 두

---

102 *Theologie der Hoffnung*, 178-179.

고, 그리스도와 예수는 분리할 수 없는 동일한 분이시라는 점에 대해 강조합니다. 몰트만은 예수님의 동일성은 오직 십자가와 부활 안에(in) 있는 동일성으로 이해되어야지, 십자가와 부활의 밖에(oberhalb) 있는 동일성으로 이해될 수는 없으며, 십자가와 부활의 변증법과 분명히 결합되어 머물러 있어야 한다고 말합니다. 이러한 십자가와 부활의 모순은 그의 동일성에 속해 있으며, 부활은 그의 의미로써 십자가로 축소될 수 없고, 십자가도 그의 전단계로서 부활로 환원될 수 없으며, 그것은 형식적으로 오직 모순을 통해서만 존속하는 변증법적 동일성, 동일성 속에 존속하는 변증법이라고 말합니다.[103] 그는 따라서 그리스도의 미래는 단지 그의 영광이 온 우주에 드러나는 것으로만 기대되지 않으며, 바울이 고린도전서 15:2에서 지적했다시피, 그리스도의 통치는 지금 있고 지금 없는 만물 가운데 드러날 하나님의 신성의 종말론적인 계시에 종속된다고 말합니다. 즉 예수님의 부활을 통해서 지금 이 땅에서 나타난 영광으로 종결되는 것이 아니라 마지막 바라볼 영광의 날이 있다는 말입니다. 그렇다면 십자가와 부활 현현 사이에서 일어난 것은 미래의 계시의 보편적 성취를 기대하는 종말론적인 사건입니다. 그는 이 사건이 사기 자신을 넘어서 예수님을 넘어서 하나님의 오고 있는 영광의 계시를 가리키

---

103 *Theologie der Hoffnung*, 182.

고, 하나님께서 보여주실 미래의 계시를 지시하는 성격을 가지며, 예수님의 부활 현현 안에서 예수님은 자신을 오고 있는 자와 동일시하고, 십자가와 부활 속에 있는 그의 동일성은 오고 있는 사건에 방향과 길을 제시한다고 말합니다.

몰트만에 따르면 성경의 부활 보고를 살펴보면, 부활하여 나타나신 자는 영원화된 분 혹은 천상적으로 영원화된 분으로서 인식되어지는 것이 아니라 다가오시며 약속하시는 하나님의 영광을 미리 보여주시면서 등장합니다. 그는 그분에게 일어난 일을 무엇이나 만물에 대한 하나님으로부터의 죽음에 대한 삶의 승리로서 다가오는 하나님의 통치의 개시와 보증된 약속으로 이해합니다. 그에게 십자가와 부활은 단지 그리스도의 인격의 공개 방식(*modi*)에만 속해 있는 것이 아니고, 십자가와 부활의 변증법은 도리어 그것들을 지양하는 종합을 만물의 마지막에서야 비로소 발견할 하나의 열려있는 변증법입니다. 부활하신 자가 하신 말씀들을 종합적으로 살펴보면, 단지 자신의 동일성을 알리는 요소만이 아니라 사명과 약속의 동기도 존재합니다. 몰트만에 따르면 부활하신 예수님은 주님을 나타내려는 자들에게 바로 자신이 십자가에 못박혀 죽으신 자라는 사실만 확인시켜주는 정도를 넘어 그들이 앞으로 이 세계 안에서 담당해야 할 섬김과 파송을 받는 자로 경험하게 하며, 단지 여기서 나타나는 신성과 하나되는 합일의 축복 체험으로서만 경험하게 하시지 않는다고 말합니다. 즉 "세상에서 사도적인 봉사를 실천하라"는 부활하신 분의 분부는 부활하신 자의 본래적인 말씀으로 인정되었고, 그의 현현들은 당사자들을 예수님의 파송을 따르도록 세우는 소명의 현현들이었으며, 이를 경험한 자들은 부활한 자의 계시로 말미암아 예수의 사명을 자신의 사명으로 여겼습니다. 그래서 그것은 예수님의 사명에 의해 그리고 부활의 서광 안에서 계시되고 기대된 그의 미래에 의해 열리고 결정되는 역사 안으로 그들을 세운다고 말합니다.[104]

몰트만은 예수님에게서 부활 사건을 지각한다는 것은 결과적으로 자신의 파송과 자신의 미래를 지각하는 것으로 이끌며, 이것은 예수님의 인격과 그의 역사의 비밀들이 십자가와 비밀 속에서 그의 파송으로부터 그의 파송에 이바지하는 세상을 향한 하나님의 미래로 파악될 때에만 이해가 될 것이라 말합니다. 그리고 그는 단지 그렇게 그의 역사가 종말론적으로 규정되는 것으로 보일 때에만, 그리고 단지 자신의 역사의식이 파송의식 안에서 설명될 때에만, 예수의 죽은 자로부터의 부활은 "역사적"(geschichtlich)이라고 칭해질 수 있으며, 십자기와 부활의 모순 속에 놓여 있는 그의 수수께끼 같은 동일성은 종말론적인 동일성으로 이해될 수 있다고 봅니다. 몰트만은 여기서 예수의 부활의 의미에 대해 올바로 이해하

---

104 *Theologie der Hoffnung*, 183.

고 사명의식을 가질 때에만 예수의 부활이 역사적이라고 말합니다. 즉 부활은 의미를 깨닫든지 깨닫지 못하든지 역사적이라고 말해야 한다는 전통적인 입장에서 볼 때 몰트만의 입장은 매우 유감이 되는 말이 됩니다. 몰트만은 이러한 동일성을 표현하는 그리스도의 칭호는 그의 미래를 향해 미리 지시하는 성격을 가지므로, 그의 칭호는 그가 누구였고 지금 누구인지를 확정하는 고정된 칭호가 아니라 열려 있고 유동적인 칭호라고 말합니다. 또한 그것은 그가 어떤 자가 될 것인지를 약속 가운데 선포하는 것으로, 동시에 역동적인 칭호이기도 하며, 그것은 사명을 파악하는 매우 유동적인 개념으로서 사람들로 하여금 세상 속에서 일하고 그리스도의 미래를 바라보도록 가르치는 성격을 지시한다고 말합니다.[105]

우리는 몰트만이 부활하신 주님이 바로 십자가에 못 박히신 분이시다는 동일성을 강조하면서 역사적 예수와 신앙의 그리스도를 분리시키는 잘못된 모습을 바로잡는 모습을 보게 됩니다. 하지만 그는 예수님께서 부활하심으로 하나님이 아들로 인정되시고 주와 그리스도가 되셨다는 현재적 영광의 사실을 강조하기보다는, 부활의 현현을 통해 과거의 약속이 성취되고 희망의 미래가 열리게 되었음을 지시한다는 점을 더 강조합니다. 즉 그는 부활을 약속의 성취의 사건으

---

105 *Theologie der Hoffnung*, 183-184.

로 보기보다는 예수님께서 가져올 미래에 대해 지시하는 사건으로 해석하여 현재적 부활의 축제를 차단하고 있습니다. 말하자면 예수님이 부활했다고 해서 잔치를 벌일 때가 아니라는 것입니다. 하지만 우리는 부활을 통해 약속이 실현되었음으로 일단 큰 잔치를 벌이고, 이 잔치에 사람들을 초청하여 함께 누리게 하면서, 미래의 마지막에 이루어질 최후의 만찬을 기다리게 하도록 해야 합니다. 즉 부활 사건은 일차적으로는 현재적 축제이고, 그다음으로 미래적 축제를 지시하는 사건이라는 사실이 동시적으로 강조되어야 합니다.

예수 그리스도의 미래

몰트만에 따르면 우리가 기다려야 하는 그리스도의 미래는 오직 그와 그의 역사 안에 숨겨져 있고 뿌리내리고 있는 것을 비추고 미리 지시하고 밝히 드러내는 약속 안에서만 언급될 수 있습니다. 이 경우 약속은 지식과 무지, 필연성과 가능성, 아직 오지 않은 것과 이미 온 것 사이에 있으며, 그러므로 약속으로 인해 고무된 미래의 지식은 희망의 지식이요, 앞을 바라보며 선취하는 지식이고, 잠정적이고 부분적이며 열려 있고 자기 자신을 넘어섭니다. 그는 그리스도의 십자가와 부활의 사건이 갖는 경향성과 잠재성을 드러내려고 노력할 때, 그리고 이 사건에 의해 열린 가능성을 측정하려고 애쓸 때, 미래의 지식은 열린다고 말합니다.

여기서 십자가에 달렸던 그리스도의 부활 현현은 한편으로는 희망하고 선취하는 의식을 일으키며, 다른 한편으로는 존재를 비판하고 고난을 감수하는 지식을 일으키는 영원한 자극제가 됩니다. 그 이유는 이 현현은 그리스도에게 일어난 사건의 종말론적인 미래를 보여주고 이 사건의 미래적인 계시를 추구하고 묻게 하기 때문입니다. 그는 그리스도에 대한 지식은 그의 미래, 즉 그가 어떤 자가 될 것인지에 대한 선취(Vorwegnahme)적이고 잠정적이고 부분적인 지식이 된다고 말하는데, 이 말은 예수님께서 십자가와 부활을 통해 자신을 알려주신 것은 장차 그가 보여줄 지식의 맛보기 정도라는 말입니다. 하지만 몰트만의 이런 말은 미래에 온전한 계시에 대한 희망을 더 크게 만들기보다는 현실에서 맛보는 맛이 너무 적어 불안하게 만들어 그런 미래의 희망을 바라보지 못하게 만들 수 있습니다. 도리어 현재의 부활과 십자가의 체험이 너무 크고 놀라울 때, 인간은 마지막에 주어질 남은 희망을 기쁨으로 바라볼 수 있어야 하지 않을까라고 생각해봅니다.

몰트만에 따르면 만약 우리가 십자가 아래 감추어져 있는 것(*absconditum sub cruce*)을 잠재성(Latenz)이라 부르고, 부활 안에서 드러난 것(*revelatum in resurrectione*)을 경향성(Tendenz)이라 부를 때, 우리가 예수님의 사명 안에 있는 하나님의 의도를 묻는다면 예수님의 사명(*missio*)은 오직 약속을 통해서만 이해될 수 있습니다. 그가 누구인지를 알려주는 그의 미래는 다음과 같은 약속을 통해 미리 밝혀집니다. 하나님께서 예수님의 미래가 어떻게 될 것인지를 약속해 주셨는데 그 약속의 내용은 첫째, 하나님의 의(義)의 약속, 둘째, 죽은 자들의 부활로 인한 생명의 약속, 셋째, 존재의 새로운 전체성 안에서 이루어질 하나님 나라의 약속입니다.[106]

첫째는 의의 미래입니다. 몰트만은 인간이 계약에 대한 하나님의 신실함을 신뢰하고 약속과 계명으로 주어진 그분의 계약에 따라 살아감으로써 하나님을 의롭게 여기고 그와 동시에 자신도 의롭게 되며, 하나님과의 관계에서만이 아니라 인간의 상호관계에서도 그리고 사물과의 관계에서도 의롭게 된다고 말합니다. 그는 이와 같은 하나님의 의의 역사는 분명히 이스라엘 자신의 역사와 인간의 역사에서만이 아니라 하나님의 모든 피조물의 사건과 운명 안에서 인식되고, 하나님의 의는 자유 속에서 자신의 계명과 말씀, 활동에 대해 신실하시고 언제나 변하지 않으시는 하나님의 모습을 표현하며, 하나님의 행동 덕분에 살아가는 모든 것, 즉 온 피조물은 하나님의 의를 필요로 한다고 말합니다. 그는 하나님의 의가 온 피조물의 생존의 총체요 그 존립의 근거이므로 그분의 의와 신실함이 없이는 아무것도 존립할 수 없으며 모든 것은 허무 속으로 빠지므로 이 의는 보편적이며, 그것은 생명을 의롭게

---

106 *Theologie der Hoffnung*, 184-185.

하고 만물의 존재 근거가 된다고 말합니다.[107]

몰트만은 하나님의 의는 십자가 사건에서만이 아니라 부활 사건에도 근거해 있다고 말하면서 루터의 십자가 중심적 신학을 비판합니다. 그는 하나님의 의는 십자가의 사건에만 근거해 있지 않고 부활의 사건에도 근거해 있으며, 하나님의 의는 그의 죽음만이 아니라 그의 생명에도 근거해 있다고 말하면서 루터의 십자가 신학을 일방적인 십자가 신학이라고 부릅니다. 그리고 루터의 신학은 단지 사죄의 복음만이 될 뿐, 새로운 의의 약속이 되지 못할 것이라고 비판합니다. 하지만 그는 죄인들의 생명은 그의 생명에 근거해 있고, 그들의 미래는 그의 나라의 미래에 근거해 있으므로(롬 6:10, 11), 계시되는 하나님의 의는 죄를 용서하는 것으로 그치지 않고 부활하고 높이 들린 그리스도의 나라 안에서 새로운 생명을 가져다주며, 새로운 생명을 약속하고 지시한다고 말합니다. 그는 예수님의 십자가와 부활 안에서 계시되는 하나님의 의는 하나님과의 화해와 생명에 이르는 의, 죄책을 용서하는 것과 죽음의 운명을 극복하는 것, 화해와 죽을 몸의 구원을 포함하며, 화해의 말과 살게 만들어준다는 약속 안에서 일어난다고 말합니다. 그는 예수님이 부활하고 주님으로 높이 들린 사건은 아직까지는 그의 통치의 완성이 아니라 해방하고 의를 세

---

107 *Theologie der Hoffnung*, 185-186.

우는 만물의 통치의 시작이고 보증이기 때문에, 하나님의 의는 신앙과 세례 가운데서 현재적인 사건이 되게 되지만, 그것은 그리스도의 재림 때에 비로소 완성될 하나의 과정 속에서 붙잡혀질 정도로 현재적인 사건이 된다고 말합니다. 그는 이 과정에서 우리는 이 하나님의 의를 여기서 항상 약속된, 시련과 단련 속에서 주어지는 선물로서 약속과 기다림의 표징 안에서 가지게 된다고 말합니다.[108] 그의 이 말은 하나님의 의가 마지막에야 최종적으로 완성적으로 주어지는 것이지 현재는 맛만 본다는 뜻입니다. 하지만 바울은 그와 다르게 말합니다. 바울은 로마서 1:17에서 이미 복음 안에서 하나님 나라가 계시되었으며 그를 믿는 자는 이미 의롭게 되었고 의의 열매를 향유할 수 있다고 말합니다.

몰트만은 계속하여 하나님의 의는 단지 계시되는 선물일 뿐만 아니라 믿는 자의 생활 가운데서 효력을 나타내는 하나님의 능력이므로, 의롭다고 인정을 받은 자는 몸으로 함께 살아가는 이 세상의 모순 때문에 고난을 당하기 시작한다고 말합니다. 그는 몸으로 이 땅에서 그리고 모든 피조물 가운데서 하나님의 의에 순종해야 하기 때문입니다.[109] 몰트만에 따르면 칭의 사건은 하나님의 만물 통치의 시작과 서광이고, 하나님의 의는 선물과 능력이며, 신앙 안에서 그리스도와 사귐을 나

---

108 *Theologie der Hoffnung*, 187.
109 *Theologie der Hoffnung*, 188.

누는 것은 죄인이 그리스도와 함께 죽는 것일 뿐만 아니라 그의 미래를 바라보면서 그의 통치 아래 살아가는 것이기도 하므로 그것은 모든 것을 포괄하는 하나님의 의의 서막과 약속입니다. 그리스도의 사건 안에 숨겨져 있는 하나님의 의는 새로운 존재의 전체성을 향하는 내적인 경향성을 지니고 있습니다. 의롭다고 인정을 받은 사람은 몸으로 순종함으로써 이와 같은 경향성을 따르며, 순종을 위한 그의 투쟁과 세상의 불신앙 때문에 받는 그의 고난은 만물이 의롭게 될 미래를 지향하므로, 이 투쟁은 오고 또 오는 하나님의 의의 단편과 서곡이라고 말할 수 있습니다. 그 사람은 하나님의 의를 인정하고 있기 때문이요, 이미 그 사람 안에서 하나님께서 세계에 대해 그분의 의를 획득하시기 때문입니다. 그러므로 신약성경에 나타난 하나님의 의를 약속으로 이해해야 합니다. 약속된 것은 하나님의 의 가운데서 현재적으로 주어지긴 하지만, 그것은 아직도 신앙의 희망 안에서 파악됩니다. 이 희망은 사람들로 하여금 하나님의 의가 장차 만물 안에서 드러날 때까지 그 의의 미래를 위해 섬기려는 자세를 갖게 합니다.[110]

둘째는 생명의 미래입니다. 몰트만에 따르면 예수님의 부활은 생명의 부활을 알려주고 지시하는 사건입니다. 예수님의 부활은 그의 개인적인 성금요일 끝에 다가온 개인적인 부

---

110 *Theologie der Hoffnung*, 188-189.

활이 아니었으며 보편적인 성금요일을 폐지하는 시작과 원천이었고, 십자가 죽음의 치명성에서 드러난 하나님에게 버림받은 이 세계를 극복하려는 시작과 원천이었습니다. 몰트만은 그리스도의 부활을 죽은 자들의 일반적인 부활의 첫 번째 경우로서만 무의 존재에 대한 하나님의 신성의 계시의 시작으로서만 이해할 것이 아니라, 모든 신자들의 부활 생명의 원천이자 모든 것에서 성취되고 죽음 자체의 치명성에 저항할 수 있는 것으로 입증되는 확약으로 이해되었다고 말합니다. 그리스도의 부활 사건을 인정하는 것은 희망과 기대 속에서 이 사건을 인정하는 것이고, 십자가에 달린 자의 부활과 버림받은 자의 높이 들림으로부터 하나님을 찬양하는 가운데서 솟아나는 영원한 생명의 잠재성을 인정하는 것이며, 한 사람이 부활한 이 사건에서 죽은 사람들의 부활로 이어지는 경향성을 받아들이는 것입니다. 그것은 영원한 생명과 부활을 기대하는 가운데서 고난과 죽음의 변증법 안으로 들어감으로써 하나님의 의도를 따르는 것이며 이런 일은 성령의 활동으로 된다고 몰트만은 말합니다.

바울은 성령을 살리는 영으로, 그리스도를 죽은 자들 가운데서 일으켰던 영으로, 그리스도와 그의 미래를 인식하는 자들 가운데 거하는 영으로, 죽을 몸까지 살릴 영(롬 8:11)이라고 보았지만, 몰트만은 여기서 영이라고 일컬어지는 것을 하늘로부터 떨어지는 것도 아니고 열광주의자들이 믿는 것처럼 하늘로 올라가는 것도 아니며, 그리스도의 부활 사건으로부터 흘러나오는 것으로 봅니다. 즉 그의 미래 즉 보편적인 부활과 생명의 미래의 서광과 보증이라고 말하면서 성령을 부활 사건에 매여 있는 영으로 이해합니다.[111] 그는 여기서 영에 관한 자신의 생각이 불트만과 비슷하다고 말하며 그를 인용합니다. "육(sarx)의 능력이 인간을 허무한 것, 본질적으로 이미 지나가 버린 것, 죽음에 붙잡아 매는 행위 속에서 드러난다면, 영(pneuma)의 능력은 믿는 자들에게 미래를 주고, 그들에게 허무하지 않은 것, 생명을 열어주는 행위 속에서 드러난다. 실로 자유란 참된 미래를 향해 마음을 여는 것, 미래에 의해 자신의 운명을 결정하는 것과 다르지 않다. 이처럼 영은 미래의 능력이라고 일컬어진다."[112] 하지만 그는 믿음의 영 안에서 과거와 미래는 영원의 수학적인 점에서도, 공중에 매달려 있는 영원한 지금에서도 차이가 나타나는 것이 아니며, 십자가에 달린 그리스도의 부활의 역사적인 사건에서 차이가 나타난다고 말합니다. 그는 바로 이 역사적 부활 사건에서 허무의 세력과 죽음의 숙명은 극복되며, 생명의 미래가 모든 자들을 위해 단번에 열린다고 말합니다. 그는 그리스도가 불트만 학파가 말하는 것처럼 영으로 혹은 케리그마로 부활하지 않았으며, 영의 경향성과 카리스마의 선포가 지시하는 아직

---

111 *Theologie der Hoffnung*, 192.
112 Bultmann, *Theologie des Neuen Testament*, 1953, 331.

성취되지 않은 미래로 부활했다고 말합니다. 이 미래는 단지 실존적 관련성을 통해서만 성찰할 수 있는 미래가 아니며, 그것은 예수 그리스도의 미래라고 말합니다. 그러므로 그는 역사적인, 역사를 만들고 역사를 열어주는 그리스도의 부활 사건을 인정함으로써만 그 미래를 측정할 수 있다고 봅니다.

몰트만은 육의 일을 죽이고 미래를 위한 자유를 선사하는 영은 영원한 하나의 사건이 아니고 그것은 역사적 사건으로부터 흘러나오며 종말론적 가능성과 위험성을 열어준다고 말하며 바르트 학파의 성령 이해를 비판합니다. 몰트만은 영은 그리스도를 기억나게 하는 영으로서 그리스도의 미래를 약속하는데 이 둘의 관계를 뒤집어도 무방하다고 말합니다. 그러므로 영은 "그리스도의 고난의 사귐"(Gemeinschaft der Leiden Christi)과 그의 죽음을 본받는 삶, 그리고 죽음의 위험을 감수하는 사랑으로 인도합니다. 사랑은 언제나 희망과 함께 가기 때문입니다. 그러므로 몰트만은 영이 예수 그리스도의 영광스러운 변모의 미래로 인도하며 인류와 만물의 미래와 변모는 바로 그의 변모에 달려 있다고 말합니다.[113]

우리는 여기서도 몰트만이 영을 오직 미래의 영광과 관계시키고 있음을 볼 수 있습니다. 그는 성령이 오심을 통해 얻어지는 현재의 복들, 즉 죄사함, 하나님의 자녀됨의 확인, 하나

---

113 *Theologie der Hoffnung*, 193.

님과 화해됨을 통한 하나님과의 교통의 복들 등, 현재적 복에 대해서는 영이 오심을 통해 현재적으로 나타나는 은사들과 열매들에 대해서는 침묵하고 있습니다.

셋째는 하나님 나라의 미래와 인간의 자유입니다. 몰트만은 하나님 나라의 미래와 인간의 자유 부분에서도 계속하여 신정통주의 신학을 비판합니다. 그는 예수님의 부활이 기독교의 하나님 나라 선포에 존재한다면, 우리는 더 이상 그 선포의 "실존적 의미"에만 집중할 수 없고 그 선포를 실존적으로 윤리화할 수도 없다고 말합니다. 몰트만에 따르면 도리어 묵시사상이 그랬던 것처럼, 우리는 희망과 약속의 보편적 지평을 만물에 이르기까지 넓혀가야 합니다. 물론 묵시사상과 같은 방식으로 그렇게 할 수는 없지만, 묵시사상의 우주적인 넓이 만큼 그 지평을 넓혀가야 한다고 말합니다. 그러므로 우리는 단지 하나님의 통치(Herrschaft)만을 말해서는 안 되고, 이와 함께 절대적인 요구 앞에 서 있는 인간의 종말론적 실존만을 말해서도 안 됩니다. 우리는 다시금 하나님 나라(Reich)도 말해야 하며, 이와 함께 만물을 위힌 그의 미래의 종말론적인 넓이도 말해야 합니다. 몰트만에 따르면 이는 그리스도의 사명과 사랑은 희망하는 자를 이와 같은 넓은 지평 안으로 인도하기 때문입니다.[114]

---

114 *Theologie der Hoffnung*, 200-201.

몰트만에 따르면 하나님 나라는 지금 우리가 사는 이 세상에서도, 십자가의 덮개 아래 오고 있으며, 오고 있는 하나님의 통치는 이 땅에서 그리스도인들의 고난 안에서 구체적인 형태를 지니고 있으므로, 그리스도인들은 이러한 희망 때문에 세상과 타협할 수 없고, 그리스도의 사명과 사랑으로 말미암아 그의 고난을 따르며 본받게 됩니다. 이렇게 그리스도의 십자가와 부활을 바라본다고 해서 하나님 나라가 정신적으로 변하거나 피안적인 실체로 변하지는 않습니다. 도리어 그것은 이 세상적인 것이 되며 하나님을 믿지 않고 하나님에게 버림받은 세상과 갈등하고 대립하게 됩니다.[115] 그는 자신의 종말론을 한마디로 "만물을 포괄하는 종말론"이라 말합니다. 만약 하나님 나라가 죽은 자들의 부활을 의미한다면, 그것은 새 창조이며, 그렇다면 높이 들린 주(Herr)는 수많은 제의적 주들 가운데 한 주, 혹은 참된 제의적 주로 이해될 수 없고, 오직 우주의 통치자(kosmokrator)로서만 이해될 수 있습니다. 헬라 교회의 고양(高揚)의 기독론이 주장하는 부활하고 높이 들린 그리스도의 통치는 종말론적이자 잠정적이며, 만물을 새롭게 할 하나님의 유일한 통치에 봉사하는 것입니다.

몰트만에 따르면 하나님 나라 메시지의 기독론적 이해는 예수님께서 선포한 하나님 나라 메시지를 변형하기보다는, 오

---

115 *Theologie der Hoffnung*, 202.

히려 이를 보편적인 것으로 만들어 새로운 존재의 전체성을 위해 이를 열어 놓습니다. 부활 현현은 죽음을 정복하는 하나님 나라를 기대하는 계기, 허무한 만물 가운데 하나님의 의가 실현되기를 기대하는 계기가 됩니다. 그는 만약 하나님 나라가 새로운 창조 행위와 함께 시작된다면, 결국 화해자는 창조자가 되는 것이고, 화해에 관한 종말론적 전망은 온 피조물의 화해를 의미할 것이며, 만물을 포괄하는 종말론을 전개해야 할 것이라 말합니다. 그는 십자가와 함께 만물에게 의와 생명, 평화를 주는 하나님 나라가 아직은 실현되지 않았음을 우리가 인식하게 되므로, 하나님 나라는 부활과 새 창조보다 못한 것일 수 없으며 하나님 나라의 희망은 이보다 못한 것으로 만족할 수 없다고 말합니다.

몰트만에 따르면 이러한 보편성 때문에 하나님 나라를 새롭게 희망하게 된 우리는 버림받고 구원 받지 못한 허무한 것에 굴복하고 있는 만물 때문에 고난을 받게 됩니다. 또한 하나님의 자유를 향해 소리치는 온 피조물의 고통과 기다림에 동참하며(롬 8:22), 만물 속에서 하나님의 미래를 향한 갈망과 신음, 채워지지 못한 개방성을 인식하게 됩니다. 그러므로 하나님 나라는 만물의 미래적 지평을 위한 약속과 희망으로서 이 땅에서 현존하며, 이 지평은 아직 그 자체 안에서 진리를 소유하지 못하고 있으며, 바로 그렇기 때문에, 이 지평은 역사적인 성격을 지닌다는 사실을 인식하게 됩니다.

하지만 "하나님 나라는 이 땅을 포기할 수 없다"고 분명히 합니다. 그는 만약 하나님 나라의 약속의 만물에 이르기까지 하나님께서 모든 것 가운데서 모든 것이 되시는 보편적·종말론적 미래 지평을 전개한다면, 희망하는 자가 종교적으로나 제의적으로 이 땅을 포기하는 것은 불가능하게 되고, 도리어 그의 죽음과 허무의 세력에 굴복하고 있는 이 땅을 온유하게 받아들여야 하며, 만물이 새로워질 수 있도록 노력해야 한다고 말합니다. 화해의 고향을 이룩하기 위해 고향을 잃은 자들과 함께 고향이 없는 자가 되어야 하고, 하나님의 평화를 위해 평화가 없는 자들과 함께 평화가 없는 자가 되어야 하며, 오고 있는 하나님의 의를 위해 불의한 자들과 함께 불의한 자가 되어야 합니다. 그는 만물에게 의와 생명, 평화와 자유, 진리를 가져다주는 하나님 나라의 약속은 배타적이지 않고 포괄적이라 말합니다. 그는 특수 구원론적 입장을 포기하고 보편구원론적 입장에서 이해합니다. 그는 그러므로 하나님의 사랑, 그의 이웃 사랑, 고난의 연대성도 포괄적이고, 그것은 그 어느 것도 배제하지 않고 모든 것을 포괄하며, 하나님은 모든 것 가운데서 모든 것이 되실 것이라 말합니다. 몰트만에 따르면 하나님 나라의 약속(*Promissio*)은 세상을 향한 파송(*missio*)의 근거가 되며, 하나님 나라의 약속은 성령 안에서 자신을 비워서 몸으로 순종할 수 있게 됩니다. 이는 안쪽이 바깥쪽이 될 것이기 때문이고, 또 그렇게 되어야 하

기 때문입니다.[116]

희망의 신학에 대한 평가

몰트만의 『희망의 신학』은 발간되자마자 당시의 학계에 엄청난 반향을 불러일으켰을 뿐만 아니라 여러 나라 말로 번역이 되었습니다. 그는 세계적인 신학자로서 명성을 얻었습니다. 그는 자신의 말대로 절망으로 가득 찬 1960년대의 시대적인 분위기 속에서, 심지어는 교회에서조차도 현재의 삶에서 종말의 희망을 선포하기보다는 초월적 내세적 희망만을 애기할 때, 희망의 약속 속에서 현실 속에서도 희망을 애기할 수 있다는 생각을 던져주었습니다. 그는 예수 그리스도의 십자가와 부활은 종말의 영원한 생명 세상을 현재적으로 선취하게 해주는 사건일 뿐만 아니라 장차 다가올 하나님 나라를 바라보게 하는 지시적 의미를 가진다고 말했습니다. 그는 부활 사건은 구원의 현재와만 관계되어서는 안 되며 반드시 구원의 미래와 관계를 가져야 한다고 강조합니다.

그는 전통적인 신학에서 부활을 역사적 사건으로 보고 그의 십자가와 부활을 믿는 자는 지금 여기서 죄사함을 받고 영생을 얻고 장차 천국에 들어간다는 입장을 비판하며 부활

---

116 *Theologie der Hoffnung*, 202-204.

사건을 철저히 미래에 하나님께서 가져오실 구원과 관계시킵니다. 소위 하나님 나라의 현재성보다 미래성을 더 강조합니다. 그가 하나님 나라의 현재성을 강조하며 미래에 임할 하나님 나라를 실종시켜버린 자유주의 신학이나 신정통주의 신학을 비판했지만, 그 역시 하나님 나라의 미래를 강조하고 종말을 강조하면서 하나님 나라의 현재성을 제거합니다. 더 나아가, 그는 미래에 임할 하나님 나라를 말하면서도 정통주의 신학에서와 같이 마지막 때에 일어날 의인의 구원 그리고 악인의 심판을 믿지 않습니다. 그가 볼 때 이런 생각은 성경의 생각이라기보다는 그가 애써 부인하려 할지라도 유대 후기 묵시사상과 관계되었다고 보기 때문입니다. 그는 하나님은 의인이든 악인이든 차별 없이 모두에게 이 의의 미래, 생명의 미래를 약속하고 있다고 말합니다.

몰트만은 희망의 신학에서 십자가 사건의 중요성도 말합니다. 하지만 십자가 사건보다 부활 사건을 더 중요하게 봅니다. 십자가가 소망의 원인이 아니라 부활이 소망의 원인이라고 말합니다. 십자가는 부활로 가는 하나의 여정이며 부활을 통해 열려진 하나님 나라를 들어가는 자들이 반드시 거쳐야 할 하나의 과정으로 봅니다. 그는 십자가조차도 부활을 통해 약속된 미래의 희망의 날과 연결을 시킨 나머지 십자가 사건이 갖는 구원론적 의미를 약화시킵니다. 정통신학에서는 십자가는 인간의 원죄 때문에 필연적으로 있어야 하며, 예수님께서 십자가를 지셔야만 죄사함을 받고 구원을 받을 수 있으며, 부활은 이 죄사함에 대한 확증하는 사건이라고 말합니다. 하지만 몰트만은 부활을 십자가 사건이 의미하는 죄사함을 통한 영생에 대한 약속과 관계를 시키지 않고 장래에 주어질 소망과만 연결시키는 큰 실수를 범합니다.[117]

몰트만이 십자가와 부활 사건을 종말론적으로만 해석하다 보니 십자가와 부활이 현재 신자에게 가져다주는 구원의 복들에 대해서도 침묵합니다. 그래서 신자는 비록 십자가와 부활을 믿어도 크게 기뻐할 일이 없습니다. 그 사건은 단지 예전부터 믿어왔던 종말에 대한 약속만을 확증시켜 주었기 때문입니다. 하지만 성경 요한복음에서는 구원을 이미와 아직 두 차원으로 분명히 설명하고 있습니다(요 5:24-29, 11:25-26). 신자는 그런 종말의 날을 지금 여기서 맛볼 수 있고 여기서 그런 종말의 축제에 미리 참여할 수 있습니다. 이렇게 하나님의 은혜를 받고 하나님께서 선물하신 복을 현재에 영적으로 누리는 사람들이 십자가를 멀리하지 않고 십자가를 지고 주님을 따르게 되는 것입니다. 신약성경에 나타나는 예수님의 잔치 비유는 하나님 나라가 지금 여기에 임했다는 것을 예시하는 사건입니다.

십자가를 죄사함과 연결시키지 않고 계속 종말의 시기와

---

117 Hendrikus Berkhof, *Über die Methode der Eschathologie, Diskussion über die "Theologie der Hoofnung:*, Chr. Kaiser Verlag, München 1967, 182-183.

관계시키면서 십자가를 질 것을 요구한다면 십자가를 죄사함의 표지로서의 성례(*sacramentum*)를 믿지 않는 것이며 단지 모범(*exemplum*)으로만 믿게 되는 것입니다. 그리고 인간의 노력 역시 은혜가 아니라 자유의지의 노력이라고 볼 수 있습니다. 그가 아무리 헤겔을 극복하려 했다 하더라도, 그 역시 원죄를 간과함으로 인해 낙관주의적 희망을 설파하고 있는 것입니다. 복음을 전하여 사람들을 회심시켜 죄사함을 받아 영생을 얻게 하고 종말의 만물 회복의 때를 바라보게 하는 것이 종말의 희망으로 가는 바른 길입니다.

그가 희망의 신학을 쓰면서 십자가보다는 부활을 강조하다 보니 십자가의 필요성 문제가 심각하게 대두되었습니다. 그래서 그는 자신이 말하는 희망은 철저히 십자가에 근거하고 있다는 생각을 전달하고 싶었습니다. 이러한 필요성 때문에 그는 결국 『십자가에 달린 하나님』(*Der gekreuzigte Gott*)라는 책을 쓰게 됩니다. 우리는 그가 과연 이 책에서도 십자가를 부활을 위한 과정으로 보는지 아니면 십자가가 가진 독자적인 구원론적인 의미를 되찾아주는지 눈여겨보면서 이 책을 살펴보아야 합니다.

3.
십자가에 달리신 하나님

희망의 신학에서 십자가 신학으로 넘어가며

몰트만은 이 책의 기본 사상을 1969년의 바젤 대학 신학부에서 강연했던 "예수의 십자가 안에 있는 하나님"(Gott im Kreuz Jesu)에서 소개했다고 말합니다. "이 시절에 나의 신학적 관심은 십자가에 달린 자의 부활과 그 안에서 열려진 희망의 지평으로부터 부활한 자의 십자가와 절대적인 죽음의 경험에 대한 회상의 영역으로 넘어갔다. '십자가에 달리신 하나님'은 '희망의 하나님'의 다른 측면으로 기획되었다."[1] 그는 부활을 통해 열려진 희망의 빛은 십자가와 떨어져서가 아니라, 십자가의 어둠을 통해서 나오게 된다는 말을 하고 싶었던 것입니

---

1 『몰트만 자서전』, 270.

다. 즉 그는 기독교의 희망은 결국 십자가의 고난의 토대 위에서 있음을 말함으로써 그가 말하는 희망이 유토피아적인 공허한 희망이 될 수 있다는 주장을 반박하고 싶었던 것입니다. 그는 십자가 신학에 대해 특별한 애정을 가지고 있음을 다음과 같은 말로 피력합니다.

> 십자가 신학은 나의 오래된 관심사이며, 희망의 신학보다 더 오랜 것이다. 나는 고난을 당한 예수와의 교제를 통해 기독교의 하나님 신앙에 도달했다. 젊은 루터의 "십자가 신학"은 내가 괴팅엔에서 신학 수업을 처음 받을 때에 제대로 알게 된 첫 신학적 기획이었다. 하지만 죄, 희생, 은혜에 대한 전통적인 해석은 내가 경험한 죽음의 심연에 도달하지 못했다. 나는 구원 받지 못한 상태였다.[2]

몰트만은 이 구절에서 자신의 십자가 신학이 루터의 십자가 신학에 빚을 지고 있음을 말하면서도 중세적 배경에서 쓴 그의 십자가 신학은 제2차 세계대전 후의 절망적인 상황에 대한 답을 줄 수 없다고 말합니다. 그는 루터의 십자가 신학을 넘어서는 십자가 신학을 쓰겠다는 의지를 피력합니다.

> 나의 책 『십자가에 달리신 하나님』이 "아우슈비츠 이후의 신학"

---

2 『몰트만 자서전』, 270.

(Theologie nach Auschwitz)이라는 말은 옳다. 그렇지만 그것은 문자적으로는 그리스도의 십자가 죽음 이후의 하나님 신앙에 관한 것이다. 우리가 아우슈비츠 이후에도 하나님에 관해 무엇을 감히 말할 것인지는 참으로 우리가 골고다의 사건 이후에 하나님에 관해 무엇을 말할 수 있느냐에 달려 있으며, 또한 우리가 "나의 하나님 어찌하여 나를 버리시나이까?"라는 그리스도의 죽음의 절규를 들을 때 우리가 어떻게 하나님에 관해 말하느냐에 달려 있다. 이 책의 모든 내용은 신학적으로 이런 죽음의 절규와 논쟁하려고 애쓴 노력으로 이해 될 수 있다. 죽음의 이 절규 안에는 십자가 신학과 묵시사상적인 미래 기대를 연결하는 그 무엇이 들어 있다. 만약 그리스도의 고난 안에서 하나님의 고난이 계시된다면, 이 고난은 더는 무한하거나 끝이 없는 고난일 수 없다.[3]

몰트만은 이러한 착상을 담은 자신의 십자가 신학은 정치 신학과 밀접한 관계를 가진 신학이라고 볼 수 있다고 말합니다. "나는 1970년에 정치 신학의 틀 안에서 십자가 신학을 통해 정치적 종교에 대한 신학적 비판을 가능하게 만들었다. 칼 슈미트(Carl Schmitt)가 말했듯이 십자가 신학은 '강한 정치적 의미'를 드러내고 있다. 십자가에 달리신 하나님을 예배한다는 것은 강한 정치적 의미를 함축하고 있고, 십자가 신학은

---

3 『몰트만 자서전』, 272.

순전히 신학적인 것으로 승화될 수 없다." 그는 십자가 신학은 본래 정치적인 십자가 신학이라는 자신의 신념을 분명하게 밝힙니다. 이제 여기에 대해 주요 내용을 살펴보겠습니다.

신앙의 관계성과 동일성의 딜레마

몰트만이 이 책을 쓰게 된 이유를 앞부분에서 밝힙니다. 기독교 신학은 기독교 신학으로서의 내적 기준을 십자가에 달린 그분에게서 발견한다고 말하며, 십자가 중심의 신학의 역사적 전거(典據)를 루터의 십자가 신학에 둔다고 말합니다. "그래서 우리는 루터의 간결한 다음의 명제로 돌아가게 된다. 십자가는 모든 것을 시험한다"(Crux probat Omnia).[4] 그는 기독교에서 기독교적이라 불릴 수 있는 모든 것을 시험하는 것은 십자가이며, 오직 십자가만이 그것을 증명한다고 주장합니다. 그에 따르면 십자가는 그 모든 것을 부정하며 기독교 내의 혼합주의적 요소들을 배격하기 때문입니다. 그는 이 명제가 대단히 냉정하게 들리고, 어떤 사람들에게는 비동정적이고 비현대적으로 들릴 수 있으며, 다른 사람들에게는 신앙적이고 전통적으로 들릴 수 있으므로 현대적이고 전통적인 양쪽의 입장을 다 실망시킬 것이라 말합니다. 몰트만에 따르면 기독교

---

4 Jürgen Moltmann, *Der gekreuzigte Gott; das Kreuz Christi als Grund und Kritik christlicher Theologie*, Chr. Kaiser, 4 Auflage 1981, 12.

신학이 자기 자신을 기독교적이라고 증명할 수 있는 것은, 단순한 의욕에서 일어나는 것이 아니며, 오히려 이것은 오늘날 일어나고 있는 복잡한 문제들 때문입니다. 신학, 교회 그리고 인간의 기독교적 실존은 오늘날 과거보다 더 심각한 이중의 위기에 처해 있는데 그것은 바로 관계성(Relevanz)과 동일성(Identität)의 위기(Krise)라고 말하며, 이 두 가지 위기는 서로 보충하면서 연관되어 있습니다.

몰트만에 따르면 신학과 교회가 현대의 제반 문제들에 대한 어떤 관계성을 가지려고 노력하면 할수록 기독교적 동일성을 상실할 위기에 빠집니다. 또한 신학과 교회가 전통적 교리, 예배의식 그리고 도덕적 표상 하에 자기의 동일성을 주장하면 할수록 현실과 동떨어지게 되고 이해할 수 없는 것이 되어 버린다고 말합니다. 그는 이 이중의 위기를 "동일성-참여의 딜레마"(identity-involvement-dilemma)라고 표현합니다. 사변적인 추론이 아닌 구체적인 경험들을 통해서 이 딜레마에 대한 답을 찾아야 하며, 이를 위해서 무엇 보다 십자가에 대한 반성이 필요합니다. 십자가는 무엇이 기독교적 동일성이며, 무엇이 동시대인들과의 비판적 연대성 속에서의 기독교적 관계성인지를 해명케 하는 척도이기 때문입니다. 몰트만은 십자가를 중심으로 이 딜레마를 해결하려 했던 신학을 "십자가 신학"(*theologia crucis*)이라고 부릅니다.

그는 십자가 신학은 그의 주체로부터 그의 방법과 실천에 이르기까지 오직 논쟁적, 변증법적, 반립(反立)적, 비판적이어야 하며, 가톨릭 신학자 칼 라너의 "그 자체가 십자가에 달린 신학이며 십자가에 대해 단지 이야기하는 하는 것은 아니다"라는 말을 인용합니다. 이 신학은 자신을 십자가에 매다는 신학이며, 이 점에서 해방시키는 신학이라고 불립니다.[5]

바울의 십자가 신학과 루터의 십자가 신학에 대한 평가

몰트만은 이런 십자가 신학이 먼저 바울에게서 시작되었다고 봅니다. 바울은 먼저 로마서 1:17 이하에서 "믿음에 의한 칭의"를 "율법 행위를 통한 칭의"와 대립시키면서 비판적으로 발전시켜 자기 정당화를 위한 행위의 강요로부터 해방을 말했고, 이런 생각을 고린도전서 1:18 이하에서는 십자가의 말씀을 지혜와 우주로부터의 신-인식을 비판적으로 발전시켜 십자가에 대한 인식으로부터 우주의 권세들로부터 해방이 된다는 이론을 전개했습니다. 몰트만은 바울이 이런 주장을 통해 역사적이며 율법에 충실한 유대주의와 역사적이며 경건한 지혜의 헬라주의를 공격했을 뿐만 아니라, 유대인이든 헬라인이든 하나님을 하나님 되게 할 수 없으며 오히려 자기 자신을 그 자신과 그의 이웃과 그리고 그의 세계의 불행하고 교만한

---

5 *Der gekreuzigte Gott*, 12.

하나님으로 만들 수밖에 없는 비인간의 관심사라는 좀 더 깊은 면을 비판한다고 말합니다. 이 차원에서 십자가에 관한 말씀은 비인간을 살인적인 자기 신격화의 관심으로부터 신앙의 살아있는 인간성으로 해방시키는 말씀이고, 십자가 신학은 비인간의 자기 자랑을 비판하고 이 자랑에서 해방되게 하며, 약하고 천하여 멸시받은 자들의 공동체, 이 공동체의 선택받은 인간 실존과 실천에 매달리게 합니다. 더 나아가 이 공동체는 비인간의 공격성을 성립시키는 사회의 제반 지배 관계들을 무력하게 하고 극복하고자 노력한다고 말합니다.[6]

몰트만에 따르면 십자가 신학(Kreuzestheologie)은 루터가 1518년 「하이델베르크 토론」에서 중세 교회의 영광의 신학(Herrlichkeitstheologie)에 반대해 십자가에 못 박히신 자에 관한 해방하는 복음의 종교개혁적 인식을 표현하고자 만든 공식과 같은 것입니다. 루터는 여기서 자신의 생각을 바울에 근거를 두고서, 피조물과 역사로부터의 신-인식을 주장하는 중세 교회의 신-인식에 대해 고난과 십자가로부터의 하나님 인식을 논쟁적으로 대립시키고 있습니다. 몰트만은 루터가 말하는 이런 십자가와 고난을 통한 신-인식의 방법이 인간의 자율적 신-인식의 가능성을 부정하며 비인간은 이 사실을 그 속에서 견디어 낼 수 없고 자기 자신을 높이 받들고자 할

---

6 *Der gekreuzigte Gott*, 72-73.

수 밖에 없기 때문에 이 종교적인 인식들을 사실상 단지 자기 자신을 우상화시키려는 관심에서 사용하게 된다고 말합니다. 그래서 이 인식들은 그가 인간성을 되찾도록 도와주지 못하고 오히려 그의 비인간성을 증가시킬 뿐이라고 비판합니다. 십자가의 인식은 비인간에게서의 수난 당함 속에서의 하나님의 인식, 즉 비인간이 그의 신적인 것으로서 추구하고 획득하고자 하는 그 모든 것과 반대됨 속에서의 하나님의 인식을 의미하므로, 이 십자가의 인식은 비인간을 시인하여 주지 않고 오히려 비인간을 파괴하고, 우리가 되고 싶어 하는 불행하면서도 교만한 하나님을 파괴하며, 우리가 버리고 멸시한 인간성을 우리에게 회복시켜줍니다. 또한 그는 인간이 되신 하나님과 하나님이 되고자 하는 인간 사이에 갈등을 초래하고, 인간의 파괴를 파괴하며, 소외된 자를 소외시켜 비인간을 인간성으로 인도한다고 말합니다.7

하지만 몰트만은 루터의 십자가 신학의 한계도 지적합니다. 그는 루터가 "십자가 신학"을 비판적·개혁적인 신학의 프로그램으로 발전시켰고, "십자가 신학"을 신학의 한 "장"이 아니라 "모든" 기독교적 신학의 전조(前兆)로서 신학 일반의 특정성으로 조직했으며, 기독교적으로 되고자 하는 모든 신학적 진술들의 규범적인 중심으로 규정했다는 점을 높이 평가

---

7 *Der gekreuzigte Gott*, 73.

합니다. 하지만 몰트만은 그가 선포 및 삶을 해방시키는 실천과 관련 짓지 못했다고 비판합니다. 그는 십자가 신학이 하나의 실천적인 투쟁론이므로 작금의 기독교의 이론이나 세계사적인 기독교 이론이 될 수 없고, 이 신학은 변증법적 역사신학이며 세계사의 신학이 아니라고 말합니다. 또한 이 신학은 무엇이 존재하는가를 확인하지 않고, 오히려 인간들을 그들이 스스로를 고착시켰으며, 또 이 사회가 그들을 거기에 고착시킨 비인간적인 정의들과 이데올로기화된 확정들부터 해방시키는 일을 그의 과제로 삼고 있습니다. 여기서 우리는 그가 불트만의 비신화화로부터 그리고 인간학적 신학으로부터 큰 영향을 받고 있다는 것을 봅니다. 그는 십자가에 관한 해석과 관련하여 일단 그가 심하게 비판했던 불트만의 십자가 이해로부터 출발합니다.

몰트만은 루터가 십자가 신학(*theologia crucis*)을 십자가 철학(*philosophia crucis*)으로 고양시키지 못했다고 비판하면서 십자가 신학이 아리스토텔레스의 업적의 철학과 효과적으로 대결하지 못했으며 그때문에 하나의 "십자가 철학"을 형성시키지 못했다고 말합니다.[8] 더 나아가 그는 루터가 제창한 십자가 신학의 정치적 한계에 대해서도 지적합니다.

---

8 *Der gekreuzigte Gott*, 74.

루터가 제창한 십자가 신학의 정치적 한계는 다음의 사실에 있다. 즉, 루터는 아마 개혁적으로 중세의 교회적 사회에 반대해 십자가 신학을 이론적으로 그리고 실천적으로 형성시켰다. 그러나 1524년에서 1525년 사이에 일어난 농민 폭동에서 루터가 그의 십자가 신학을 봉건사회에 반대해 사회비판적으로 형성시키지 않았다는 것이다. 농민에게 보내는 서한에서 그는 십자가의 비판적이며 해방하는 힘, 높은 사람들을 부끄럽게 하는 천한 사람의 선택, 교만과 압박, 권세욕과 노예 상태에 대해 언급하지 않고 있다. 오히려 비개신교적인 고난의 신비와 겸손한 순종에 대해 언급하고 있다.[9]

그는 루터의 십자가 신학이 실제 역사에서 인간 해방을 위한 정치적 비판 역할을 하지 못했다고 비판합니다. 그러므로 루터의 십자가 신학을 보완해야 한다고 말합니다.

그러므로 앞으로 남은 우리의 과제는 십자가 신학을 세계이해와 역사이해에 이르기까지 발전시키어, 교회개혁적일 뿐만 아니라 사회비판적인 십자가 신학을 비참한 사람들과 또 그들의 지배자들을 해방시키는 실천과 함께 발전시키는 것이다. 철저한 십자가 신학은, 고대인들이 신학에 대해 말했고 또 오늘날의 사람들이 불가피하게 종교적인 다음의 세 가지 영역 전체에서 십자가에 달린

---

9 *Der gekreuzigte Gott*, 75.

하나님을 파악하여야 한다. 즉 탈신화화를 통한 신화적 신학에서, 해방을 통한 정치적인 신학에서 그리고 피조물로서의 존재자에 대한 이해를 통해 철학적인 신학에서 파악하여야 한다.[10]

지금까지의 그의 말들을 들어보면, 십자가 신학의 원조는 바울이고 루터가 이 신학을 계승했다는 점은 인정하지만, 루터는 십자가 신학을 교회 안에만 머무르게 했고 십자가 철학적 차원으로 즉 인간의 현실적 정치적 삶에 대한 비판 이론으로 승화시키지 못했다는 것입니다. 그는 이제 자신이 말하는 정치적 십자가 신학을 소개합니다.

몰트만의 십자가 신학

몰트만은 여기서도 그의 희망의 신학의 기조를 유지하면서 십자가의 종말론적인 성격을 강조합니다. 그는 바울이 십자가의 말씀(Das Wort vom Kreuz)을 신적 십자가 사건에 참여하게 하며, 신앙을 통해 그리스도와의 교제에 참여하게 만드는 수단으로 해석합니다. 이것은 단지 소식을 선날하거나 자신이 좋아하는 해석을 제공하는 것과는 다르다고 말합니다. 그런데 여기서 그는 매우 중요한 말을 합니다.

---

10 *Der gekreuzigte Gott*, 75.

몰트만에 따르면 바울은 그리스도의 부활을 그의 죽음 다음에 뒤따라 오는 사건으로 이해하지 않았고, 도리어 본디오 빌라도에 의해 십자가에 못 박히신 지상의 예수를 주(Kyrios)로서의 자격을 부여하는 종말적 사건으로 이해했으며, 그가 말한 복음에서 **십자가에 못 박히신 자의 부활의 토대 위에서 부활하신 그분의 십자가에 대해 말했습니다.** 바울이 유대인이든 이방인이든 모든 하나님 없는 사람들을 위한 그의 의미를 전개시켰다고 말합니다. 제가 앞에서 말씀드렸던 대로 그는 여전히 이 책에서도 부활의 토대 위에서 십자가를 봐야 한다고 말하며 십자가를 부활보다 낮게 평가하고 있습니다.

몰트만에 따르면 바울의 십자가 신학에서는 복음을 결코 죽은 자들이 만족할 수밖에 없는 하나의 해석으로 연결하려 하지 않았고, 오히려 죽은 자들에게 비춘 그분의 부활의 빛 속에서 십자가에 달린 자가 계시될 것이 요구되었다고 말합니다. 죽은 자는 죄를 용서할 수 없고, 복음은 죄의 현재적인 용서로서 십자가에 달린 그분의 새롭고 신적이고 종말론적인 삶을 전제하고 있으며, 그 자체가 영이요 현재적인 부활의 힘입니다. 그러므로 그의 바울 이해에 의하면, 십자가에 관한 말씀 속에서 십자가에 달린 그분 자신이 표현되고 있고 따라서 계시의 사건에는 그리스도의 십자가와 부활뿐만 아니라

복음의 선포도 속합니다.[11]

몰트만은 이런 맥락에서 나중에 『정치 신학』(*Die politische Theologie*)에서 구체적으로 소개할 내용을 이 책에서 미리 말합니다. 그는 아주 분명하게 하나님 나라는 정치적인 성격을 가진다고 주장합니다. "그러므로 우리는 예수의 선포에 따라 하나님 나라를 '비정치적인 것'이라 부를 수 없으며, 그것을 하늘의 영역이든 아니면 내면적 마음의 영역이든 어떤 다른 영역으로 추방시킬 수 없다. 그것은 완전히 다르게 정치적인 것이며, 이 세계를 지배하기 위한 투쟁과 복수의 조직과 규칙과는 전혀 다르게 정치적인 것이다."[12]

그는 "십자가에 달린 하나님"을 경배하는 것은 종교적인 것으로 승화되어 버릴 수 없는 하나의 강한 정치적 의미를 포함하고 있었음으로 초대교인들은 황제 예배에 대해 당당히 거부했고 종교적-정치적 의미에서 그들이 순교했다고 말합니다. 그는 가정 제의를 제외하고는 정치와 종교가 하나였던 시대에 "예수님의 활동이 정치적이라는 오해"는 좀처럼 있을 수 없었으며, 따라서 십자가를 실존적으로 한정시키는 불트만의 견해는 타당하지 못하다고 비판합니다. 예수의 복음과 그의 공적 태도는 극히 정치적이었고, 비록 이를 통해 그 자신이 신앙의 의미에서 이해되지 않았을지라도 종교적-정치적으

---

11 *Der gekreuzigte Gott*, 76.
12 *Der gekreuzigte Gott*, 133-134.

로 이해되어야만 했고, 당시 로마에 대해 무력투쟁을 했던 열심당처럼 정치 투쟁을 하지는 않았지만 종교적·정치적 게임에서 훼방자였고 내어쫓겨야 했다고 말합니다.

몰트만은 십자가 신학이 결코 개인적 차원에서만 머물러서는 안 된다고 강변합니다. 그에 따르면 "그리스도냐-아니면 가이사냐"(Aut Christus-aut Caesar?)의 선택 앞에서 십자가 신학은 하나의 현대적·비정치적 의미 혹은 개인적인 종교의 의미에서 "순수한 신학"은 아니며, 십자가에 달린 그분에 대한 신앙은 정치적인 의미에서 여러 민족의 정치적 종교, 국가, 인종 그리고 계급에 대한 그리스도의 자유와 은혜의 법에 대한 공적인 증거입니다. 예수 자신은 그리스도에 대한 신앙과 신격화된 이 세계의 지배자들, 개인 숭배자와 이 사회의 사회적-정치적 우상 사이에 서 있으며, 그의 십자가에 대한 회상은 위험하면서 동시에 해방하는 회상입니다.[13] 그는 앞의 책 『희망의 신학』에서와 같이 이 책에서도 예수님의 부활은 개인의 부활이 아니라 모든 사람들이 보게 될 미래의 희망을 미리 보여주는 선취적 사건이라고 주장합니다. 그는 이 책의 5장인 "예수 그리스도의 종말론적 과정"의 "종말론과 역사" 부분에서 다음과 같이 말합니다.

---

13 *Der gekreuzigte Gott*, 137-138.

하나님을 통해 일어난 죽은 자들로부터의 그의 부활은 한 번도 사적으로 예수에게 국한된 기적으로 파악되지 아니했고, 오히려 죽은 자들의 보편적인 부활의 시작으로, 즉 역사의 한복판에서 이루어진 역사의 종말의 시작으로 파악되었다. 그의 부활은 하나의 변화될 수 없는 세계 속에서 일어난 우연한 기적을 의미하지 아니했고, 오히려 그것은 창조주를 통한 이 세계의 종말론적인 변화를 의미했다. 예수의 부활은 그의 부활로 인해 불붙은 종말론적 신앙의 우주적 희망이라는 틀 안에 서 있었다. 다가오고 있는 하나님의 영광의 빛 속에서 십자가에 못 박히신 예수의 인상 아래 형성된 첫 번째 그리스도 칭호들은, 즉 "잠든 자의 첫 열매", "죽은 자들의 부활의 첫 번째", "삶의 안내자" 등의 칭호들은 희망과 약속의 칭호들이었다.[14]

몰트만에 따르면 이것은 십자가에 달린 그분이 그의 부활의 빛 속에서 파악되었으며, 그의 부활은 오시고 계신 하나님의 미래와 그의 영광의 빛 속에서 파악되었음을 의미하고, 그러므로 그의 역사적 십자가는 종말론 심판의 사건으로 파악되었으며, 그의 부활은 죽은 자들이 부활되는 영광의 종말론적 나라가 은밀하게 선취되는 것으로 파악됩니다. 그는 미래로부터 그리스도의 부활을 보고, 그리스도의 부활을 보면서

---

14 *Der gekreuzigte Gott*, 149-150.

현재를 보는, 소위 미래로부터 현재를 거쳐 과거로 가는 역주행 방법을 사용하고 있습니다. 그는 예수님의 부활의 미래의 희망의 선취적 성격을 계속 강조합니다. 사람들이 그의 부활에서 첫 번째 현실적인 선취를 지각했던 미래는 미래적 역사 또는 허무성의 일부로 이해되지 않았고, 오히려 종말론적으로 역사의 미래, 그리고 새 창조의 선불(Vorschuß)로 이해되었습니다. "부활절"은 세계의 고난의 역사 한가운데에서 질적으로 새로운 하나님의 미래와 새로운 창조가 미리 앞서서 나타남(Vorschein)이며 현실적으로 선취됨을 의미했습니다.[15] 그는 똑같이 부활을 미래의 희망을 선취하는 사건으로 보았던 판넨베르크와 자신의 입장 차이를 다음과 같이 정리합니다.

> 하나님을 통한 예수의 죽은 자들로부터의 부활은 아직(noch) "사실의 언어"를 말하는 것이 아니라, 오히려 이제 겨우(erst) 신앙과 희망의 언어를 말하고 있다. 즉, "약속의 언어"를 말하고 있다. 그러므로 나는 예수의 선포와 기독교적 부활 신앙의 선취적인(proleptische) 구조를 "약속"이란 말로 표현했다. 언어의 영역에서 이것은 판넨베르크가 말하는 바, 사실 자체 안에 있는 선취를 표현하고 있다. 여기서 "구두상의 선취"(Verbalprolepse, 약속)와 "실제적인 선취"(Realprolepse, 선취적인 사건) 사이에 하등의 논

---

15 *Der gekreuzigte Gott*, 150.

쟁이 전개될 필요는 없다. 이 두 가지 표현은 서로 다른 차원에서 동일한 사실을 말하고 있다. 내가 말하고 싶은 것은 단지 다음의 사실일 뿐이다. 즉, "약속의 사건"이란 표현은 경험될 수 있는 "구원받지 못한 세계"와 이미 도래한 화해에 대한 신앙의 계속되는 차이에 대해, 종말론적 사실적 선취사건에 관한 구두상의 이야기보다 더 실제적으로 상응하는 것이다.[16]

몰트만의 이 말을 음미해 보면, 판넨베르크는 예수께서 부활하셨다는 사실, 그리고 이 부활의 사실이 미래에 일어날 부활의 선취적 성격을 가지고 있다는 점을 강조했던 반면, 몰트만은 부활했다는 사실보다는 약속이 실현되었다는 점을 더 중요하게 여겼습니다. 그 약속은 미래에 주어질 희망의 약속의 선취적 성격을 가진다는 점을 강조한 것입니다. 하지만 우리는 사실과 약속이 서로 뗄 수 있는 그런 관계에 있는지에 대해 의문을 가질 수밖에 없습니다.

몰트만은 죽은 자들의 부활과 관련해서 유대 후기 묵시사상과 자신의 입장에도 차이가 있다고 말합니다. 또한 하나님의 의에 관한 해석에서 하나님의 의는 묵시 문학에서 말하는 것처럼 의인과 악인을 편 가르는 의가 아니라, 만인을 부활시키는 의라는 점을 강조합니다. 그는 "죽은 자들로 부터의

---

16 *Der gekreuzigte Gott*, 160.

예수의 부활"에서 다음과 같이 말합니다.

> 종말론적으로 승리하는 율법에 대한 묵시문학적 기다림의 틀에서 "죽은 자들의 부활"은 쌍방을 분리시키는 기다림이다. 그러나 십자가에 달린 그리스도의 부활은 하나님의 의를 다르게, 즉 의롭게 만드는 은혜로서 그리고 죄인에 대한 창조적 사랑으로서 나타내신다. 그러므로 기독교 신앙의 부활 희망은 더 이상 불확실한 것이 아니며, 불확실한 최후 심판과 그의 판단의 위협을 받고 있지 않으며, 도리어 그것은 분명코 "하나의 기쁜 희망"이다. 그러므로 그리스도의 부활 희망은 최후 심판 속에서 더 이상 존속할 수 없는 자들을 위해 그리스도의 십자가를 위대한 최후 심판의 유일회적이며 언제나 효력 있는 선취로 보게 한다.[17]

몰트만에 따르면 부활은 죽은 자와 살아있는 자에게 수행되는 최후 심판의 집행을 위한 존재적 전제가 아니며, 이미 그 자체가 새 창조입니다. 바울이 말한 부활의 케리그마는 새 창조의 선포를 그 자체에 포함하고 있습니다. 따라서 의는 의로운 자들에게는 영원한 상을 주고 의롭지 못한 자들에게는 영원한 저주의 벌을 주는 것이 아니라, 의롭지 못한 자들과 스스로 의롭다 하는 자들을 위한 은혜의 법을 의미합니다.[18]

---

17 *Der gekreuzigte Gott*, 163.
18 *Der gekreuzigte Gott*, 163.

몰트만에 따르면 예수님의 부활에 관한 논쟁에서 문제가 되는 것은 역사에서의 하나님의 의에 관한 질문이라 말합니다. 즉 의는 각자에게 자기가 받아야 할 몫을 나누어 주는 율법(Nomos)에 속하는가, 아니면 예수를 통해 그리고 십자가에 달린 그분의 부활에서 드러나졌던 은혜의 법에 속하는가라고 질문합니다. 그는 종말론적 신앙이 이 세계 안으로 가져온 새로운 의의 메시지는 교수형 집행자가 그의 희생자에 대해 궁극적으로 승리를 거두지 못하리라는 사실을 말하고 있습니다. 즉 승리를 거둘 자는 먼저 희생자를 위해, 그다음에 또한 교수형 집행자를 위해 죽었으며, 이를 통해 증오와 복수의 악순환을 깨뜨리고 버려진 희생자들과 교수형 집행자들로부터 한 새로운 인류를 한 새로운 인간성과 함께 창조하는 새로운 의를 계시한 그분이라고 몰트만은 말합니다. 그는 먼저 의가 창조되어 권리 없는 자들과 의롭지 못한 자들에게 권리를 부여하는 곳, 억압받지도 않고 억압하지도 않는 새로운 인간이 태어나는 그곳에서, 우리는 의의 참된 혁명과 하나님의 의에 대해 말할 수 있다고 말합니다.[19]

몰트만의 이런 말들을 음미해 보면, 그는 하나님의 의를 전통적인 입장과는 완전히 다르게 악한 자와 선인을 심판하는 의가 아니라 모든 사람들을 용서하는 보편적 무차별적 의

---

19 *Der gekreuzigte Gott*, 165-166.

라고 말하고 있는 것입니다. 다음에 나오는 그의 십자가 해석 역시 정확히 전통적인 십자가 해석을 반박하는 말입니다. 그는 십자가를 속죄적으로 해석하면 부활과 연결될 수 없으며, 도리어 종말론적인 미래의 희망의 빛 속에서 그 희망의 선취인 부활의 틀 속에서 십자가를 해석해야 십자가와 부활이 연결된다고 말합니다. 그는 예수님이 우리의 죄를 위해 죽었다는 표현은 그분의 고난의 원인은 우리의 죄요, 그 목적은 우리의 속죄이며, 그 고난의 근거는 우리에 대한 하나님의 사랑이라는 뜻을 내포하고 있다고 말합니다. 하지만 그는 예수의 부활은 그의 죽음에 대한 이러한 해석과는 조화되기가 매우 어려우며, 그의 죽음에 대한 해석들은 죽은 자들로부터의 그의 부활과 조화되기 역시 매우 어렵다고 보는데, 그 이유는 속죄 제물에 대한 표상들은 철저히 율법의 틀 안에서 움직여지기 때문이라고 말합니다. 그는 죄는 율법을 훼손하며, 속죄는 율법을 다시 회복시킨다는 것이고, 죄로 인해 인간은 율법의 의로부터 이탈하여 율법의 고발을 받으며, 속죄를 통해 그는 다시금 율법의 의안으로 세워지게 되며, 죄를 위한 속죄는 언제나 하나의 회상적 성격을 가진다고 말합니다. 그는 속죄의 미래적인 의미는 원상태로의 복귀에 있으며, 하나의 새로운 삶의 시작을 의미하지 않는다고 말합니다.

그럼에도 몰트만에 따르면 이 속죄의 표상에서 우리가 확정할 수 있는 것은, 첫째로 속죄의 표상은 불의한 인간이 자기의 의를 스스로 만들어 낼 수 없다는 사실과 죄책을 받아들임이고, 죄책으로부터 해방됨이 없이는 그에게는 어떤 새로운 미래도 없다는 사실을 제시합니다. 둘째로 하나님의 그리스도인 예수님은 무력한 인간을 대리하면서 그의 자리에 대신 등장하여 하나님과의 사귐 속에서 인간이 설 수 없고 존속할 수 없는 하나님 앞에 서게 하는 것을 가능하게 합니다. 셋째로 하나님 자신이 그리스도의 죽음에 있어서 인간을 위해 활동했다는 것을 나타냅니다. 하지만 그에 따르면 만일 우리가 십자가를 그리스도의 십자가, 즉 부활한 그분의 십자가로 파악하고자 한다면 우리는 위에서 언급된 속죄의 표상을 넘어서야 한다고 강조하며, 이를 위해 우리들이 다시 한번 시도해야 할 것은 역사를 종말론적으로, "거꾸로 된 시간의 의미"로 읽으려고 시도해야 하며, 그리스도의 미래로부터 그의 과거로 돌아와야만 합니다. 즉 실사(Historie)와 그 시간 이해의 의미에 있어서 예수는 먼저 죽었고 그다음 부활되었지만, 종말론적인 시간 이해에 있어서 마지막의 것이 처음의 것이 된다고 말합니다. 그는 예수님은 부활된 자로서 죽었으며 오시는 자로서 육신이 되었으므로, 사실적 역사의 의미에 있어서 그리스도는 죽은 자들로부터의 그의 부활을 근거로 오시고 계신 하나님의 선취로 명명될 수 있다고 말합니다.[20]

---

20 *Der gekreuzigte Gott*, 171.

몰트만에 따르면 십자가는 종말론적 희망을 주는 사건이 아니라 단지 속죄만을 가져다주는 사건이고 부활이야말로 종말론적 희망과 연결된 사건입니다. 즉 그는 십자가를 과거와 연결시키고 부활을 미래와 연결시킵니다. 그러나 우리는 과연 십자가와 부활을 어떻게 분리시켜 생각할 수 있는지, 십자가를 죄용서만 연결시키고 미래의 희망과 연결시킬 수는 없는지, 부활을 미래의 희망과 연결을 시키면서 과거의 죄용서와는 연결시킬 수는 없는지 질문하게 됩니다.

몰트만은 성부수난론을 주장하는가

몰트만이 이 책에서 가장 논란을 많이 일으켰던 부분은 그의 성부수난론적인 표현들 때문입니다. 그는 하나님 자신이 예수 안에서 죽었다고 주장했고, 이 점에서 초대교회에서 이단으로 정죄되었던 성부수난론(Patriopassini)을 지지한다는 의심을 사게 됩니다. 물론 그 자신은 결코 성부수난론자가 아니라고 말합니다. 몰트만은 바울이 "하나님(자신)이 그리스도 안에 계셨다"(고후 5:19)는 말이 다음의 내용을 논리적으로 포함하고 있다고 말합니다. "즉 하나님(자신이) 예수 안에서 고난을 당하셨다. 하나님 자신이 우리를 위해 예수 안에서 죽으셨다."²¹ 그의 이런 언사는 전통적인 신학을 따르는 독자를 심히 당혹하게 만듭니다. 전통적인 신학에서는 아들이 죽었다고 말하지 아버지가 죽었다는 표현은 결코 쓰지 않기 때문입니다. 하지만 그는 예수 안에서 하나님께서 죽으셨다고 말합니다. 하나님께서 예수님의 십자가 안에서 "우리를 위해" 계시고, 그를 통해 하나님 없는 자들과 하나님께 버림받은 자들의 하나님과 아버지가 되시며, 우리가 그리스도 안에서 이 세상 속에서 그의 의가 되도록 하기 위해 용서될 수 없는 죄와 속죄 받을 수 없는 죄책과 그 죄책과 함께 피할 수 없는 분노와 저주를 그 자신이 짊어지셨다고 주장합니다.

몰트만에 따르면 하나님께서 죽으신 것은 우리가 살아나도록 하기 위함이며, 하나님께서 십자가에 못 박히신 자가 되신 것은 우리가 하나님의 자유로운 아들들이 되도록 하기 위함입니다. 이 표현이 문제가 되는 것은 예수님이 아니라 하나님께서 십자가에 못 박히시고 죽으셨다는 표현 때문입니다. 그는 예수님뿐만이 아니라 하나님께서도 십자가에 못 박히셨다고 분명히 주장하지만, 하나님의 죽음과 예수님의 죽음은 죽는 방법에서 차이가 있었다고 말합니다. 하나님은 예수님의 십자가 안에서 침묵하시거나 아무런 행동을 하지 않으시거나 예수께서 버림받은 곳에 계시지 않은 것이 아니었

---

21 *Der gekreuzigte Gott*, 179.

고 그의 아들 예수 안에서 행동하셨습니다. 인간들이 예수님을 배반하고 넘겨주고 죽일 때에 하나님 자신이 그분을 내어주었고, 아들이 수난 당할 때 아버지 자신이 버림받음의 고통을 당하셨습니다. 몰트만은 아들의 죽음 속에서 죽음은 하나님 자신에게로 오며 아버지는 버림받은 인간에 대한 그의 사랑 가운데에서 그의 아들의 죽음을 당하신다고 말합니다. 따라서 십자가의 사건은 하나님과 하나님의 아들 사이에 일어난 사건으로 이해되어야만 하며, 아버지께서 그의 아들을 고난과 하나님이 없는 죽음으로 내어주시면서, 하나님은 자신에게 행동하신다고 말합니다.[22]

몰트만은 하나님께서 이러한 방식의 고난과 죽음으로 그 자신에게 행동하시는 이유는 그가 자기 자신 안에서 죄인들에게 사랑과 자유를 열어주시기 위함이라고 말합니다. 그는 창조, 새로운 창조 그리고 부활은 카오스와 무(無)와 죽음에 대항하는 하나님의 밖을 향한 일들인 반면, 하나님의 아들의 죽음과 고난으로 이해되는 예수님의 고난과 죽음은 하나님의 자기 자신에 대한(gegenüber selbst) 일들이며 따라서 동시에 하나님의 수난들이라고 말합니다.[23] 하나님은 자기 자신을 극복하시고 결단하게 하시며 인간의 죄에 대한 심판을 짊어지십니다. 몰트만에 따르면 법적으로 볼 때, 하나님은 인간

---

22 *Der gekreuzigte Gott*, 179.
23 *Der gekreuzigte Gott*, 179-180.

에게 일어날 수밖에 없는 것을 자기 자신의 것으로 간주하시므로, 하나님의 아들의 십자가를 의미하는 예수님의 십자가는 하나님 안에서의 전향과 "하나님은 다르다"는 하나님 내에서의 동요를 드러낸다고 말합니다. 하나님 안에서 일어난 십자가 사건이고, 모든 형이상학적이면서 세계사적으로 가능한 하나님에 대한 관념과 모순되는 기독교적 양식으로, 즉 "하나님은 사랑이시다"로 표현될 수 있다고 말합니다.[24]

몰트만이 이런 성부수난적인 표현을 쓰게 된 것은, 신은 인간들이 가지는 고통과 죽음에 대해 어떤 고통도 갖지 않고 죽지도 않는다는 아리스토텔레스의 무정념(*apathos*) 신관과 그의 신관을 이어 받은 스콜라 신학자들을 비판하는 차원에서라고 말합니다. 즉 십자가에서 죽으신 아들과 함께 고통당하고 함께 죽으셔서 그의 사랑을 확증시키시는 하나님을 말하고 싶은 것입니다. 하지만 그의 이런 주장은 전통적인 경륜적 삼위일체를 부정하는 표현이므로 성부수난론자라는 비난을 받지 않을 수 없습니다.

몰트만은 보편구원론자인가

그의 죽음이 백부장을 통해서와 같이 "많은 사람들을 위한"(für

---

24 *Der gekreuzigte Gott*, 180.

viele) 하나님의 아들의 죽음으로서 선포되며 알려진다면, 이 죽음에서 하나님의 아들은 모든 사람을 위해(für alle) 죽었으며, 그의 죽음의 선포는 이 세계를 위해 전 세계에게 일어난다. 그리고 선택받은 자와 선택받지 못한 자, 교육받은 자와 교육 받지 못한 자, 소유가 있는 자와 소유가 없는 자, 자유한 자와 부자유한 자 등 인간들의 차이는 약화되고 지양되고 극복되어야만 한다.25

몰트만은 바르트처럼 보편구원론적 입장을 취합니다. 이방인들에 대한 기독교의 선포는 모든 사람들에게도 해당되는데, 이는 언제나 서로 간에 벽을 쌓고 다른 모든 사람에게 대해 자기를 주장하는 모든 인간은 십자가 앞에서는 "죄인들이며 하나님의 영광을 결여하고" 있기 때문이고 "여기에는 어떤 차별도 없기 때문"(롬 3:23)입니다. 그는 십자가 신학은 참된 기독교적 보편주의이고 더 이상 아무런 차이도 존재하지 않으며, 모든 사람은 똑같은 죄인이며 모든 사람이 예수 그리스도 안에서 일어난 그 은혜를 통해 공로 없이 의로워진다고 말합니다. 십자가에 달린 분이시자 부활하신 그분은 "모든 사람을 위해" 존재하며, 하나님의 아들의 십자가 안에서, 그의 하나님으로부터 버림받은 상태 속에서 "십자가에 못 박히신 하나님"은 죄인이면서 하나님께 버림받은 모든 사람들의 인간적

---

25 *Der gekreuzigte Gott*, 181.

인 하나님이시다고 말합니다.[26] 그는 자신의 종말론적 십자가 신학이 묵시사상에서 말하는 것처럼 의인만 구하고 악인은 멸하는 것이 아니라 의인과 악인 모든 사람들을 구원하는 것이라고 강변하고 있습니다.

몰트만은 "십자가에 달리신 하나님"을 어떤 의미로 썼는가

몰트만이 얘기하고자 했던 모든 내용은 이 책의 6장에 잘 정리가 되어 있습니다. 그는 먼저 기독교 기원으로서 "하나님의 죽음"을 다루면서 다음과 같은 내용들을 강조하고 있습니다.

먼저, 그는 십자가와 부활을 구원론적 지평에서만 이해하는 것은 충분하지 않다고 주장합니다. "신학적 전통들은 철저히 예수님의 십자가와 부활을 구원론의 지평에서 인식했다. 또한 우리가 앞 장에서 문제삼았던 신·구교 연합의 연구도 오직 '구원의 근거'에 대해 물으면서 예수님의 십자가에 대해 질문한다."[27] 그는 이런 식의 이해는 잘못된 일이 아니지만 충분하지는 않으며, 이것을 넘어서, 즉 예수님의 십자가가 우리 죄인들에게 무엇을 의미하는지를 묻기 전에, "하나님 자신을 위해 무엇을 의미하는가"를 물어야 한다고 말합니다. 그는 십자가를 아버지에 대한 아들의 관계로부터 이해하지 않고, 오히

---

26 *Der gekreuzigte Gott*, 181.
27 *Der gekreuzigte Gott*, 181.

려 직접적으로 그것을 화해의 죽음으로서 인간의 죄와 연결을 지은 것은 옛 프로테스탄트 신학의 막중한 결함이었다고 비판합니다. 또한 "예수님의 죽음"이 어떻게 "하나님에 대한 진술"일 수가 있으며, 하나님의 개념에서 혁명일 수 있었는지 설명합니다.[28]

그는 이같은 신학을 가톨릭에서는 칼 라너와 발타자르가, 개신교 측에서는 슐라터와 알트하우스가 전개했다고 언급했으며, 칼 바르트가 그의 교회교의학의 예정론과 화해론에서 "십자가에 달린 예수는 불가시적인 하나님의 모상이다"라고 말하며 십자가 신학을 전개했다고 말합니다. 특히 바르트는 철저히 "그리스도 안에 계신 하나님"을 생각했기 때문에, 하나님의 존재를 역사적으로 생각할 수 있었으며, 하나님의 고난과 아들의 십자가상의 고난의 동참에 대해 거의 성부수난론적(theopaschitisch)으로 말할 수 있었고, 또한 종국적으로 비록 명백하게 말하지는 않았지만, 사실에 있어서 "하나님의 죽음"을 말할 수 있었다고 말합니다.[29]

둘째, 그는 십자가의 죽음은 세계 지평을 가지며 신학의 유일한 주제가 아니라고 말합니다. 그는 예수님의 십자가의 죽음은 전(全) 기독교 신학의 중심이지만 그것은 신학의 유일한 주제는 아니며, 오히려 세상의 문제와 대답의 출입문과 같은

---

28 *Der gekreuzigte Gott*, 185.
29 *Der gekreuzigte Gott*, 186ff.

것이라 말합니다. 그는 루터가 그의 십자가 신학을 통해 십자가의 죽음을 기독교 신학과만 연결시키려 했다는 점을 비판하면서, 십자가의 죽음은 세상과도 관계시켜야 한다고 주장하고 있습니다. 그는 하나님, 창조, 죄 및 죽음에 관한 기독교의 모든 진술은 십자가에 달린 그분을 가리키며, 역사, 교회, 신앙, 거룩 및 미래와 희망은 십자가에 달린 그분으로부터 온다고 주장합니다. 신약성경은 예수님의 십자가와 부활의 사건에 대해 다양하게 말하며 또한 그것으로부터 생성되며, 그것은 "하나의" 사건이며 또한 "하나의" 인격이고, "십자가와 부활"을 나란히 병렬시키는 것은 단지 시간적으로 회피할 수 없는 진술의 연속을 의미할 뿐이지, 사실의 병렬을 의미하지 않는데, 이는 십자가와 부활은 동일한 지평 위의 사실이 아니기 때문이라고 말합니다. 그는 첫째 표현은 예수님에게서의 역사적 사건을 표시하고, 둘째 표현은 종말론적 사건을 표시하므로, 따라서 중심에 서 있는 것은 "십자가와 부활"이 아니라, 오히려 그의 죽음을 우리를 위해 일어난 것으로 규정하는 "십자가에 달리신 그분의 부활"과 그리고 죽은 자로부터의 그의 부활을 죽은 자들에게 보여주고 접근하게 하는 "부활하신 그분의 십자가"라고 말합니다.[30]

셋째, 그는 십자가 신학은 삼위일체론적으로 이해되어야

---

30 *Der gekreuzigte Gott*, 189.

한다고 말합니다. 그는 이 장 "삼위 일체론적 십자가 신학"에서 그의 성부수난론적 입장에 대해 더 정확히 표현하고 자신의 입장을 변호하고 있습니다. 몰트만에 따르면 "하나님께서 그의 아들을 아끼지 않으심으로써" 모든 하나님 없는 자들을 아끼시며, 하나님께서 그 자신의 아들을 버리고 그들을 위해 내어주셨기 때문에, 하나님 없는 자들인 그들은 하나님의 버림을 받지 않게 되었습니다. 그러므로 하나님께 버림받은 상태로 아들을 내어주는 것에 하나님 없는 자들을 의롭다 인정해주고 원수들을 용납할 수 있는 근거가 있습니다. 아버지는 그의 아들을 십자가에서 내어주심으로 내어주신 자의 아버지가 되시고, 아들은 이 죽음으로 내버림을 당하면서 죽은 자들과 산자들의 주가 되신다고 말할 수 있습니다. 그는 여기서 바울이 하나님 "자신의 아들"에 대해 강조해서 말할 때, 아끼지 않으신다는 말과 버린다는 말은 아버지 자신에게도 해당된다고 분명히 말합니다. 아버지께서는 아들을 버림으로써 그 자신을 버리시고, 아들을 내어주심으로써 비록 동일한 방법으로는 아닐지라도 그 자신을 내어주시는 것인데, 이는 예수님은 버림받은 상태 가운데서 죽어감을 경험하지만 죽음 자체를 경험하지는 않으며, 고통은 생명을 전제하기 때문에 죽음이 "고통당할" 수는 없기 때문입니다.[31]

---

31 *Der gekreuzigte Gott*, 229-230.

아들을 버리고 내어주시는 하나님 자신께서는 사랑의 무한한 아픔 속에서 아들의 죽음으로 고통당하시지만, 여기서 몰트만은 아버지께서 고통을 당하셨다고 말할 수는 없다고 말하면서 성부수난설(patripassinisch)을 주장한다는 비난을 피해가려 합니다. 그는 아버지를 통해 버림받은 가운데서 아들이 당한 고통과 죽음은 아들의 죽음에 대한 아버지의 고통과는 다르며, 그러므로 예수님의 죽음은 간단히 성부수난론적(theopaschitisch)으로 이해하여 "하나님의 죽음"이라 이해될 수 없다고 말합니다. 그는 십자가 위에서 예수님과 그의 아버지 사이에 일어난 것을 파악하기 위해서 우리는 삼위일체론적으로 생각해야 한다고 말합니다. 아들은 죽음을 고통당하고, 아버지는 아들의 죽음을 고통당하시며, 아버지가 당하는 아픔은 아들의 죽음과 똑같은 비중을 가지며, 아들이 당하는 아버지의 상실은 아버지가 당하는 아들의 상실에 상응하며, 그리고 하나님께서 예수 그리스도의 아버지가 되신다면, 아들의 죽음에서 그는 그의 아버지 되심의 죽음을 고통당하시는 것이며, 그렇지 않다면 삼위일체론은 유일신본적 배경을 극복할 수 없을 것이라 말합니다.[32]

넷째, 성령님은 누구신가? 몰트만의 삼위일체론적 십자가 신학의 내용을 살펴보면서 그가 성령의 역할을 어떻게 규정

---

32 *Der gekreuzigte Gott*, 230.

하고 있는지 궁금합니다. 그는 우선 성령의 역할에 대해 다음과 같이 간단하게 정의하고 있습니다. "십자가에서 아버지와 아들은, 아들의 버림받은 상태 속에서 가장 깊이 결합되어 있다. 아버지와 아들 사이에 일어난 이 사건으로부터 발생하는 것이 성령이며, 이 성령은 하나님 없는 죽은 자들을 의롭다 인정해주며, 버림받은 자들을 사랑으로 채워주고, 죽은 자들조차도 살리신다. 왜냐하면 그들이 처한 죽은 상태도 그들을 십자가의 사건으로부터 배제시킬 수 없으며, 오히려 하나님 안에서 일어난 죽음이 그들도 포괄하기 때문이다."[33]

우리는 이 진술을 통해 우선적으로 그가 성령의 영원성에 대해 침묵하고 구속 사건을 위해서 어떤 특정한 시점에, 즉 십자가 사건에서 발생하는 것처럼 말하고 있음을 발견하게 됩니다. 이런 논조는 다음의 그의 설명에서도 좀 더 구체적으로 나타나고 있습니다.

그는 구원 사건을 삼위일체적으로 애기해야 한다는 점과 그렇게 애기한다는 것이 무엇을 의미하는지를 전통적인 양성론(兩性論)과 비교하면서 설명합니다. 그는 전통적인 양성론이 십자가의 사건을 고난당할 수 없는 신성과 고난당할 수 있는 인성이라는 두 개의 질적으로 상이한 본성들 사이의 교환 관계로서 정적으로 이해해야만 하는 반면, 십자가 사건을 삼

---

33 *Der gekreuzigte Gott*, 231.

위일체론적으로 인격들 사이의 관계 개념으로 해석하면, 그 관계 개념 안에서 이 인격들은 그들의 관계 속에서 서로 세워질 수 있다고 말합니다. 그는 이렇게 설명함으로써, 삼위가 미리 자기 자신 안에서 신적 본성에서 존재하는 것처럼 십자가 사건에서 삼위의 한 인격만 고난당하는 것을 보지 않게 되며, 예수님의 죽음을 정신적이며 인간적인 사건으로 해석하지 않고 아들과 아버지 사이의 삼위일체의 사건으로 이해할 수 있다고 주장합니다. 그는 아들의 아버지와의 관계에서 그리스도의 신성과 인성은 그리고 그들의 서로 간의 관계는 문제시되지 않으며, 예수님의 아들됨의 전체적인 그리고 인격적인 면이 문제시된다고 말합니다. 이 점이 전통과 비교해서 새로우며, 내재적 삼위일체와 경륜적 삼위일체의 그리고 하나님의 본성과 그의 내적인 삼위일체성 사이의 이분법을 극복한다고 말합니다. 그는 그리스도의 십자가를 온전히 깨닫기 위해서 삼위일체적 사상을 가지는 것이 필연적이며, 이런 삼위일체적 십자가 이해와 관계해서 신앙의 역할에 대해 말합니다.

몰트만은 십자가에서 버리는 아버지와 버림받은 아들 사이에 일어난 역사적 사건을 종말론적으로 사랑하는 아버지와 사랑받는 아들, 그리고 생명을 창조하는 사랑의 현재적 영 가운데서 이해하는 것으로 신앙을 정의합니다. 그리고 예수님의 십자가를 하나님의 사건, 즉 예수님과 그의 아버지와 아들 사이에 일어난 사건으로 이해할 경우, 우리는 아들과 아버지와 성령에 대해 삼위일체적으로 말하는 것이며, 그렇다면 삼위일체론은 하나님에 관한 하등의 엄청나고 비실천적인 사변이 아닙니다. 오히려 그것은 그리스도의 수난의 역사를 신앙, 그리고 비참한 본성을 가진 삶의 종말론적 자유를 위한 그것의 중요성 속에서 파악하는 것과 다름없는 것입니다. 그는 삼위일체론이 신앙을 유신론에 대해서 뿐만 아니라 무신론에 대해서도 보호한다고 말하는데, 이는 신자들의 신앙을 십자가에 매달려 있게 하기 때문입니다. 그는 삼위일체론의 내용은 그리스도 자신의 현실적 십자가에 있으며, 십자가에 달린 그분의 형식은 삼위일체성이라고 말합니다.[34]

우리가 그의 이러한 삼위일체적 십자가 사건의 이해를 들으면, 그가 한편으로는 전통적인 역사적-경륜적 삼위일체도 받아들이지 않고 있으며, 다른 한편으로는 바르트의 영원적 내재적 삼위일체 이해도 받아들이지 않고 있음을 볼 수 있습니다. 그의 입장은 한마디로 "역사적-내재적 삼위일체"라 부를 수 있습니다. 이로써 개혁주의가 주장하는 삼위 하나님 사이의 영원전의 구원의 작정에 대한 입장도 폐기하게 되는 것입니다. 몰트만에 따르면 하나님께서 영원 전에 삼위 하나님의 회의를 통해 구원을 작정하고 때가 되매 아들을 보내시고 성령을 보내시어 확증하신다는 전통적인 입장도 인정될 수가

---

34 *Der gekreuzigte Gott*, 232-233.

없습니다. 성령께서 십자가에서 아버지와 아들이 죽으실 때 나오신다는 이 말 역시 같은 맥락에서 받아들여집니다.

다섯째, 구원이란 무엇인가? 그는 구원을 하나님과의 결합이라고 주장합니다. "그러면 구원이란 무엇인가? 만일 모든 파멸과 하나님께 버림을 받음과 절대적인 죽음과 지옥의 무한한 저주와 무(無)로의 몰락이 하나님 자신 안에 있다면, 이 하나님과의 결합이야말로 영원한 구원이요, 무한한 기쁨이며, 파괴될 수 없는 선택이요, 신적인 삶이다. 하나님 안에 있는 '분리'는 역사의 모든 소용돌이를 그 속에 포함하고 있어야만 한다. 이 분리 속에서 우리는 배척과 저주와 결정적인 무(無) 자체를 인식해야만 한다. 십자가가 버림받음이라는 완전한 냉혹성 속에서 아버지와 아들 사이에 서 있다." 몰트만의 이런 구원 이해는 정통 신학에서 말하는 내용과 큰 차이가 있습니다. 정통신학에서 구원은 죄로부터 마귀로부터 죽음으로부터 건져내는 것을 의미하는데, 몰트만은 구원을 하나님과 결합되는 것으로 이해하고 있기 때문입니다. 여기서도 우리는 그가 심판 없는 사랑을 애기한 바르트 신학의 영향을 크게 받고 있음을 볼 수 있습니다.

여섯째, 하나님의 역사는 인간 역사의 심연이다. 우리는 몰트만이 하나님의 역사와 인간 역사와의 관계를 어떻게 이해하고 있는지를 볼 수 있습니다. 그는 하나님의 내적 삼위일체의 삶을 헤겔의 말을 빌어 "하나님의 역사"라고 표현하며, 하나님의 이 역사는 하나님의 버림받음과 절대적 죽음과 하나님 아닌 것의 모든 심연을 그 속에 지니고 있다고 말합니다. 그는 "하나님 자신이 아니면 아무도 하나님을 대항할 수 없다"라고 말합니다. 골고다 십자가에서 일어난 아버지와 아들 사이의 역사 속에 바로 이 죽음이 일어났기 때문에, 이 역사로부터 삶과 사랑과 선택의 영이 발생한다고 말합니다.[35] 그는 여기서도 선택이 영원 전에 일어났다고 주장하는 바르트의 입장을 차용하고 변형하여 선택이 십자가에서 일어난다고 말하고 있습니다.

따라서 그는 골고다의 십자가의 죽음 속에 구체적으로 나타나는 "하나님의 역사"는 인간의 모든 역사의 깊이와 심연을 자체 속에 가지고 있으며, 따라서 역사의 역사로 이해될 수 있다고 봅니다. 그는 죄와 죽음으로 결정되어 있는 인간의 모든 역사는 이 "하나님의 역사" 안에, 즉 삼위일체성 안에 지양되어 있고, "하나님의 역사"의 미래 속에 통합되어 있으며, 이 하나님의 역사 속에서 하나님의 고통이 아닌 고통은 없고, 골고다 산상의 역사 안에서 하나님 자신의 죽음이 아니었던 죽음은 없다고 말합니다. 그러므로 그의 역사를 통해 하나님의 영원한 삶, 영원한 기쁨으로 통합되지 않는 삶이나 행복이나 기쁨은 없다고 말합니다. 그는 "역사 안에서 하나님"을 생각

---

35 여기서 사용된 독일어 동사 hervorgehen은 "태어나다, 기인하다, 유래하다"로 번역할 수 있다.

할 경우 우리는 유신론과 무신론에 이르지만, "하나님 안에서 역사"를 생각할 경우 이것을 넘어서서 새로운 창조와 신격화에 이르게 된다고 말합니다. "역사를 하나님 안에서 생각하는 것"은 먼저 인간 존재를 그리스도의 고난과 죽음에 참여함 속에서 이해함을 뜻하며, 참으로 전체 인간 존재를 그의 모든 당혹성과 불안성과 함께 이해함을 뜻합니다.[36]

일곱째, 하나님에 대해서 말한다는 것은 무엇을 의미하는가? 놀랍게도 몰트만은 여기서 불트만이 던졌던 질문을 자신이 던집니다. "하나님에 관해 말한다는 것은 무엇을 의미하는가?" 불트만은 "하나님에 관해 말하는 것은 곧 인간에 관해 말하는 것"이라고 말한 것을 우리는 알고 있습니다. 하지만 몰트만은 "골고다 십자가에서 아버지와 아들과 성령의 긴장에 가득 찬 그리고 변증법적인 역사가 '하나님'으로서 칭해질 수 있다"는 파격적인 말을 합니다. 그는 하나님을 인격으로 말하지 않습니다. 역사 혹은 삼위 안에서 일어난 사랑의 이야기가 곧 하나님이라고 말하는 것입니다. 그는 삼위일체적 십자가 신학은 십자가 사건을 더 이상 미리 정해진 형이상학적 혹은 도덕적 하나님 개념의 틀이나 이름 속에서 해석하지 않으며, 기독교적으로 하나님에 대해 말하는 자는 누구나 예수의 역사를 아버지와 아들 사이의 역사로 애기해야 한다고 주장

---

36 *Der gekreuzigte Gott*, 233.

합니다. 그는 하나님은 하나의 다른 본성이나 하늘의 한 인격이나 한 도덕적 법정을 의미하는 것이 아니라, 도리어 실제적으로 한 사건을 의미한다고 말합니다. 그는 이 사건은 단지 인류에 대한 사랑이 아니라, 골고다 사건, 즉 미래를 여는 생명을 창조하는 영이 발원하는 아들의 사랑과 아버지의 고통의 사건이라고 말합니다. 하나님께서 하늘에 계신 한 인격이라고 말하지 않으니 참 이해가 되지 않습니다.

그는 여기서 더 나아가 인격적인 하나님께서 과연 있는지에 대해 묻습니다. 그는 "하나님이 사건을 의미한다면 우리는 그 하나님에게 기도할 수 있을까"라고 질문합니다. 그는 우리가 한 사건에게 기도할 수 없으며, 사실상 한 인격적인 하나님은 없으며, 단지 하늘로 투영된 한 인격만 있을 뿐이라고 말합니다. 그의 이런 말은 그가 우연히 쓴 표현이 아니라 자신의 논문에서도 쓰고 있습니다.[37] 하지만 그는 하나님 안에 즉, 아들과 아버지와 성령 안에 인격들이 있다고 말합니다. 그는 그렇다면 우리는 간단히 하늘에 계신 한 당신으로서의 하나님에게 기도하지 않으며 도리어 하나님 안에서 기도하며, 우리는 한 사건에게 기도하지 않으며 이 사건 안에서 기도한다고 말합니다. 그는 예수님의 형제됨 안에서 기도자에게 그의 아버지의 부성이 열려질 수 있으며 소망의 영이 받아들여진다

---

37 Gott und Auferstehung, Perspektiven der Theologie, 55-56.

고 말합니다. 그는 "하나님은 사랑이다"는 요한일서 4:16을 인용하면서, 삼위일체론은 그런 사랑의 근거와 사건과 경험의 해석으로서도 볼 수 있다고 말합니다. 그는 삼위일체론은 이념으로서 하늘의 권세나 계명으로서의 사랑의 해석이 아니며, 사랑이 없고 율법적인 세상 속에서 사건으로서의 사랑의 해석으로서, 미리 오시어 무조건적으로 모든 사랑받지 못하는 자들과 버림받고 불의한 자들과 법 없는 자들을 붙잡아 그들에게 새로운 신분을 선물하고 그들을 모든 사회적 신분화와 사회적 규범들과 우상화들로부터 해방하는 한계 없는 사랑의 사건의 해석이라 말합니다.[38] 확실히 그는 하나님을 한 인격이라고 부르기를 꺼려하며 대신에 하나님을 사랑이라고 부르기를 더 좋아합니다. 이는 하나님을 인격이라고 부르고 우리가 그에게 기도한다고 말하면 그가 말한 삼위일체 신학이 무너지기 때문이며, 여기서 자유주의 신학자 리츨이 연상됩니다. 그도 하나님을 사랑의 의지라고 불렀기 때문입니다.

여덟째, 십자가 신학은 정치적 종교에 대해 비판적 자세를 취하여야 한다고 말합니다. 몰트만은 이 책의 마지막 부분에서 "정치적 십자가 신학"을 주장합니다. 그는 로마의 평화와 기독교의 평화는 하나님의 섭리라는 미명하에 결합되어 기독교가 로마 제국의 종교가 되었지만 종말론에 부딪쳐 좌절되

---

38 *Der gekreuzigte Gott*, 233-234.

었다고 말합니다.[39] 그는 삼위일체와 종말론이 형성되고 기독교 국가 내에서 교회를 자유하게 하기 위한 투쟁이 일어나면서, 기독교 신학은 정치적 종교 및 그 정치적 신학의 이데올로기와 근본적으로 절교하게 되었으며, 기독교 신앙은 정치적 상황을 정당화시켜 주는 것으로 더 이상 오용될 수 없게 되었으며, 신학적 구조와 정치적·종교적 구조는 근본적으로 분리되었다고 주장하는 피터슨의 이론에 동의합니다. 그는 새로운 **정치적 신학**과 **정치적 해석학**은 정치적 종교들의 정치적 신학에 대한 초기 기독교의 비판을 전제하지만, 만약 이들이 예수의 종말론적 메시지와 사회적-정치적 현실간의 상호 결합된 과정에 대한 의식을 성경적 전통으로부터 되찾고자 한다면, 정치적 신학과 정치적 해석학은 더 철저해질 것이라고 주장합니다.[40] 그는 이런 맥락에서 가톨릭 정치 신학자 메츠(J. B. Metz)의 글을 인용합니다. "기독교 신앙이 희망 가운데서 다루는 구원은 결코 사적인 구원이 아니다. 예수는 그 당시의 공적인 권세들과 결사적으로 투쟁하면서 이 구원을 선포했다. … 이 공공성은 취소되거나 해소되든지 혹은 약화될 수 없다. … 그러므로 모든 종말론적 신학은 사회비판적인 신학으로서 정치적 신학으로 될 수밖에 없다."[41]

---

39 *Der gekreuzigte Gott*, 302.
40 *Der gekreuzigte Gott*, 302-303.
41 *Der gekreuzigte Gott*, 303.

몰트만은 자신이 가진 언어, 의식, 제도 및 실천이 현재 지니고 있는 정치적 제약들과 기능들을 알고자 하는 기독교 신학은 "선동자"로 처형당한 그리스도의 정치적 십자가형과 하나님으로 인한 부활을 회상하고 그의 뒤를 따름으로써 일어나는 결과를 이끌어 내는 일을 훌륭히 수행한다고 말합니다. 그리스도의 수난과 부활의 기억은 위험하면서 동시에 자유하게 하며, 이 기억은 정치적으로 종교적으로 잘 적응된 교회를 위협하며 그 당시의 수난당하는 사람들과 결속하게 하고, 교회를 정치적-종교적인 교회 정책으로부터 해방시켜서 기독교적-비판적인 정치 신학이 되게 합니다. 새로운 정치 신학이 문제 삼는 것은 교회를 우익 혹은 좌익 정치로 해소시키는 것이 아니라, 그 정치적 상황과 기능을 그리스도의 자유의 의미로 기독교화시키는 것입니다.[42] 그는 결국 신학은 정치 신학이 되어야 한다고 강변합니다.

이리하여 기독교 신학에 대한 결론은 사회와 교회 내의 정치적 종교에 대해 비판적 자세를 취하여야 한다는 것이다. 정치적 십자가 신학은 국가를 정치적 우상숭배로부터, 그리고 인간을 정치적 소외와 권리 박탈로부터 해방시켜야 한다. 그래서 국가와 사회를 탈 신화하도록 노력하여야 한다. 십자가 신학은 정치적인 지배관

---

42   *Der gekreuzigte Gott*, 303.

계를 허물어뜨림으로써 십자가에 달린 그분의 고양을 통해 가능한 모든 가치의 전도를 위한 길을 예비해야 한다.[43]

몰트만이 자서전에서 밝히는 자신의 이 책에 대한 비판과 답변

그는 자신의 자서전에서 이 책에 대해 비판한 사람들을 열거하며 그들의 비판 내용을 소개합니다. 먼저 가톨릭 신학자 라너는 "그리고 몰트만과 다른 사람에게서 나는 하나의 절대적인 모순과 성부수난론의 신학, 아마도 하나님 자신 안으로 분열, 갈등, 무신성을 투사하는 하나의 쉘링적 신학까지도 감지할 수 있다고 생각한다"(282)고 비판합니다. 라너의 이 비판 중 그가 몰트만의 신학을 성부수난론는 신학이라고 비판에 대해서도 몰트만은 변명하기가 쉽지 않다고 생각합니다. 가톨릭 신학자 메츠도 "하나님은 고난을 받아서는 안 되는데 이는 우리는 신정론에 문을 열어놓아야 하기 때문이다"라고 말하며 몰트만의 성부수난론적 신학을 비판합니다. 그리고 한스 큉도 하나님은 "항상 더 크신 하나님"이시기 때문에 고난을 받아서는 안 된다고 말하면서 그를 비판합니다.[44]

위의 세 명의 신학자들이 모두 몰트만이 성부수난적인 신학이라고 비판하고 있다는 점을 고려할 때 이런 비판에 대

---

43 *Der gekreuzigte Gott*, 304.
44 『몰트만 자서전』, 281-287.

해 몰트만이 변명하기란 쉽지 않을 것입니다. 하지만 몰트만은 자신을 성부수난론자로 부르는 것에 대해 난색을 표명하며 변명합니다. "대학에서 가르치는 학자들은 공식을 사랑한다. 그래서 나는 하나님수난설(*Theopassionismus*), 성부수난론(*Patripassianismus*) 혹은 이와 유사한 공식으로 비판을 받았다. 하지만 나는 아버지의 고통과 아들의 고난을 구분할 줄 안다. 그렇기 때문에 만약 문제가 된다면, 결국 '아버지의 동반수난설'(*Patrisompassianismus*)이 될 것이다. 만약 개념 자체가 설명을 필요로 한다면, 그것은 아무것도 설명하지 못한다."[45] 몰트만이 하나님께서도 "아픔을 당하셨다"라고 표현했으면 이런 비난을 받지 않았겠지만, "하나님께서 죽으셨다"는 표현을 분명히 쓰고 있기 때문에 그는 이런 비난을 받아야만 합니다.

몰트만은 특히 죌레(Dorothee Sölle)가 "십자가에서 하나님에게 버림받은 그리스도에 관한 나의 설명에서 그녀는 일종의 '신학적 가학증'의 증거를 보았다"고 자신을 비판했다고 말하면서 그녀가 그를 크게 오해했다고 말합니다. 하지만 몰트만은 죌레가 "그가 강조점을 제공하시는 하나님에 두기 보다는 도리어 첫 번째 인격인 성부가 두 번째 인격인 성자를 멸절시키고 있다"는 비판을 생각해보아야 합니다.[46] 왜냐하면

---

45 『몰트만 자서전』, 280.

46 Dorothe Sölle, *Gott und Leiden, Diskusion Jürgen Moltmann der gekreuzigte Gott*, Chr. Kaiser Verlag, 1979, 115ff.

쵤레는 몰트만이 성부의 고난을 강조하면서 성자의 고난을 멸절시킬 정도로 크게 약화시키고 있다는 점을 지적하기 때문입니다.

하지만 이런 비판가들도 있었지만 몰트만은 해방신학자들을 포함하여 특히 한국의 안병무가 자신의 신학에 찬동했다는 점을 자랑스럽게 소개합니다. 이는 그의 신학이 민중해방이라는 정치 신학적 성격을 띈 안병무의 신학과 몰트만의 정치 신학적 십자가 신학이 비슷한 점이 있다는 것을 시사하는 부분입니다. 이 점은 중요합니다. 그의 십자가 신학은 결국 정치 신학의 한 종류임이 분명하다는 것을 증거하고 있기 때문입니다. 그 자신도 자신이 정치 신학자임을 분명히 말합니다. 다음 책 『정치 신학』에서 그는 자신의 이 주장을 더 구체적으로 제시합니다.

몰트만은 자신이 주장하는 십자가 신학은 정치적 종교에 대해 비판적 자세를 취하여야 하며 정치 전반을 비판하는 정치 신학임을 천명합니다. 그는 그의 이러한 정치 신학적 착상을 『정치 신학』에서 상세하게 정리하고 있습니다.

4.
정치 신학

정치 신학이란 무엇인가

몰트만은 이 책의 본론으로 들어가면서 먼저 "오늘날 정치 신학이란 무엇이며, 무엇이어야 하나?"를 묻고 다음과 같은 대답을 줍니다. "'모든 종말론적인 신학은 (사회) 비판적인 신학으로서 반드시 정치 신학이 되어야 한다'(Johann Baptist Metz). 나는 '희망의 신학'으로 몇 가지 부정 작업을 담아서 희망의 실천 현장으로 이끌어 가기 위해서도 메츠가 제안한 방향 제시를 기꺼이 받아들이고자 한다. 이를 위해서는 십자가 신학이 필연적으로 전면에 등장하게 될 것인데, 그것은 실천에 따르는 피할 수 없는 귀결일 뿐만 아니라, 이미 나의 '희망의 신학' 자체의 구상이기도 하다."¹ 독자가 그의 이 말을 들으면, 희망은 정치를 통해서 실현된다는 애기로 들릴 것이고, 결국 인본주의적 희망의 신학이 아닌가라는 생각이 들 것입니다. 먼저 몰트만의 애기를 들어보고 평가하려 합니다.

그는 지금까지 성경해석에서 각광을 받던 역사비평적 성경 해석이 정치적 사회학적 관점에서 성경을 보는 눈을 열어주었지만, 그럼에도 실제로 정치의 현실을 보기까지 이끌지는 못했다고 지적하며 "정치적인 해석학"이 필요하다고 말합니다.² 그는 역사 비평적 주석을 본문을 양식사적으로, 즉 정치적이고 사회학적인 관점에서 탐구했으나 자기 자신과 사회에서의 교회의 현존 양식에 대해서는 거의 성찰하지 않았다고 비판합니다.³ 그러면서 이제는 역사 비평적 방식에서 사회 비판적이며 정치적인 해석학으로 방향을 철저히 전환해야 할 것이라고 주장하는데, 이는 본문들을 더 잘 이해하기 위해서뿐만이 아니라 "개인적-공적", "정신적-정치적", "내적-외적"이라는 이분법으로 나눠진 세계 안에서 자신의 입장을 비판적으로 성찰하기 위해서라고 주장합니다.⁴

몰트만에 따르면 신학이 이렇게 나눠진 세계에서 책임을

---

1 Jürgen Moltmann, *Politische Theologie - Politische Ethik*, Kaiser/Grünewald, 1984, 34.

2 Existenz geschichte und Weltgeschichte: Auf dem Weg zu einer politischen Hermeneutik des Evangeliums, *Perspektiven der Theologie*, 139ff.

3 *Politische Theologie - Politische Ethik*, 37.

4 *Politische Theologie - Politische Ethik*, 38.

다하지 못해서 포이에르바흐, 막스, 프로이드 그리고 그들의 후계자들이 현대의 종교들과 교회 비판들을 착수하고 있으며, 오늘날 신학이 책임 있는 신학이 되려면 신학의 단어들, 이미지들, 상징들이 지닌 심리적, 정치적 함의를 비판적으로 성찰해야 한다고 말합니다. 신학은 이제 신학의 역할을 주어진 제도 안에 제한하고, 중립적 위치에 고착하거나 스스로 하찮은 것으로 치부해서는 안 되며, 신학은 하나님을 말할 때마다 그것이 인민에게 종교의 아편을 제공할 것인지, 아니면 자유의 현실적인 누룩을 제공할 것인지를 자기 자신에게 물어야 합니다.[5] 몰트만은 이제 본격적으로 자신이 주장하는 정치 신학에 대한 개요를 제시하고 있습니다.

그는 먼저, "정치 신학"이라는 표현이 신학과 정치, 교회와 국가의 관계를 주제로 삼는 것만이 아니라, "정치적인 것"을 책임 있는 신학의 얼굴로 삼는다고 할 때, 그것은 정치가 만사라는 논리로 격상시키자는 것도 아니고, 신학과 교회가 한 국가의 정치적 요건과 요구 아래에 놓인다는 말도 아니라고 말합니다. 몰트만에 따르면 정치 신학이란 말의 의미는 정치 문제가 기독교 신학의 중심 주제가 되어야 한다는 것을 뜻하지는 않으며, 정치 신학은 기독교 신학을 근대 속에서 의식적으로 펼치기 위한 장이요, 환경이요, 공간이요 무대를 지칭

---

5 *Politische Theologie - Politische Ethik*, 38.

하며, 모든 기독교 신학의 정치적 자의식을 일깨우려 하는 것이라고 주장합니다. 그는 계속하여 세상에는 순진하고 정치의식이 없는 신학은 존재하지만, "무-정치적"(a-politisch)인 신학은 결코 없다고 말하면서, "비정치적"(unpolitisch) 신학들은 드러내놓고 말하지는 않지만 실상은 항상 정치운동, 특히 대개는 보수적 정치운동과 연대를 맺어 왔음을 쉽게 입증할 수 있다고 말합니다. 교회가 비정치적 내지 초정치적 중립성으로 후퇴하면 교회 자체가 스스로 정치화된 교회인데, 그 이유는 중립을 지킨다는 핑계로 특권과 안전을 대가로 취하기 때문이라고 말합니다. 그가 진단하는 문제의 본질은, 비판가들이 염려하듯, 오늘의 교회가 정치화되어도 괜찮은가는 문제가 아니며, 오히려 교회가 부지불식간에 실행해 온 정치 신학이나 알게 모르게 다른 사람들과 함께 실행해 온 숨겨진 모습의 정치 신학의 굴레에서 벗어나 비판적이며 동시에 자기비판적인 정치 신학으로 방향을 트는 일이 핵심입니다.[6]

몰트만은 기존의 정치 신학과 자신이 주장하는 "사회 비판적인 정치 신학"에 어떤 차이점이 있는지에 대해서 분명히 말합니다. 그는 먼저 옛 "질서의 신학"(Theologie der Ordnungen)은 기존 사회질서를 합법화하자는 것이었고, 이에 대한 반대로 하나의 "변화의 신학"(Theologie der

---

6 *Politische Theologie - Politische Ethik*, 39.

Veränderungen)을 내세운다 해도 이 신학 역시 오늘날 급변하는 새로운 사회의 변화를 합법화하는 수단으로 오해될 수 있으므로, 신학이 오늘날 사회비판적 신학이 되려면 이미 근대 사회의 필수불가결의 요소인 사회비판을 단순히 종교적으로 정당화하는 것이어서는 안 된다고 강변합니다. 그는 사회비판적인 신학은 교인들인 우리가 교회적이고 기독교적 현실에 맞닥뜨릴 때 자신의 기독교적 주장을 가지고 자기 비판적으로 착수하는 경우에만 의미 있는 것이며, 그러지 않고서는 모든 것이 기존 질서 또는 기존의 변화 및 비판에 순응하는 것으로 끝나버린다고 말합니다.[7]

몰트만은 "종말론적 유보"로 표현된 차이와 비판은 기독교적으로 전혀 양적인 것들이 아니라 질적이고도 종말론적인 것들이라고 주장하며, 기독교 신학이 저열한 기존 질서를 개선하는 데에만 머물러 있지 않으려면 실제로 질적인 차이라는 스캔들을 눈여겨보는 것이 혁명적인 행동 속에서 중요하다고 주장하는 마르쿠제(H. Marcuse)의 견해에 빠져들지 말아야 한다고 경고합니다. 그는 자신이 말하는 바 정치 신학은 바울적인 희망의 신학을 십자가 신학과 동일시하고 십자가의 종말에 대해 말하는 신학이며, 바울이 고린도에서 설교했던 십자가의 말씀의 핵심이었던 반(反)열광주의적 "아직-아

---

7 *Politische Theologie - Politische Ethik*, 39-40.

님"(Noch-Nicht)을 말하는 신학이라 말합니다.[8]

십자가 신학의 기초 위에 서 있는 정치 신학

몰트만은 이어서 "정치적 십자가 신학과 정치적 우상숭배" 부분에서 자신의 정치 신학에 대해 좀 더 자세히 말해주고 있습니다.[9] 그는 자신이 말하는 정치 신학은 십자가 신학의 토대 위에 서 있다고 말하면서 예수님이 정치범으로 죽었다는 사실을 정치 신학의 출발점으로 삼아야 한다고 강변합니다.

> 어쨌든 십자가의 처형은 예수의 역사에서 유일한 공공연한 정치적 정점이다. 우리가 오늘날 아직도 펼쳐지지 않은 그리스도 십자가의 정치적 결과에 대해 묻는다면, 이 같은 그리스도론적 출발점은 정치적 세계에 대한 교회의 비판적 관점을 부여해 줄 뿐 아니라, 교회 자체의 정치적이고 사회적 현실에 대한 믿는 자들의 비판적 관점도 제공하는 것이므로, 정치적 십자가 신학은 결코 교회적으로만 이용될 수 없을 정도다.[10]

몰트만에 따르면 예수님은 이스라엘의 율법에 의하면 하

---

8 *Politische Theologie - Politische Ethik*, 41.
9 *Politische Theologie - Politische Ethik*, 55ff.
10 *Politische Theologie - Politische Ethik*, 55-56.

나님을 모독한 자로서 처형당했는데, 바울은 예수님은 율법 때문에 죽었고 그의 부활과 승천과 함께 율법은 예수 그리스도의 요구로 그 시효가 끝났으며, 거듭 이런 신학적 관점으로만 해석합니다. 그는 종교개혁 신학, 특히 루터가 그의 십자가 신학에서 바울의 종교적 해석을 계승했지만 이 십자가 사건이 가진 정치적 함의를 발견하지 못했다고 비판합니다.[11] 즉 루터가 1518년의 「하이델베르크 토론」에서 십자가 신학을 자연인의 행위 의에 대해, 그리고 자연신학에 대한 갈망에 대해서 뿐만 아니라 바로 이 자연인에 대해 대립시키고, 그와 함께 십자가에 못 박히신 자에게 나타난 하나님의 계시로부터 존재론적인 귀결들을 끄집어내기 시작했으나, 돌에 맞아 타살되지 않고 로마인들에 의해 십자가에 처형된 예수의 정치적 프로세스와 상황에 대한 신학적 해명이 모자랐다고 비판합니다. 십자가에 달린 그리스도에게 나타난 하나님의 계시에서 정치적 귀결을 끌어내려는 시도에 대한 신학적 설명이 부족했다는 것입니다. 몰트만은 결국 루터가 십자가 신학을 정치 신학적 차원으로 발전시키지 못했다고 비판합니다.

몰트만은 과연 예수님이 정치범으로 죽었다는 분명한 역사적 문헌이 있는가라는 비판가들의 질문을 예상하면서 자신의 주장을 방어하고자 합니다. 그는 예수님은 역사적으로

---

11 *Politische Theologie - Politische Ethik*, 56.

로마에 대항했던 유대인 독립투사가 아니었으므로 그의 십자가형을 위한 법률상의 근거가 빈약하기에 우리가 그것을 로마 점령군의 역사적인 그릇된 판결이라고 말하기는 하지만, 예수께서 선포한 자유라는 종말적 복음 속에는 종교 국가 전반에 대한 훨씬 더 큰 공격이 내포되어 있으며, 이런 의미에서 그의 십자가 처형은 정치적 우연이 아니라 필연이었다고 주장합니다.[12] 십자가라는 말에는 단지 율법에 대한 종말을 고하는 정도가 아니라 항상 기존 질서에 대한 정치적 저항 차원이 숨어 있다는 것입니다. 하지만 그는 예수님의 십자가 사건에서 대속적 차원이 핵심이라는 말을 결코 하지 않습니다. 만일 그가 예수님의 십자가 사건에 있어서 가장 중요한 점은 대속적 차원이었지만, 그 시대적 상황에서 십자가에 못박히신 예수는 로마인들에게나 일반 민중들에게 정치적으로 보일 수도 있었다고 말했다면, 더 설득력이 있었을 것이고 그의 정치 신학이 더 호응을 얻었으리라 생각됩니다.

다른 정치 신학과의 차이점

몰트만은 자신의 정치 신학은 최근에 등장한 여러 종류의 정치 신학들과 차이가 있다고 말합니다. 그는 최근의 정치적 신

---

12 *Politische Theologie - Politische Ethik*, 56.

학이 예수 당시의 공적 권력자들과의 예수의 치명적인 갈등을 중심에 둔다면, 그런 정치 신학은 정치 신학이 국가 중심의 형이상학이 의미했던 것과 사실적·성향적으로도 관계가 없다고 말합니다. 그가 문제삼은 것은 단지, 도대체 어떻게 이런 갈등이 공적 사회에서 기독교적이고 교회적인 삶의 내용으로 만들어질 수 있느냐입니다. 그것은 비판적 관여만으로는 불가능하며 그것에 맞서는 내용을 구체적으로 명시해야 한다고 말합니다. 그런데 이런 내용이 우리가 정치적 혹은 시민적 종교라고 불렀던 그 속에서 다소간 이미 나타나고 있지만, 정치적 십자가 신학은 이 전선에서 더 나아가 정치적 우상숭배와 인간의 정치적 우민화와 소외에서 해방시키는 비판의 힘이 된다고 말합니다. 그러면서 그는 정치만큼 우상숭배와 소외 증후군에 의해 지배되는 삶의 영역은 없으므로 여기서 우리는 어떻게 이런 해방이 이루어지는지를 예의주시해야 하며 이를 수행하기 위해 다음의 두 명제에서 출발하고자 한다고 말합니다.

첫째, 구약 성경이 말하는 우상숭배 금지는 구체적으로 말해서 단지 존재 지배구조(Ontokratie)로부터 해방된 하나의 세계이해일 뿐만 아니라 우상숭배로부터의 정치적 삶의 해방도 의미합니다. 성경이 말하는 우상숭배 비판이 근대에 와서는 인간의 소외와 우민화에 대한 비판으로 다시 등장하고 있습니다. 둘째로 십자가 신학은 구약성경이 말하는 우상 형상

금지의 철저한 실행이라는 점입니다. 정치적 십자가 신학으로 정치와 관계를 맺으려는 사람들은 이를 전제해야 한다고 그는 주장합니다.[13]

가난한 자를 편들다

몰트만은 이어서 정치 신학의 당파성의 문제를 언급합니다. 그는 정치 신학은 중립적 입장에 서지 않고 가난한 자들의 편을 드는 신학이며, "정치적 십자가 신학과 타자들의 교회" 부분에서 "하나님은 가난한 자들의 하나님이시다"는 점을 분명히 말합니다. 그는 정치적 십자가 신학에는 더 깊은 차원들이 있으며, 긍정적인 측면의 관계를 비판적인 측면으로 변화시키기 위해 단지 교회와 국가 간의 관계만을 주시하는 것은 지나치게 근시안적이며 또한 이것을 대립관계로만 사고하는 것도 역시 추상적이라고 말합니다. 그는 "기독교가 민족 종교로서 생성되지 않았고, 십자가에 달리신 하나님은 무국적의 하나님일지라도 기독교는 사적 종교로서 생성된 것이 아니며, 기독교의 하나님은 결코 비정치적인 하나님도 아니다"라고 말합니다.[14] 그는 다음과 같이 말합니다.

---

13 *Politische Theologie - Politische Ethik*, 57-58.
14 *Politische Theologie - Politische Ethik*, 64-65.

예수는 "가난한 자들의 하나님 나라"를 선포하셨다. 그의 팔복은 가난한 자, 슬픈 자, 굶주린 자 그리고 핍박당하는 자들에게 유효하다. 바울은 권리를 박탈당한 자들과 의롭지 못한 자들에게 오직 은혜로서 의롭게 됨을 선포했다. 이 메시지 아래 모여든 교회 속에서 그는 선택하시고 유기하시는 하나님께서 일하시고 계심을 본다. 약한 자들, 천한 자들, 아무것도 소유하지 않은 자들, 그리고 멸시받는 자들이 십자가의 말씀을 통해 선택된다. 그와 함께 자신을 강하고 고상하고 부요하고 명망 있는 자로 간주하는 자들은 부끄러움을 당하게 될 것이다. 오직 가난한 자들에게나 이 복음이 기쁜 소식이다. 하지만 부유한 자들에게는 오히려 고통일 뿐이다. 복음은 단지 이 세상의 하찮은 이들에게 저 세상에서의 보상과 하늘에서의 부요를 약속하는 것으로 생각한다면 이는 곡해한 것이다. 오히려 그 반대다. 가난한 자들이 하나님 나라로 가는 것이 아니라 하나님 나라가 가난한 자들에게 임한다. 하나님 나라는 이 세상의 가난한 자들에게서 개시되고, 하나님의 권리는 권리를 박탈당한 자들을 의롭게 하면서 임한다. 질적으로 전혀 새로운 하나님의 미래를 그때에나 시작되는 것이 아니라 인자의 나타나심으로 이미 여기서 보잘 것 없는 자들로부터 시작된다.[15]

우리는 여기서 몰트만의 정치 신학이 가난한 자들의 편

---

15 *Politische Theologie - Politische Ethik*, 65.

을 드는 당파성을 가진 신학임을 분명히 볼 수 있습니다. 그는 예수님은 말할 것도 없이 바울도 권리를 박탈당한 자들에게 의롭지 못한 자들에게 의롭다 선언했다고 말하면서 칭의를 율법과의 관계에서 보지 않는 잘못을 범하고 있습니다. 하지만 그는 자신의 당파적 정치 신학에 대한 비판을 의식하고는 가난한 자뿐만 아니라 부자도 구원의 대상이라고도 말합니다. 그는 이 말은 지배자들을 종교적으로 정당화해 주는 대신에, 압제 받는 자들이 지배하도록 하는 것을 기독교적으로 정당화해 주자는 뜻이라고 말합니다. 그러면서 그는 "모든 죄인"(alle Sünder)들을 화해시키는 보편적 복음은 타인을 굴종시킴으로 자신들의 정당성을 확보하려는 사회적 갈등 상황과 사회정치적 구조를 구체적으로 파고드는 것이 되어야 하는데, 그렇지 않으면 복음은 추상적이며 무용지물로 머물고 말기 때문이라고 말합니다. 그는 복음은 가난한 자들을 예찬하고 그들에게 하나님 나라를 약속함과 아울러 부자들도 구원하는데, 이는 복음은 부자들에게 자신들의 진정한 가난을 알게 하기 때문이라고 말합니다. 그는 성경이 이러한 현실적인 저항의 성격을 내포한 "가난한 자들의 성경"이 아니었다면 새롭게 화해된 인류가 맛볼 종말론적 보편주의가 확신 있게 증거 되기는 어려울 것이라 말합니다.[16]

---

16 *Politische Theologie - Politische Ethik*, 67.

그는 자신의 이러한 생각은 학대와 고난을 교회의 표지들 중에서 첫 번째 순서로 올려놓았던 소위 종파주의자들의 교회 개념과 비슷하다고 말합니다. 그럼에도 학대와 고난은 결코 부정적인 공적들이 아니고, 이 세계 안에 있는 하나님 나라의 어떤 특질들도 아니며, 도리어 학대받고 고난 받는 자들이 십자가의 복음을 통해 새롭게 자격을 확보하게 된다고 말합니다. 십자가의 복음은 그런 학대받는 자들과 고난 받는 자들에게 복수를 위한 자격을 부여하는 것이 아니라, 그들이 억눌린 자들을 구속시키고 억누르는 자들을 억누르는 자격—이 둘은 비인간으로 만드는 것인데—을 얻도록 돕는 자격을 준다고 말합니다. 그는 이렇게 십자가의 복음은 가난한 자뿐만 아니라 부자에게도 해당된다고 분명히 말합니다. 그럼에도 교회 기구는 중립적일 수 없으며 당파성을 띱니다. 즉 교회 기관들은 사회정치적으로 중립적인 상태에 머무를 수 없으며, 사랑으로 행하는 당파성은 그리스도인 각자에게 위임할 수 없고, 동시에 공공적 임무를 이유로 사회비판 기관으로 변질할 수도 없으며, 다만 "타자들"과의 연대를 결성하게 되면, 그때에는 종교적으로 자아확인을 요구하는 지배종교와는 분명 동맹을 폐기하게 됩니다.[17]

---

17 *Politische Theologie - Politische Ethik*, 67-68.

마르크스주의에 대한 반대

몰트만은 정치 신학이 기독교를 정치로 해소하거나 기독교를 인본주의로 대체하기를 원하지 않는다고 말하면서 좌파 마르쿠스주의에도 반대한다는 점을 분명히 합니다.

> 우리가 지금까지 문제 삼았던 정치 신학은 결코 기독교 신앙을 정치로 해소하고 기독교를 인본주의로 대체하기를 원치 않는다. 우리가 실천의 측면에서 그리스도인의 자리에 인간을 세우려 한다면, 그것은 이론적인 측면에서 보면 신적 본질의 자리에 인간적 본질이 앉도록 하는 셈이 된다. 좌익 친구들과 마르크스주의자들이 요구하는 대로 우리가 종교를 정치로 변질시키면 정치는 우리의 종교가 될 것이다. 국가와 정당은 거대한 바다 짐승(Leviathan), 곧 죽을 수밖에 없는 지상의 신이 된다. 그것은 기독교가 실현했던 비종교화, 세속화와 민주화를 다시금 폐기하는 것이 되고 만다. 정치의 신성화란 그리스도인들이 결코 행할 수 없는 미신이다. 그리스도인들은 그리스도인들이고 인간들에게 더 큰 자유를 증서 하기 위해 십자가에 못 박히신 자에게 매달리는 자들이다.[18]

---

18 *Politische Theologie - Politische Ethik*, 67-68.

그는 "기독교적 정치 신학"은 그리스도인들을 그리스도인들로서 십자가에 못 박힌 자가 기다리는 그곳까지 인도하고자 한다고 말합니다. 몰트만에 따르면 그리스도는 이 땅에서 고난 받고 저주받는 자들 가운데서 자신의 사람들과 그들의 나타남을 기다리시고, 기독교적 희망은 단순히 열린 미래가 아니라 희망 없는 자들의 미래에 초점을 두고 있으며, 부활의 빛은 십자가의 밤에 비치고 있고, 오늘도 십자가의 그늘에 떨어져 있는 자들을 비추고자 하며, 그리스도의 십자가, 그리스도의 고난의 교제, 눌림 당하는 피조물의 탄식이 우리에게 기독교적으로 나타날 자리를 보여줍니다. 그는 이 맥락에서 루터의 십자가 신학을 다시금 언급합니다.

> 루터는 "십자가만이 우리의 신학이다"라고 했다. 이 명제는 달리 말하면 이런 뜻이다. 십자가는 우리의 정치적 비판이요, 자유의 정치를 위한 우리의 희망이다. 십자가에 못 박힌 자를 회상하는 것 자체가 우리에게 정치적 신학을 촉구한다.[19]

몰트만은 자신의 정치적 십자가 신학의 역사적 전거가 루터의 십자가 신학임을 암시합니다. 하지만 그와는 달리, 루터는 십자가 신학을 정치 신학적 차원, 즉 십자가를 정치 비판

---

19 *Politische Theologie - Politische Ethik*, 69.

과 자유의 정치를 위한 희망이라는 측면에서 말하지는 않았습니다.[20]

---

[20] 필자의 박사 논문인 "Crux sola est nostra theologia"(Peter Lang, Berlin 2008)에서 이 점을 다루었고 『루터 혼돈의 숲에서 길을 찾다』(익투스)에서도 자세히 설명했다.

5.
몰트만 신학에 대한 평가

먼저 몰트만 신학은 어떤 신학자에게 가장 큰 영향을 받았는지를 생각해보고자 합니다. 이 책의 독자들은 이미 필자가 이 세 책을 통해서 소개한 그의 신학의 내용들을 보면서 그가 특정한 한 신학자에게 영향을 받은 것이 아니라 여러 신학자들, 특히 바르트, 불트만, 판넨베르크 등에 의하여 두루 영향을 받았다는 것을 알아차렸을 것입니다. 그러나 이런 신학자들보다 그가 더 강하게 영향을 받은 사람은 철학자 블로흐(Ernst Bloch)라는 점은 바르트가 지적했고 그 자신도 인정했습니다. 특히 몰트만의 첫 번째 책인 『희망의 신학』은 블로흐의 『희망의 원리』로부터 크게 영향을 받았습니다. 몰트만의 충실한 제자인 김균진 교수 역시 이 점에 대해 분명히 말합니다. "몰트만의 '희망의 신학'은 블로흐의 '희망의 원리'에서 그의 기본 범주들을 수용한다. 이 범주들은 몰트만에게 신학을 가르친 그의 스승들과 그에게 영향을 준 인물들에게서도 발견된다. 그러나 블로흐의 '희망의 원리'가 제시하는 메시아 정신이 몰트만의 '희망의 신학'의 사고에 결정적 영향을 준다. 그러므로 1964년 몰트만의 『희망의 신학』이 출판되었을 때, 스위스 바젤에 살고 있던 칼 바르트는 몰트만이 블로흐의 『희망의 원리』에 세례를 베풀었다고 비꼬는 투로 말했다.[1]

하지만 날카로운 감각을 지닌 독자들은 이미 알아차렸겠지만, 몰트만은 바르트로부터 더 큰 영향을 받았습니다. 그는 바르트의 영원 전 화해론을 역사 안으로 옮겨서 역사 안에서, 특히 십자가 안에서 하나님과 인간의 화해를 말합니다. 그는 바르트가 말한 강조한 점들 중에서, 모든 신학은 종말론적인 신학이 되어야 한다는 점, 구원사건을 삼위일체론적으로 설명하는 점, 십자가보다 부활을 더 중요하게 본 점, 그리고 보편구원론의 관점 등을 차용해서 자신의 신학을 위해 창조적으로 사용했습니다. 판넨베르크의 역사로서의 계시도 참고합니다. 하지만 구원이 역사 안에서 역사를 통해 이루어지지만 역사를 약속의 역사로 정의하면서 사실상 바르트의 입장과 궤를 같이합니다.

둘째, 그의 신학은 유대 후기 묵시사상으로부터 많은 영향을 받았습니다. 몰트만은 자신이 희망의 신학에서 보았듯이

---

1 김균진, "희망의 하나님-희망의 종교", 몰트만과 그의 신학: 희망과 희망사이, 조직신학회 논총 제12집 2005, 한들출판사.

유대 후기 묵시사상으로부터 큰 영향을 받았습니다. 그는 예수님의 십자가와 부활을 통해서 하나님 나라가 선취되었지만 아직 성취되지 않았다고 봅니다. 그에게 부활은 지금 하나님 나라로 들어가게 만들어주는 사건이 아니라 미래에 임할 하나님 나라를 약속하고 지시하는 성격을 가지는 사건입니다. 하나님 나라가 완성될 날은 부활 이후의 미래의 어느 날입니다. 그날에 하나님은 이 세상 모든 죄인들을 다시 살려서 의와 생명으로 통치하게 될 것이라 말합니다. 하지만 그는 묵시사상처럼 하나님이 의인들을 구원하고 악인들을 심판하는 그러한 구원을 절대 주시지는 않을 것이라 말합니다. 말하자면 묵시문학의 틀로 종말을 이해하면서도 의인 구원, 악인 심판이라는 틀을 의인과 악인이 함께 구원받는 틀로 바꿉니다.

셋째, 몰트만은 하나님 나라의 현재성에 대해 철저히 무시합니다. 그는 즉 "아직 아님"을 지나치게 강조하면서 "이미 오심"을 무시하고 있습니다. 우리가 이미 살펴보았듯이, 그는 하나님께서 지금 십자가와 부활을 통해 자신을 인격적으로 계시하고 그를 믿는 자는 하나님과의 인격적인 사귐을 가질 수 있다는 소위 신학적 인격주의에 대해 거의 알레르기적 반응을 보입니다. 그는 부활은 현재적 구원을 경험하게 하여 탈역사화하도록 하는 사건이 아니라 이 역사를 하나님의 약속의 역사와 관계시키고 그 약속의 미래를 바라보도록 지시하는 사건일 뿐이라고 말합니다. 그러므로 부활의 증거에서 중요한 것은 부활의 역사적 사실이 아니라 부활이 가진 의미를 파악하는 것이라 말합니다. 그러나 우리가 예수님의 십자가와 부활을 통해 죄사함을 받고 영생을 얻고 천국을 확증 받은 것이 왜 미래와 관계가 없는지 의아합니다. 도리어 하나님께서 베풀어주시는 현재의 천국 잔치에 참여한 자들이 미래에 주어질 천상의 천국 잔치를 사모하며 더 열심히 지상의 삶을 살아갈 수 있다는 사실을 왜 생각하지 못하는지 안타깝습니다.

넷째, 몰트만은 보편구원론자입니다. 그는 최후 심판과 관계해서 이중예정의 입장이 아니라 만유화해론의 입장에 섭니다. 그는 하나님은 모든 사람을 심판하시지만, 영원히는 지옥에 두시지 않고 시간이 지나면 그들을 다시 구원하신다고 말합니다.

> 만일 그렇다면 최후심판은 하나님으로부터 기대할 수 있는 마지막의 일(das Letzte)이 아니라, "마지막 이전의 일"일 것이다. 그렇다면 마지막의 일은 그의 나라와 모든 사물의 새 창조일 것이다. 죄가 첫째의 일이 아니라 창조의 근원적 축복이 첫째의 일인 것처럼, 심판이 마지막의 일이 아니라 의가 그 안에 거하는 새 창조의 궁극적 축복의 마지막의 일일 것이다.[2]

---

2 위르겐 몰트만, 『오시는 하나님: 기독교적 종말론』, 김균진 옮김, 대한기독교서회, 서울 2017, 375.

그는 좀 더 구체적으로 다음과 같이 말합니다.

하나님은 죄를 인격으로부터 분리시키며, 죄를 심판하며, 죄인의 인격을 자유롭게 하신다. 인간이 자기 자신과 이 세계를 불행으로 몰아넣는 불의에 대해 의로운 하나님께서 저주하는 분노는 그의 열정적인 사랑의 표현에 불과하다. 여기서부터 우리의 문제에 대한 다음과 같은 귀결이 유추된다. 즉 하나님의 선택과 버림의 역사적 분립주의(Partikularrismus)는 구원의 보편주의를 위해 봉사할 수밖에 없다는 것이다. 그의 최후심판은 두 가지 결과를 갖는 것이 아니라, 모든 사물의 새 창조를 위해 하나님의 의를 보편적으로 관철 시키는 데에 봉사한다. 믿음 속에서 경험되는 하나님의 분노에 대한 그의 은혜의 더 크심으로부터 다음의 내용이 귀결된다. 즉 세계 심판과 만유의 화해는 모순이 아니라는 것이다. 만유의 화해는 하나님께서 모든 사람과 모든 것을 그의 영광의 나라로 모으기 위해 그의 회복시키고 의롭게 하는 의를 그 속에서 계시하는 세계 심판을 통해 일어난다.[3]

그는 그리스도께서 지옥 여행을 통해 우리를 지옥에 가지 않도록 하셨다고 주장합니다.[4] 그는 최후 심판이 위협이 아니라 인간에게 선포될 수 있는 놀라운 것이라 말하면서 인간들

---

3 『오시는 하나님』, 386.
4 『오시는 하나님』, 396-398.

이 최후 심판을 무서워하지 말 것을 종용합니다.

"최후의 심판"에 대한 선포의 종말론적인 의미는 구원하는 하나님 나라이다. 심판은 역사에 관련되는 영원한 하나님 나라의 측면을 가리킨다. 이 살인적이며 고난당하는 세계의 모든 죄, 모든 악의, 모든 폭력행위, 모든 불의가 심판 때에 정죄되고 폐기된다. 하나님은 판단은 그것이 말하는 바를 일으키기 때문이다. 모든 죄인, 악한 자들과 폭력을 행하는 자들, 살인자들과 사탄의 자식들, 모든 마귀와 타락한 천사들이 하나님의 심판 속에서 해방되며, 그들의 치명적인 사멸에서 변화됨으로써 그들의 참된 피조물적 본질로 구원을 받는다. 하나님은 자기 자신에게 신실하시며, 그가 한때 창조했고 긍정한 것을 포기하지 않으며 상실되도록 내버려두지 않기 때문이다. "최후의 심판"은 위협이 아니라, 그리스도의 진리 안에서 인간에게 선포될 수 있는 가장 놀라운 것이다. 살인자가 궁극적으로 그들의 희생물들에 대해 승리하지 못할 뿐 아니라, 그들의 희생물의 살인자로 영원히 존속할 수 없다는 것은, 무한히 위로하는 기쁨의 원천일 수 있다. 모든 사물의 회복에 대한 종말론적 이론은 이 두 가지 측면을 가지고 있다. 즉 회복시키시는 하나님의 심판과, 새로운 생명으로 일으키는 하나님 나라이다.[5]

---

5 『오시는 하나님』, 404.

몰트만은 하나님은 최후심판과 지옥조차도 없애면서 인간을 구원하시는 은총의 하나님이십니다. 그는 은총이 일어난 곳을 십자가라고 말하면서 바르트와 자신의 신학을 구분하지만 사실은 둘 다 "은총 일변도"의 신학입니다. 즉 하나님의 또 하나의 성품인 진노의 성품을 없애고 그 결과로 심판과 지옥도 없애버립니다. 이런 신학을 전파하는 곳에서 과연 악행을 자행하는 자들이 그들의 악행을 중단할 수 있을까요? 그는 인간의 현실을 말하지만, 이런 신학으로는 현실을 변혁시키기보다는 도리어 현실의 죄악들을 고착화시킬 뿐이라는 생각이 듭니다. 하나님은 악을 행하는 자들을 진짜로 심판하시고 진짜로 형벌을 당하게 하시고 진짜로 지옥에 보내신다고 말해주어야 그나마 악행을 중단할 수 있지 않을까요?

다섯째, 몰트만은 십자가 신학을 주장하면서도 십자가를 부활의 종속변수 정도로 만들어 놓습니다. 몰트만은 자신이 바울과 루터로 이어지는 십자가 신학을 계승하면서 발전시키고 심화시킨 사람이라고 말하지만, 우리가 그의 십자가 신학을 바울과, 특히 루터와 비교해볼 때 십자가의 의미를 제대로 해석하지 못하고 있습니다. 루터는 하나님의 구원은 십자가를 통해 나타난다고 말합니다. 하나님은 먼저 예수님의 십자가를 믿는 자를 구원하고 구원받은 택자에게 십자가를 허락하시고 이 십자가를 통해 그를 영광으로 이끌어 가십니다. 즉 하나님은 십자가라는 정반대 형태 아래 영광을 숨기십니다.[6] 하지만 몰트만은 영광은 십자가를 통해서가 아니라 부활을 통해 주어집니다. 십자가는 신자가 영광의 날을 기다리면서 견뎌야 하는 한 소극적 방식일 뿐입니다. 하나님은 십자가 없이도 부활을 통해서만 이미 영광을 약속하셨습니다. 이것이 하나님의 미래에 대한 약속입니다. 이 약속을 믿는 자는 미래의 영광을 갖게 됩니다. 이런 인식을 가진 자는 그 영광을 바라보며 십자가를 자원하여 지는 것입니다. 이로서 루터에게 십자가가 구원의 필수불가결한 수단이었다면 몰트만에게 그 자리는 부활이 차지합니다. 십자가는 부활의 종속 변수일 뿐입니다.

여섯째, 몰트만은 삼위일체적 신학을 주장하면서 결국 삼위의 인격성과 신분을 약화시킵니다. 몰트만은 우리가 인격적인 하나님을 주장해서는 안 되고 인격적인 성부 하나님에게 기도도 할 수 없다고 말합니다. 그는 우리는 기도할 수는 있지만 삼위 하나님께가 아니라 삼위 하나님 안에서 기도해야 한다고 말합니다. 이는 결국 하나님을 인격적인 하나님이라고 부르지 않고 사랑의 의지라고 칭했던 리츨의 입장과 비슷합니다. 삼위 하나님 안에서 기도한다는 것은 삼위 하나님께서 하나님 나라를 이 땅에 이루실 것이라는 믿음이고 이 삼위

---

6 Kim, Yong Joo, "Crux sola est nostra theologia", Peter Lang, 2008.

하나님에 대한 약속의 신실하심을 믿는 믿음 안에서 그 나라가 이루어지도록 기도한다는 뜻입니다.

일곱째, 몰트만은 자유주의와 신정통주의의 입장을 헤어 나오지 못하고 있습니다. 그는 사실 자유주의자들이나 신정통주의자들이 이루고자 하는 하나님 나라의 현재성을 미래성을 통해 이루려고 합니다. 그는 구원론적 신학으로는 현재의 역사를 구할 수가 없으므로 정치적 차원으로 확대하고 이 차원의 중요성을 강조하고 있습니다. 그는 약속과 희망이라는 틀 속에서 구원의 역사를 해석하면서도 역사를 구원의 장으로 설정하고 있으며, 하나님의 궁극적 소망의 계시는 아직 나타나지 않았다고 말합니다. 또한 역사를 변증법적으로 보는 헤겔의 철학의 틀 속에서 추론하면서 역사의 끝에 대한 예언들을 문자적으로 믿지 않고 있습니다.

여덟째, 그는 십자가 신학을 개인 구원론적으로 해석하지 않습니다. 그는 십자가 신학을 역사의 구원으로 적용시킵니다. 그러니 여러 인본주의 철학과 인본주의적인 신학들과 연계하기를 주저하지 않습니다. 하지만 개인의 구원이 없고 하나님을 인격적으로 만나지 않고 현재적으로 하나님께서 십자가를 통해 가져다주신 죄사함의 복과 부활을 통해 가져다주신 새 생명을 누릴 수 없는 상황에서 어떻게 미래의 희망과 역사의 구원을 애기할 수 있을까요? 거꾸로 우리가 그런 복들을 지금 여기서 누릴 때 힘을 얻고 더욱 미래에 약속된 하나님 나라를 대망할 수 있지 않을까 생각됩니다.

아홉째, 몰트만 신학의 기독론은 '아담-그리스도' 기독론에서 탈피하고 있습니다. 그의 기독론은 철저히 정치 신학적 기독론입니다. 예수님을 구원자로 보기보다는 정치적 변혁을 위한 선동자 정도로 해석합니다. 그는 결국 정치적 차원을 죄로 인한 구속의 차원으로 대체해 버립니다. 구원의 필요성을 강조하지 않는 정치 신학은 그야말로 이상적이고 낙관적인 헤겔 사상의 연속일 뿐입니다.

열째, 그는 정치 신학적 희망의 신학자입니다. 여기에 대해서는 김균진의 평가의 요약으로 충분할 것입니다.

> 몰트만이 가톨릭 신학자 메츠와 더불어 주창했던 정치 신학은 이미 희망의 신학 속에 담겨져 있음을 우리는 발견할 수 있다. 그것은 희망의 구체적 적용의 한 형태라 말할 수 있다. 그것은 새로운 교의학이 아니라, 기독교 신학의 정치적 의식을 기초 신학적으로 깨우고자 한다. 그것은 그 자신의 정치적 기능을 의식하는 신학을 말한다. 비정치적 신학이란 땅 위에도 없고 하늘 위에도 없다. 비정치적 교회 역시 역사 안에도 없고 하나님 나라 안에도 없다. 정치 신학이란 신학적 문제들 대신 정치적 문제들을 신학의 중심으로 삼거나, 교회를 정치화시키고자 하지 않는다. 그것은 교회

정책과 그리스도인들의 정치적 참여를 기독교화하고자 한다.[7]

김균진은 계속하여 그의 신학이 정치 신학임을 강조합니다.

> 여기서 우리는 몰트만의 "희망의 신학"은 그 핵심에 있어 하나의 해방신학 내지 출애굽의 신학이며 정치 신학이라는 사실을 발견한다. 그것은 몰트만 신학의 한 부분이 아니라 그의 신학의 전체의 방법론이라 말할 수 있다. 그의 신학은 그 전체에 있어 모든 종류의 억압과 착취와 비인간화와 소외로부터의 해방을 주장하며, 삼위일체 하나님 안에서 사회적 신분과 소유와 민족과 인종과 성(性)을 초월한 모든 인간과 자연 피조물의 형제 자매적 공동체 내지 교통(Gemeinschaft)을 향한 변혁과 발전을 주장하기 때문이다. 라틴 아메리카의 해방신학, 한국의 민중신학, 여성신학 내지 생태여성신학은 몰트만의 희망의 신학의 또 다른 형태라 말할 수 있다. 여성 신학적 통찰들도 그의 저서 곳곳에서 나타난다.[8]

결론을 정리하면 다음과 같습니다. 몰트만이 그의 책들을 통해 약속의 하나님, 오고 계신 하나님 등과 같은 20세기 신학 운동들이 발견치 못하고 강조치 못했던 부분을 발견하고 기독

---

7 김균진, "희망의 하나님-희망의 종교", 29.
8 김균진, "희망의 하나님-희망의 종교", 54-55.

교를 미래의 희망을 바라보도록 한 점에 대해서는 크게 공헌했다고 볼 수 있습니다. 하지만 그가 가장 강조했던 정치 신학 부분에서 그는 가장 큰 실수를 했다고 봅니다. 그는 정치가 인간이 행하는 일들 중 매우 중요한 일이지만 인간을 근본적으로는 구원해줄 수 없으며, 복음이야말로 인간을 근본적으로 구해줄 수 있는 하나님의 유일한 대안임을 깊이 인식하지 못했습니다. 몰트만은 인간의 구원을 정치의 구원으로 바꾸어버리는 실수를 하고 있지 않은지 생각해보아야 합니다. 특히 종말론적 의인과 악인의 심판을 없애버린 그의 신학의 틀 속에서 진정한 의미에서 정의를 위한 투쟁 의식이 생겨날지 의문을 품지 않을 수 없습니다. 종말론적 희망은 모든 자에게 주어지지 않습니다. 예수 그리스도의 복음을 위해 고난당하는 자들을 위해 주어지고, 복음 전하는 자들을 핍박하고 이 세상에서 하나님의 뜻을 대항하며 살아왔던 무신론자들, 유신론자들 모두에게 각각 그 행한 대로 심판한다는 것이 하나님의 종말론적인 약속입니다. 이 약속 때문에 의인은 힘을 얻습니다.

에필로그

본회퍼와 몰트만의 책들은 20세기 초중반에 한국의 어려운 정치적 상황 속에서 방황하고 있던 많은 신학자들과 목회자들, 그리고 고뇌하는 그리스도인들에게 나름대로의 대안을 제시하면서 큰 도전을 준 것은 부인할 수 없습니다. 그리고 두 사람 다 나름대로 정통교회의 신학의 입장을 존중하면서 교회 중심적 신학을 하려 했던 것도 사실입니다. 하지만 이들은 자신들의 정치 참여적 착상을 관철시키기 위해서 교회의 전통적 해석을 넘어서고, 더 나아가 성경을 자의적으로 해석을 하고, 거기에다가 여러 가지 당시의 주류 철학 사상들을 혼합하여 성경의 진리를 매우 어렵게 만들어 놓았습니다. 그들이 제시한 해답을 살펴보면, 전문가 집단조차도 이해하기가 어려운 내용들이 너무 많고, 설령 이해했다 하더라도 그들의 가르침은 종교개혁신학의 입장에서 볼 때 많은 문제를 가지고 있습니다. 그들은 자신들이 종교개혁의 신학을 계승한 것이라 생각하지만, 종교개혁의 신학과 다른 종류의 신학을 만들었다고 볼 수밖에 없습니다.

하지만 그들의 문제 제기들 속에서 종교개혁적 신앙을 추구하는 우리들이 새겨들어야 할 중요한 얘기들도 있습니다. 본회퍼가 성도의 교제를 강조하면서 교회의 사회성을 강조했다는 점, 그리스도인이라면 값비싼 은혜를 값싸게 만들지 말아야 하고 그리스도에게 단순하게 순종해야 한다는 점, 타자를 위해 존재하는 교회를 말함으로써 기독교의 사명인 이웃 사랑을 좀 더 실제적으로 구체적으로 적용시키려고 한 점 등은 배워야 합니다. 그는 믿음과 순종의 문제를 분리해서 생각하려는 모든 시도들에 대해, 또한 하나님을 문제 해결사 정도로 생각하며 기복주의적 신앙과 설교에 물들어 있는 일부 교회들에 대해서도 경종을 울리고 있고, 갈수록 하나님에 대해 관심이 없어지는 비종교의 시대로 변해가는 현대 사회 속에서 무종교인들에게 다가가기 위해서 교회는 어떤 신학을 가져야 하며 설교자는 어떤 메시지를 전해야 하는지에 대해 깊이 있는 신학적·실천적 고민을 하도록 도전을 줍니다.

또한 몰드만의 신학에서 그가 기독교를 소망의 하나님으로 이해한 점, 하나님께서 하신 약속이 현재 성취되었지만 그럼에도 아직 기다려야 할 약속임을 다시 생각해야 한다는 점을 배워야 합니다. 교회의 지도자들은 성도들에게 죄사함을 받고 하나님을 만나 여기서 누리는 천국에 대해 선포해야 함과 동시에 죽은 자의 부활에 관한 복음을 전해서 고대할 소망의 미래가 있다는 점을 일깨워서 교회를 미래를 바라보는 교회가 되도록 준비시켜야 하고, 다가오는 미래를 향해 오늘의 교회가 어떤 모습으로 변화되어야 할지에 대해서도 깊이 고민해야 합니다.

우리는 이 두 사람이 주창한 바 "신학은 정치적인 신학이 되어야 한다"는 주장에 대해 진지하게 고민해야 합니다. 비록 우리가 정치 신학이란 말을 쓰지는 않는다 하더라도 정치적 행위로부터 자유롭지 못하다는 사실을 인정하고, 이 시대를 살아가는 그리스도인으로서 정치적인 문제에 대해 어떤 생각을 가지고 접근하고 어떤 행동을 해야 할지에 대해서도 고민해야 합니다. 특별히 고난당하는 이웃을 위해 교회가 깊은 동정을 하며 어떤 방법으로든 동참해야 한다는 점은, 본회퍼나 몰트만의 신학을 생각함이 없이도 당연히 우리 그리스도인이 힘써야 할 점입니다.

내용을 가능한 쉽게 쓰려 했지만 독자 입장에서는 이 책이 결코 쉽지 않을 것이지만, 그래도 시중에 나와 있는 현대 신학 책들 중에서 가장 원전에 충실해서 쓴 책들이라고 자부합니다. 인내하면서 〈그리스도인을 위한 현대신학 시리즈〉를 읽으면 어려운 현대 신학을 이해하는 데 상당한 도움이 될 것입니다. 무엇보다 중요한 과제는 자신이 직접 현대 신학 책들을 읽는 것입니다. 특히 번역본이라 할지라고 저자들의 책들을 직접 읽는 것입니다. Soli Deo Gloria!

참고 문헌

• 본회퍼와 그에 관한 저술 •

Sanctorum Communio, DBW, Bd. 1, Chr. Kaiser Verlag, 1986.

Wer ist und wer war Jesus Christus; Seine Geschichte und sein Geheimnis, Furche-Verlag Hamburg, 1962.

Nachfolge, Chr. Kaiser Verlag, 1937.

Ethik, DBW, Bd. 6, Chr. Kaiser Verlag, 1998.

Widerstand und Ergebung, Bd. 8, Chr. Kaiser Verlag, 1998.

Bethge Eberhard, *Dietrich Bonhoeffer(1906-45): Theologie, Christ, Zeitgenosse*, Chr. Kaiser Verlag München, 1986.

Bonhoeffer und Luther, *Zur Sozialgestalt des Luthertums in der Moderne*, Hers, Christian Gremmels, Chr. Kaiser Verlag, 1983.

Clifford, J. Green, *Freiheit zur Mitmenschlichkeit; Dietrich Bonhoeffers Theologie der Sozialität*, Gütersloh Verlag, 2004.

Ebeling Gerhard, *Wort und Glaube*, 3. Auflage, Mohr Siebeck, Tübingen 1967.

Kanzenbach, Freidrich Wilhelm, *Programme der Theologie*, Claudius München Verlag, 1978.

고재길, 『한국교회 본회퍼에게 듣다』, 장로회신학대학교 출판부, 2014.

김균진, 『20세기 신학사상 I』, 연세대학교 출판부, 2004.

김성호, 『디트리히 본회퍼의 타자를 위한 교회』, 동연, 2019.

말틴 말티 편저, 『본회퍼의 사상』, 배한국 역, 컨콜디아사, 1982.

존 W 드 그루시 편, 『본회퍼 신학개론』, 유석성/김성복 옮김, 종문화사, 2017.

• 몰트만과 그에 관한 저술 •

Theologie der Hoffnung, Chr. Kaiser Verlag München, 1966.

Der gekreuzigte Gott, Chr. Kaiser Verlag München, vierte Aulage, 1981.

Politische Theologie - Politische Ethik, Kaiser/Grünewald, 1984.

Perspektiven der Theologie, Gesammelte Aufsätze, Chr. Kaiser Verlag München, 1968.

Hendrikus Berkhof, *Diskussion über die "Theologie der Hoffnung"*, Chr. Kaiser Verlag, München 1967.

Diskusion Jürgen Moltmann der gekreuzigte Gott, Chr. Kaiser Verlag, 1979,

Kanzenbach, Freidrich Wilhelm, Programme der Theologie, Claudius München Verlag, 1978.

"몰트만과 그의 신학: 희망과 희망 사이", 조직신학논총 제12집, 한들출판사, 2005.

위르겐 몰트만, 『오시는 하나님』, 김균진 옮김, 대한기독교서회, 2017.

위르겐 몰트만, 『자서전』, 이신건 옮김, 대한기독교서회, 2017.

그리스도인을 위한 현대 신학 강의 ❸
정치 신학이란 무엇인가?

ⓒ 김용주

초판 1쇄 인쇄 | 2022년 4월 15일
초판 1쇄 발행 | 2022년 4월 25일

지은이 | 김용주
펴낸이 | 신은철
펴낸곳 | 좋은씨앗
출판등록 제4-385호(1999. 12. 21)
주소 | 서울시 서초구 바우뫼로 156, 402호 (양재동, MJ빌딩)
주문전화 | (02) 2057-3041 주문팩스 | (02) 2057-3042
이메일 | good-seed21@hanmail.net
페이스북 | www.facebook/goodseedbook

ISBN 978-89-5874-370-5 04230

이 책의 저작권은 저자 및 저자와 독점 계약한 도서출판 좋은씨앗에 있습니다.
신저작권법에 의해 한국 내에서 보호를 받는 저작물이므로 무단 전재와 무단 복제를 금합니다.